财政部"十三五"规划教材

高等学校经济管理类课程"十三五"系列教材

Introduction
to Business
Management

（Second Edition）

工商管理专业导论

（第二版）

陈頔 ◎主　编

高楠 ◎副主编

中国财经出版传媒集团

经济科学出版社
Economic Science Press

图书在版编目（CIP）数据

　　工商管理专业导论／陈颉主编；高楠副主编. －－2 版.
－－北京：经济科学出版社，2023.8（2024.8 重印）
　　财政部"十三五"规划教材　高等学校经济管理类课
程"十三五"系列教材
　　ISBN 978 - 7 -5218 - 4906 - 6

　　Ⅰ.①工…　Ⅱ.①陈…②高…　Ⅲ.①工商行政管理
－高等学校－教材　Ⅳ.①F203.9

　　中国国家版本馆 CIP 数据核字（2023）第 120918 号

责任编辑：赵　蕾　尹雪晶
责任校对：郑淑艳
责任印制：范　艳

工商管理专业导论

（第二版）

陈颉　主　编

高楠　副主编

经济科学出版社出版、发行　新华书店经销

社址：北京市海淀区阜成路甲 28 号　邮编：100142

总编部电话：010 - 88191217　发行部电话：010 - 88191522

网址：www. esp. com. cn

电子邮箱：esp@ esp. com. cn

天猫网店：经济科学出版社旗舰店

网址：http：//jjkxcbs. tmall. com

北京季蜂印刷有限公司印装

787 ×1092　16 开　12 印张　284000 字

2023 年 8 月第 2 版　2024 年 8 月第 2 次印刷

ISBN 978 - 7 - 5218 - 4906 - 6　定价：42.00 元

（图书出现印装问题，本社负责调换。电话：010 - 88191545）

（版权所有　侵权必究　打击盗版　举报热线：010 - 88191661

QQ：2242791300　营销中心电话：010 - 88191537

电子邮箱：dbts@ esp. com. cn）

第二版前言

工商管理专业是面向企事业单位,培养既掌握宽厚的管理基本理论和知识,又有较强的语言文字表述、人际沟通等实践能力,具有可持续发展潜质的应用型管理人才。本科生进入大学以后普遍对专业了解不多,感到迷茫和困惑,导致缺乏学习目标与动力。专业导论课是面向新生开设的专业启蒙课程,旨在帮助他们清晰完整地认识就读的专业,加深对所学专业的感情,激发专业学习的热情,引导学生适应大学学习生活,启发他们掌握正确的学习方法。

工商管理专业导论教材正是基于这一目标,主要面向刚踏入大学校门的一年级工商管理专业本科生,通过课程介绍使学生掌握专业基础、专业课程、专业实践等方面的信息。基础篇主要介绍工商管理专业所属学科门类、专业发展历史等与专业相关的一般性知识,以及本专业的就业领域、市场需求情况、本科毕业后深造的渠道等,使学生了解工商管理专业的培养目标、就业方向、课程设置、能力素质要求;课程篇主要介绍工商管理专业的核心课程,包括学科基础课、核心专业课等,以及课程学习目的及主要内容,为后续专业课程学习打下良好基础;实践篇主要介绍培养方案中的实习实践环节,以及参与实习实践的方法与途径、专业要求和专业学习方法等,帮助大学生了解工商管理专业实践性、综合性的特点,在大学四年中结合自身情况安排好自己的学习生活。

本书的编排有以下特点:一是密切结合工商管理的学科特点,工商管理学科实践性较强,本书专门设置了专业实践内容,介绍了大学生参与实践活动的多种路径,具有鲜明的专业特色;二是注重引导学生的学习兴趣,书中设置了引导案例,为没有管理实践经验的本科生提供了真实的管理情境,有助于学生对后续学习产生兴趣;三是提供了拓展空间,书中介绍了管理类学术文献资源及课程学习资料,附录部分介绍了著名管理大师的主要观点,为学生深入了解本专业提供了方向。

本书各章节分工如下:陈颉负责第一章、第二章、第十章,陈颉、韩倩倩负责第六章,高楠负责第三章、第四章、第九章、第十一章,高楠、陈颉负责第十二章,张建宇负责第五章,蔺朝阳、阮安琪、张晨晨负责第七章,麻潇尹、李曼、张慧敏负责第八章。

本书第一版于2018年9月由经济科学出版社出版发行,参与初稿编写工作的有张奇敏、李凯玥、黄文、臧蚨丰、杨捷、刘伊曼、尤祥博、王瑛月等同学,这次修订改版依然得到了出版社的大力支持,在此一并表示感谢。

编 者

2023 年 5 月于天财园

目 录

第一篇

基础篇

第一章

工商管理学科概述

【学习目标】

通过本章的学习，学生应当了解工商企业、工商企业管理等基本概念，知晓工商管理学科的研究对象、理论基础、熟悉工商管理学科的内容体系，了解工商管理学科的特点和学习要求。

【引导案例】

互联网平台反垄断第一案：阿里巴巴"二选一"垄断案

2008 年，做中小企业 B2B（business-to-business）业务起家的阿里巴巴公司进入 B2C（business-to-customer）领域，淘宝商城正式上线。初期经营状况并不理想。2009 年，为了挽救陷入困境的淘宝商城，时任商城总裁的张勇带领团队在 11 月 11 日策划了类似美国"黑色星期五"的网上购物节。虽然参与的商家数量和促销力度有限，但是整个平台交易额是日常交易的 10 倍左右，营业额远超预期。此后几年，"双十一"逐渐成为电商消费节的代名词。2012 年"双十一"，淘宝平台销售额成功突破了百亿元大关。国内各大电商平台，如京东、苏宁易购等也紧锣密鼓地加入了一年一度的"双十一"消费大战，"双十一"成为网络商家、平台经营商、物流企业的必争之地。

2015 年，阿里巴巴为了维护其市场竞争优势，要求"双十一"期间商家"二选一"，若要参加淘宝天猫商城的"双十一"主会场活动，就不能再参加其他平台的会场活动。很多商家非常反感阿里巴巴这种强制要求"二选一"的做法，他们希望能在多个电商平台进行销售，但出于对用户资源和经济利益的考虑，商家只能选择阿里巴巴所属电商平台进行商品交易而放弃京东等平台。除了网络购物节活动之外，阿里巴巴还要求商家入驻平台"二选一"，签订独家合作协议，保证产品只在自己的平台上销售。如果商家不配合，将不能获得平台的促销优惠政策，还可能遭受搜索降权、流量限制、技术障碍、扣取保证金甚至逐出平台等惩罚。2015 年 4 月，知名服装品牌优衣库入驻京东平台，但仅仅 3 个月后，又突然宣布退出京东，也是受到阿里巴巴这种独家排他策略的影响。

2015 年，京东向北京市高级人民法院提起诉讼，称阿里巴巴的"二选一"是滥用市场支配地位的行为，要求赔偿因其实施"二选一"造成的经济损失人民币 10 亿元。但阿里巴巴主张此案应由浙江省高级人民法院审理，案件一度陷入法院管辖权之争。2019 年，拼多多、唯品会两大电商平台提出申请，请求以第三人身份同京东一起加入对阿里巴巴的诉讼。因为此案涉及众多知名互联网公司，且金额巨大，引起社会的广泛关注。

2021 年 4 月 10 日，国家市场监督管理总局公布处罚决定书，认定阿里巴巴在中国境内网络零售平台服务市场具有支配地位，责令阿里巴巴集团停止滥用市场支配地位行为，并处以其 2019 年中国境内销售额4557.12亿元4%的罚款，总计182.28亿元。这是《中华人民共和国反垄断法》实施以来开出的最大罚单，该案成为我国平台经济领域第一起重大典型的反垄断案件。处罚决定书指出，阿里巴巴的"二选一"行为，排除、限制了相关市场竞争，侵害了平台内经营者的合法权益，损害了消费者利益，削弱了平台经营者的创新动力和发展活力，阻碍了平台经济规范有序、创新健康发展。

从企业角度来看，阿里巴巴"二选一"行为利用大数据和算法机制，采用搜索排名、流量升降等隐性措施，对用户和数据资源形成锁定效应，其他竞争平台就很难进入相关市场，提高了潜在竞争者的市场进入壁垒。这种做法减少了自身竞争压力，有效地维持、巩固了自身的市场份额，是占据市场优势地位的有力竞争手段。

资料来源：根据相关公开资料编写。

第一节　工商企业管理

一、工商企业及其分类

1. 工商企业

企业是指以营利为目的，运用劳动力、资本、土地、技术等各种生产要素向市场提供商品或服务，实行自主经营、自负盈亏、独立核算的具有法人资格的社会经济组织。早期的企业较多地出现在工业和商业领域，因此概括地称为工商企业。企业的含义十分丰富，不同学科对企业的内涵有着不同的认识：经济学认为，企业是创造经济利润的机器和工具；社会学认为，企业是人的集合；法学认为，企业是一组契约关系；管理学则认为，企业是为实现盈利而形成的一类组织。

亚当·斯密（Adam Smith）在其经典著作《国富论》中用劳动分工来解释企业出现的原因，劳动分工导致专业化生产，这种专业化生产的优势在企业内部表现得最为明显，劳动分工使原来整体的制造流程被分为各种专门职业，这种专门职业的形成与发展使工人获得了更多的熟练技巧和判断力。各种专门职业的合作生产，使企业能够完成单个人无法完成或无法大量完成的工作。亚当·斯密曾对制针行业进行了观察，发现制针行业操作环节繁多，如果没有分工，一个工人可能一天也制作不出一枚针。而当时的工厂将制针分为18种操作，由18个工人担任，也有些工厂由一个工人兼任两三种操作。这种分工极大地提高了劳动生产率，平均每天每人可以生产4800枚针，效率的提升是相当惊人的。

企业是社会分工发展的产物。从劳动分工的角度来看，企业这种经济组织将具有专门技能、分属于不同职业的人集中在一个作坊里，利用专门的机器实现某些特殊工艺，实现了专业化生产。企业存在的意义是能够利用劳动分工和专业化的优势促进劳动生产率的提高。随着社会分工的不断发展壮大，企业现在已经成为市场经济活动的主要参与者，构成了市场经济的微观基础。

2. 工商企业的分类

根据我国现行的有关法律条款规定，按照投资人的出资方式和所承担的法律责任不同，企业主要存在三类组织形式：个人独资企业、合伙企业和公司制企业，其中公司制企业是现代企业中最主要和最典型的组织形式。

（1）个人独资企业。个人独资企业是最古老也是最常见的企业法律组织形式，又称个人业主制企业，是由一个自然人投资并承担无限连带责任，全部资产为投资者个人所有的营利性经济组织。这类企业的典型特征是个人出资、自负盈亏，业主对企业债务承担无限责任。当个人独资企业财产不足以清偿债务时，经营者要以个人其他资产予以清偿。这类企业的创设条件最简单。

（2）合伙企业。合伙企业是指由两个或两个以上的人共同出资、合伙经营、共享收益、共担风险，并对合伙企业债务承担无限连带责任的营利性组织。合伙企业通常要订立合伙协议，决策要由合伙人集体作出，不如个人独资企业自由，但具有一定的规模优势。合伙企业包括普通合伙企业和有限合伙企业两种形式。两者最大的区别在于有限合伙企业有两种不同类型的所有者：普通合伙人和有限合伙人。其中，普通合伙人对合伙企业的债务负无限责任，而有限合伙人仅以投资额为限承担有限责任，但一般不拥有对企业的控制权。

（3）公司制企业。公司是现代社会中最主要的企业形式，是以营利为目的，由投资者出资形成，拥有独立的资产，享有法人财产权，独立从事生产经营活动，依法享有民事权利，承担民事责任，并以其全部财产对公司的债务承担责任的企业法人。与个人独资企业、合伙企业相比，公司制企业最大的特点是投资者仅以其所持股份或出资额为限对公司承担有限责任。公司制企业的主要形式为有限责任公司和股份有限公司，其中股份有限公司的全部资本分为等额股份，通过发行股票筹集公司资本，股东人数众多，在设立条件和程序上比有限责任公司更为严格和复杂。

二、工商企业管理

1. 管理的起源

管理是人类社会活动和生产活动中普遍存在的社会现象。管理实践活动已存在了上千年，几乎与人类历史一样悠久。早在原始社会，人们为了抵御恶劣的自然环境就形成了以血缘关系为基础的氏族部落，从事集体劳动并共同生活。推选出的部落首领负责安排狩猎等组织活动，进行简单的分工协作，猎取的食物按照一定的规则在成员间进行分配等，这些维持共同生活的组织活动就是管理实践，虽然处于原始的自发状态，但其本质与今天的管理并无差异。

随着生产力的发展，原始社会被奴隶社会所取代，同时也出现了政府、军队、宗教、手工作坊等新的社会组织，这时的管理实践活动主要体现在指挥军队作战、治国施政和管理大型工程等活动中。埃及的金字塔、中国的万里长城、巴比伦古城等都是举世闻名的古代建筑工程实践，工程浩大、技术复杂，在当时的技术条件下，修建这样的工程需要成千上万人的共同劳动。以埃及最大的金字塔胡夫金字塔为例，其大约由 230 万块石块砌成，外层石块约 115000 块，平均每块重 2.5 吨，像一辆小汽车那样大，而大的甚至超过 15 吨。每一块石头都需要被开采出来，切割成精准的尺寸和外形，再花费两三天的时间用船搬运到建筑工地，做好标记以识别放置在何处，接着打磨石头外形，使它能够完美地与其他石头契合。据古希腊历史学家希罗多德的估算，修建胡夫金字塔一共用了 20 年时间，每年用工 10 万人，这样浩大的工程，不仅体现了劳动人民的智慧和创造力，也是历史上伟大的管理实践。

管理实践活动与人类的出现基本同步，并在人类的各种组织，如家庭、氏族、宗教、企业和国家中发挥着获取发展、促进成长的作用。组织中的成员要想实现分工协作，达到预期目标，必须对参与分工协作的成员行为、利益等进行协调，使成员能够心往一处想、劲往一处使，取得"1 + 1 > 2"的效果。管理是协作的客观需要。共同劳动涉及的范围越广，管理工作就越复杂。

马克思对于这种人类特有的活动进行过十分精确的描述："一切规模较大的直接社会劳动或共同劳动，都或多或少地需要指挥，以协调个人的活动，并执行生产总体的运动——不同于这一总体的独立器官的运动——所产生的各种一般职能。一个单独的提琴手是自己指挥自己，一个乐队就需要一个乐队指挥。"[①] 虽然马克思在这段名言中没有提及"管理"这个字眼，但却十分清晰地描述了人们基于群体活动建立具有共同目标的组织之后，就必然出现指挥的工作来协调人们的活动。这是一种新的社会职能，它不同于这个群体活动中每个人所干的具体工作，而是一种以协调个人活动以取得总体目标的社会职能。显然，这种指挥的工作就是我们在这里所说的管理活动了。

2. 工商企业管理

18 世纪下半叶，从英国开始的工业革命，导致工厂制度的出现，孕育和发展出一批大型企业组织，规模经济成为竞争的重要战略方向。但现代意义上的社会大生产带来一系列新的管理问题，正如管理思想史学者丹尼尔·雷恩（Daniel Wren）指出的："新兴工厂体制提出了不同以往的管理问题。教会能够组织和管理其财产，是因为教义以及忠诚信徒的虔诚；军队能够通过一种严格的等级纪律和权威控制大量人员；政府官僚机构能够在无须面对竞争或获得利润的情况下运转。但是，新工厂体制下的管理者无法使用上述任何一种办法来确保各种资源的合理使用配置。"[②]

新兴的工厂制度所提出的管理问题完全不同于以前传统组织所碰到的管理问题。新制度下的管理人员不能用以前的任何一种管理办法来确保各种资源的合理使用。这些前所未有的管理问题需要人们去研究解决，在这种情况下，针对工商企业的管理研究开始出现。

人们的劳动专业化分工和相互协作形成各类工商企业，企业中的成员要想达到预期目标，必须对参与分工协作的成员行为、利益等进行协调，使成员能够心往一处想、劲往一处使，取得"1 + 1 > 2"的效果。管理是协作的客观需要，共同劳动涉及的范围越广，管理工作就越复杂。从管理实践来看，企业的寿命极为短暂。据美国《财富》杂志报道，美国大约 62% 的企业寿命不超过 5 年，只有 2% 的企业存活达到 50 年；中小企业平均寿命不到 7 年，大企业平均寿命不足 40 年；一般的跨国公司平均寿命为 10 ~ 12 年；世界 500 强企业平均寿命为 40 ~ 42 年，1000 强企业平均寿命为 30 年。日本《日经实业》的调查显示，日本企业平均寿命为 30 年。[③] 中国民营企业面临极为激烈的市场竞争，对其寿

---

① 《资本论》（第一卷），人民出版社 2004 年版，第 384 页。

② ［美］丹尼尔·雷恩：《管理思想史》（孙健敏等译），中国人民大学出版社 2010 年版，第 27 ~ 28 页。

③ 张晓松：《工商总局绘制国内企业"生命曲线图"》，新华网，2013 年 7 月 30 日。

命虽然估计不甚精确，但有研究表明中国民营企业的平均寿命为 3.7 年。[①]

对于工商企业如此"短命"的现象，诸多管理学者已作出各自的解释。美国管理学家切斯特·巴纳德（Chester Barnard）曾指出："在西方文明中，有一个正式组织——罗马天主教会——存在了很长时间。有少数大学、极少数的民族政府或正式组织起来的国家，超过了 200 年，有些市政当局稍微长寿一些，但其他法人组织很少有超过 100 年历史的。在人类的历史中，显著的事实是协调的失败，协作的失败，组织的失败，组织的解体、崩坏和破坏。"[②] 管理大师彼得·德鲁克（Peter Drucker）也曾经十分确定地指出："显然，公司是人为建立的机构，因而它不可能长盛不衰。对一个人为建立的机构而言，即使是维持 50 年或一个世纪的短暂时光也谈何容易。因此，天主教意味深长地指出，它的缔造者是上帝而不是人类。"[③] 由此可见，管理问题是企业之所以如此短命的根本原因。工商企业管理就是借助管理这种手段，来实现企业盈利并持续经营的目标。

工商企业管理与工商行政管理存在着本质区别。工商企业管理定位于具体企业，其目标是提高单个企业的竞争力，改善经营业绩，增加股东回报，为企业决策提供依据。一般来说，在讨论企业管理问题时，我们会站在某个企业的立场上，关心如何解决其所面临的独特问题，如何能够将企业利益最大化，发掘出其核心竞争力。虽然随着时代的发展，企业也开始承担社会责任等工作，但其社会责任决策也要服从营利性这个根本目标。

工商行政管理属于公共管理学科的范畴，是指国家为了建立和维护市场经济秩序，通过市场监督管理和行政执法机关等，运用行政和法律手段，对市场经营主体及其市场行为进行的监督管理。工商行政管理的执行主体是各地的工商行政管理局，其主要职能是监督管理各类市场，依法规范市场交易行为，保护公平竞争，查处经济违法行为，取缔非法经营，维护正常的市场经济秩序。工商行政管理的主要目的是站在政府的角度，保护公平竞争，制止不正当竞争，保护经营者和消费者的合法权益，维护整个市场的公平与效率。

➡ 第二节 工商管理学科

一、工商管理学科的主要内容

1. 研究对象

管理学科是系统研究管理活动的基本规律和一般方法的科学，主要研究管理者如何有效地管理其所在的组织。不同行业、不同部门、不同性质的组织，其具体的管理方法和内容可能很不相同。一般来说，管理学科（management science）的研究对象主要包括三类组织：营利性组织、非营利性组织、政府部门。营利性组织的管理即工商管理，非营利性组织的管理即公共事业管理，政府部门的管理即行政管理。

---

① 刘兴国：《中国企业平均寿命为什么短》，载于《经济日报》2016 年 6 月 1 日。
② ［美］切斯特·巴纳德：《经理人员的职能》（王永贵译），机械工业出版社 2021 年版，第 5 页。
③ 谭力文：《论管理学的普适性及其构建》，载于《管理学报》2009 年第 3 期。

工商管理（business administration）学科是研究营利性组织——企业，包括不同产业、不同性质、不同规模的各种类型企业的生产、经营与管理问题所遵循的基本理论、基本原理和基本方法的学科。具体地说，工商管理学科以工商企业的管理问题为研究对象，以经济学和行为科学为主要理论基础，以统计学、运筹学等数理分析方法和案例分析方法等为主要研究手段，探讨和研究工商企业如何把市场配置给企业的各种可支配资源，如土地、劳动力、资金、技术、信息等，最充分合理地组织和利用起来，以获得最大的经济和社会效益。工商管理学科的研究目的是探索、归纳和总结管理活动的一般理论、规律和方法，为企业或经济组织的管理决策和管理实践提供管理理论指导和科学依据，培养各类专业管理人才，提高企业经营管理效率，推动企业持续发展，从而促进社会经济的发展。

2. 研究内容

工商管理学科的研究内容主要是企业的各项经营管理活动，活动的效率、效果，以及与此相关的各类问题。这些问题大致包括公司治理、生产运营、物流配送、组织行为与人力资源、财务与会计、市场营销与品牌创建、管理信息系统与互联网技术应用、技术创新管理、战略管理、服务管理等有关管理职能问题；企业产品或服务设计、采购、生产、运营、投资、理财、销售、战略发展等管理决策问题；企业作为一个整体与宏观政治、经济、社会、文化等外部环境之间的关系问题；以及企业创业、成长、危机及衰退等组织演进问题。工商管理学科体系包括四个子学科：基础管理学科、职能管理学科、综合管理学科、专门业务管理学科。

（1）基础管理学科。这一子学科包括管理学原理、管理心理学、管理经济学和组织行为学等。在工商管理专业培养方案中，这些学科的知识通常设置为专业基础课程，其目的是为专业课奠定必要的基础，为后续专业学习提供基本理论、工具和方法。专业基础课是大学生学习专业课程，形成专业能力的重要基础，并与专业核心课程、专业选修课程共同构成了大学专业教育的课程体系。

（2）职能管理学科。这一子学科包括运营管理、市场营销、人力资源管理、会计学、财务管理、技术创新管理等。这些领域的研究相对比较成熟，在工商管理专业中通常设置为专业核心课程。这些课程的目的是使学生掌握必要的专业基本理论、专业知识和专业技能，了解本专业的前沿科学技术和发展趋势，培养分析解决本专业范围内一般实际问题的能力。工商企业中一般都设置有相关的职能部门专门负责某一职能方面的管理工作。

（3）综合管理学科。这一子学科包括战略管理、公司治理、领导科学等。这类课程侧重于概念性技能的培养，企业中难以设置相应职能的部门，这些技能对于高层管理者非常重要。由于高层管理者承担着企业中制定战略、作出重大决策、分配资源等工作，同时对整个企业的绩效负责。因此他们需要综观全局，分析判断所处环境并能识别其因果关系的概念性技能。

（4）专门业务管理学科。这一子学科包括项目管理、资产管理、房地产管理、电子商务管理、风险管理、会展和赛事管理等。这类学科知识通常以专业选修课的形式进行教授，大学生可以根据自己的兴趣和发展方向自主选择。在实践中，这些领域是近年来发展最快的新兴行业，行业的发展对人才产生了较大的需求，也能够提供较多的就业岗位。

3. 研究基础

工商管理学科的基础理论主要包括经济学理论、行为科学理论、博弈论与决策论等。

首先，企业经营活动和管理决策在很大程度上受到宏观经济的影响，因此，经济学是工商管理学科的基础理论之一。由于经济管理一词的使用频率非常高，经济学与管理学经常被人们认为是大同小异的学科，但实际上两者存在很大差异。

经济学讲求社会整体的效率与公平，以提高社会公共福利为宗旨，关注行业政策和行业结构等宏观层次的问题，为政府制定政策提供依据。管理学虽然也要兼顾社会的整体利益，但其重点却是为企业利益服务，以提高单个企业竞争力，改善经营业绩，增加股东回报为目标。这意味着后者会关心如何面对同样的行业宏观环境建立企业独特的竞争优势，而前者甚至可能试图降低某些企业甚至行业的利润率，以实现公众利益的最大化。管理学通常以个别企业为研究对象，关心的是如何解决其面临的独特问题，以及如何发掘其核心竞争力。

微软公司在 2000 年前后曾面临美国司法部一系列的垄断诉讼。20 世纪 90 年代互联网风潮席卷了整个 IT 产业，网景公司通过推出强大的 Navigator 网络浏览器迅速崛起。微软为打压网景公司，争夺互联网时代客户平台的控制权，开发了 Internet Explorer（IE）浏览器，并在为电脑制造商预装操作系统 Windows 95 时，免费将 IE 整合捆绑进去。在微软的强大攻势下，网景公司的市场份额急剧降低。1997 年，美国司法部提起反垄断诉讼，对微软提出六项垄断指控。本案遂成为自 1974 年美国政府控告电信巨人 AT&T 以来影响最大的反垄断诉讼，轰动全球，被称为"世纪末的审判"。

2000 年 6 月，联邦法官托马斯·杰克逊对微软垄断案作出判决，下令将微软肢解为两个独立的公司，一部分专营电脑操作系统，另一部分则专营 Office 系列应用软件、IE 浏览器等其他软件，十年之内两部分不能合并，以防止软件业巨头微软公司利用其在计算机操作系统的垄断地位进行不正当竞争。这一判决得到了不少经济学背景的反垄断专家的赞同，为司法部提供理论依据的就包括美国一批一流的经济学家。美国经济学家认为，在美国的绝大部分行业中，创新是最重要的推动力，对微软进行拆分，可以减少垄断的可能，避免垄断可能带来的对行业结构和公众利益的侵犯，就像 20 世纪 80 年代美国政府对 AT&T 所采取的政策一样。① 最后，经过漫长而艰难的谈判，微软在付出约 18 亿美元的和解费用后，幸运地避免了被拆分的噩运。

而从管理学的角度来看，微软公司正是充分利用了战略管理理论和方法，给其他竞争者建立了进入行业的障碍，才能在整个行业中占据有利的竞争地位，并凭借这种优势地位获得超额利润，这是管理学中战略管理研究的内容，也是管理实践活动中企业与管理者追求的目标。于立（2013）曾提到，企业追求效率，政府强调公平，社会实现和谐，在正常的市场经济条件下，单个企业追求个体垄断地位的努力反倒促进了行业的竞争，当然有时也可能自然而然地趋向于垄断。

其次，经营管理活动和决策的主体是人，而人的个体或群体心理行为会影响企业的经营活动和管理决策，因此，行为科学同样成为工商管理学科的基础理论之一。管理主要是

---

① 1984 年，美国司法部依据《反托拉斯法》拆分了美国电话电报公司（AT&T），分拆出一个继承了母公司名称的新 AT&T 和七个本地电话公司，美国电信业从此进入了竞争时代。

处理人与人之间的关系，行为科学是一门研究人类行为规律的科学，主要研究如何激发人的工作积极性，提高劳动生产率，改善并协调人与人之间的关系，缓和劳资矛盾。行为科学借助了心理学、社会学、人类学等学科的很多成果，从中寻找对待企业员工的新方法及提高劳动效率的途径。

最后，工商管理学科研究企业各种职能部门经营管理活动和管理决策，而在企业经营管理中面临复杂的内部代理问题和激烈的外部市场竞争，因此，博弈论和决策论近年来也逐步成为工商管理学科的基础理论之一。由于工商管理学科内容的复杂性、交叉性、综合性等特征，各个专业方向还有一些自己独特的专业基础理论，主要包括财务与会计、生产运营管理、物流与供应链管理、组织行为与人力资源、技术管理、市场营销、企业战略管理等相关理论体系。

4. 研究方法

从研究方法看，工商管理学科使用了自然科学、工程技术科学和社会科学研究中的主要方法，包括理论研究方法和应用研究方法。理论研究方法包括统计学、运筹学、数学建模和优化技术等数理分析方法；应用研究方法有案例研究、项目研究、行动研究、模拟研究和实验研究等。

此外，随着自然科学、社会科学和信息技术的发展，工商管理还不断引入其他学科的研究方法，包括心理试验、计算机仿真模拟技术、数据挖掘分析、非线性动力学、多元分析技术等。

二、工商管理学科的特点

1. 工商管理学是一门综合性学科

工商管理学科是一门综合性的交叉学科。管理活动在各种类型的企业中普遍存在，是对企业中的人、财、物、信息、技术、环境等要素的动态平衡。管理过程的复杂性、动态性和管理对象的多样化决定了管理所要借助的知识、方法和手段的多样化。因而工商管理学的研究也必然涉及众多的学科，主要有哲学、经济学、社会学、心理学、生理学、人类学、伦理学、政治学、法学、数学、计算机科学、系统科学等。

工商管理学科的这一特点对管理人才的知识结构提出了更高的要求。管理的综合性，决定了我们可以从各种角度出发研究管理问题；管理的复杂性和对象的多样化，则要求管理者具有广博的知识，才能对各种各样的管理问题应对自如。

2. 工商管理学是实践性很强的应用科学

工商管理学研究的主要对象是企业管理实践。无论是经济学、计量方法还是行为科学都只是管理研究的工具。理论来自实践，又对实践起到指导作用。工商管理学是从人类长期实践中总结而成的，同样要去指导人们的管理工作。由于管理过程的复杂性和管理环境的多变性，管理知识在运用时具有较大的技巧性、创造性和灵活性，很难用固定的规则、原理定义或固定下来，因此管理具有很强的实践性。

对工商企业的管理工作来说，越高层的管理，如董事长和首席执行官的工作，艺术成分越多；越基层的管理，如部门经理或车间主任，甚至是现场调度或质量控制的工作，科学成分越高。管理学科的实践性，决定了学校是培养不出"成品"管理者的。要成为一名合格的管理者，除了掌握管理学的基本知识以外，更重要的是要在管理实践中不断地磨炼，积累管理经验，从干中学，干学结合才能真正领悟管理的真谛。

3. 工商管理学是不精确的科学

人们通常把在给定条件下能够得到确定结果的学科称为精确的科学。例如数学，只要给出足够的条件或函数关系，按一定的法则进行演算，就能得到确定的结果。工商管理学则不然，它具有不精确性。

例如，企业管理活动中要先进行计划，然后根据员工不断变化的需求调整相应的激励手段，这些可以称为管理原则。但显然，这些原则与数学、物理中的精确描述的定理等区别很大，它们缺乏精确科学中的严密性。主要原因是影响管理的因素众多，无法准确判定因素之间的相互关系；另外，管理主要是与人打交道，人的心理变化、思想情绪等很难准确地控制，无法使用量化方法精确地度量。

尽管如此，管理学虽然不像自然科学那么精确，但它依然符合科学的特征。科学是正确反映客观事物本质和规律的知识体系，是不以人的意志为转移的客观规律。从这一点来说，管理学具备科学的特征，是一门科学，虽然不像自然科学那么精确，但经过几十年的探索、总结，已形成了反映管理过程客观规律的管理理论体系，据此可以解释管理工作中存在的各种现象，并且预测未来可能发生的变化。管理学可以用许多自然科学中所用的方法定义、分析和度量各种现象，还可以通过科学的方法进行学习和研究，不同的只是其控制和解释干扰变量的能力较弱，不能像自然科学那样进行严格的实验。

➡ 第三节　工商管理学科的结构体系

一、工商管理学科结构

1. 学科的概念

学科（discipline）是相对独立的知识体系。学科有两层含义：一是作为学问或知识体系的分支，即科学的分支或知识的分门别类，如自然科学中的化学、物理学，社会科学中的政治学、法学等；二是指教与学的科目，即从传递知识、教育教学的角度来教授的各类科目。学科来自人类的知识，人类的活动产生经验，经验的积累和消化形成认识，认识通过思考、归纳、理解、抽象上升为知识，知识在经过运用并得到验证后进一步发展到科学层面形成知识体系，处于不断发展和演进中的知识体系根据某些共性特征进行划分而形成学科。

衡量一门学问是否能够被称为"学科"主要有四项指标：一是是否有独特的研究对象；二是是否有坚实的理论基础；三是是否有完整的内容体系；四是是否有科学的研究方法。经过长期的实践与理论研究，管理学已经形成相对独立而且明确的研究领域，完全符合四项判别标准。尽管还不像数学、物理、化学等学科那样成熟，但已具备成为学科的基本条件。但管理与其他自然科学又有明显的差异。管理者需要在管理活动中运用管理理论和方法，随着管理环境的变化，理论和方法有一定的灵活性和技巧。

2. 工商管理学科设置

国务院学位委员会与教育部在 2011 年 3 月颁布了《学位授予和人才培养学科目录（2011 年）》，2018 年 4 月修订了该目录，2022 年 9 月进行了新一轮的学科专业目录修订工作，印发了《研究生教育学科专业目录（2022 年）》，这是目前我国高校中所遵循的学科分类标准。这一目录是国家进行学位授权审核与学科管理，学位授予单位开展学位授予与人才培养工作的基本依据，适用于硕士、博士的学位授予、招生培养，并用于学科建设、教育统计、就业指导服务等工作。本科毕业生要按照该目录列出的学科门类授予对应的学士学位。

《研究生教育学科专业目录（2022 年）》分为学科门类、一级学科和专业学位类别。学科门类包括哲学、经济学、法学、教育学、文学、历史学、理学、工学、农学、医学、军事学、管理学、艺术学和交叉学科 14 个大类。每一个学科门类下设若干一级学科，14 个学科门类下共有 112 个一级学科。

一级学科是具有共同理论基础或研究领域相对一致的学科集合。一级学科原则上按学科属性进行设置，应符合以下基本条件。（1）具有确定的研究对象，已形成了相对独立、自成体系的理论、知识基础和研究方法，研究领域和学科内涵与其他一级学科之间有比较清晰的界限。（2）一般应具有多个明确的二级学科。（3）已得到学术界的普遍认同。在构成本学科的领域内，有一定数量的学位授予单位已开展了较长时间的人才培养和科学研究工作，已形成较为系统的课程体系、一定规模的师资队伍及其他培养支撑条件。（4）社会对本学科培养的人才有较稳定和一定规模的需求。

按照这些要求，管理学这个学科门类下设 5 个一级学科，分别是管理科学与工程、工商管理学、农林经济管理、公共管理学、信息资源管理（见表 1—1）。

一级学科一般包含若干二级学科，是学位授予单位实施人才培养的参考依据。二级学科是组成一级学科的基本单元，二级学科设置应符合以下基本条件：（1）与所属一级学科下的其他二级学科有相近的理论基础，或是所属一级学科研究对象的不同方面；（2）具有相对独立的专业知识体系，已形成若干明确的研究方向；（3）社会对该学科人才有一定规模的人才需求；（4）学位授予单位应具备设置该二级学科所必需的学科基础和人才培养条件。

教育部提出高等院校可以在一级学科或专业学位类别学位授权权限内根据有关规定自主设置与调整二级学科与专业领域。教育部有关职能部门在对现有二级学科的招生、学位授予和毕业生就业等情况进行统计分析的基础上，将已有一定数量学位授予单位设置的、社会广泛认同的、有较大培养规模的二级学科编制成二级学科与专业领域目录。二级学科目录每三年统计编制一次，学位授予单位自主设置的二级学科与专业领域每年统计公布。

目前，工商管理一级学科下设会计学、企业管理、旅游管理、技术经济及管理等二级学科。部分高等院校还根据自身特色自主设置了某些二级学科，高校根据自身情况在工商管理一级学科下自主设置二级学科，可以适应管理学科具有高度综合性的这个特征，同时进一步拓宽管理学科研究人才的培养口径。

表 1 – 1 管理学一级学科与二级学科目录

学科门类	一级学科	二级学科
管理学	1201 管理科学与工程（可授管理学、工学学位）	本一级学科不分设二级学科（学科、专业）
	1202 工商管理学	120201 会计学 120202 企业管理（含：财务管理、市场营销、人力资源管理） 120203 旅游管理 120204 技术经济及管理
	1203 农林经济管理	120301 农业经济管理 120302 林业经济管理
	1204 公共管理学	120401 行政管理 120402 社会医学与卫生事业管理（可授管理学、医学学位） 120403 教育经济与管理（可授管理学、教育学学位） 120404 社会保障 120405 土地资源管理
	1205 信息资源管理	120501 图书馆学 120502 情报学 120503 档案学

资料来源：根据《研究生教育学科专业目录（2022）》整理。

3. 学位授予

本科层次的管理学教育主要是为企业、事业单位、政府部门培养实践型管理人才，硕士、博士层面的管理学教育包括两种类型的学位教育：学术型学位（academic degree）教育和专业型学位（professional degree）教育。学术型学位教育在我国已发展多年，以培养教学和科研人才为主，偏重学术理论研究；而专业型学位教育则定位于培养高层次应用型管理人才。

专业学位是近年来快速发展的学位教育类型，相对于学术型学位而言，专业学位研究生教育的目标是培养具有扎实理论基础，突出专业技术能力，并适应特定行业或职业实际工作需要的实践型高层次专门人才。专业学位包括硕士专业学位与博士专业学位。硕士专业学位类别设置应符合以下基本条件：（1）具有明确的职业指向，主要服务国家战略、区域经济社会发展和行业发展重大需求，培养高素质、应用型、技术技能人才；（2）所对应职业领域人才的培养规格已形成相对完整、系统的知识结构和实践创新能力的要求；（3）具有比较广泛的社会需求。博士专业学位类别设置应符合以下基本条件：（1）主要服务国家重大发展战略需求，培养某一职业领域的高层次应用型未来领军人才；（2）所对应职业领域对知识、技术、创新能力有较高要求；（3）具有较大且稳定的博士层次人才需求；（4）原则上具有硕士专业学位类别人才培养与学位授予的基础。

学术型研究生和专业型研究生都是研究生培养的重要组成部分。但两种学位的培养目标有明显差异：学术型学位按学科设置，以学术研究为导向，偏重理论和研究；而专业学位以专业实践为导向，重视实践和应用，培养在专业和专门技术上受到正规的、高水平训练的高层次人才。

目前，研究生培养结构面临调整，博士研究生将成为学术人才培养的主阵地，硕士研究生更多地转向专业人才培养。专业学位研究生招生数量每年增长很快，已占总招生人数的50%以上，成为研究生教育中不可忽视的力量。

教育部颁布的《研究生教育学科专业目录（2022年）》中管理类专业学位类别包括工商管理硕士（Master of Business Administration，MBA）、公共管理硕士（Master of Public Administration，MPA）、会计专业硕士（Master of Professional Accounting，MPAcc）、旅游管理硕士（Master of Tourism Administration，MTA）、图书情报硕士（Master of Library and Information Studies，MLIS）、工程管理硕士（Master of Engineering Management，MEM）、审计专业硕士（Master of Auditing，MAud），会计专业、审计专业还可以授予博士专业学位。

二、工商管理类专业设置

2020年，教育部修订颁布的《普通高等学校本科专业目录》是目前高校本科专业设置和管理所遵循的标准。教育部要求高校设置专业应满足《普通高等学校本科专业类教学质量国家标准》，须具备下列基本条件：（1）符合学校办学定位和发展规划；（2）有相关学科专业为依托；（3）有稳定的社会人才需求；（4）有科学、规范的专业人才培养方案；（5）有完成专业人才培养方案所必需的专职教师队伍及教学辅助人员；（6）具备开办专业所必需的经费、教学用房、图书资料、仪器设备、实习基地等办学条件，有保障专业可持续发展的相关制度。由此可见，高校的专业设置是以学科建设为依托的，高校通过学科建设工作聚集在本学科领域内的教师，开展科学研究并得到学术界的普遍认同，积累了一定的科学研究成果，在此基础上才有能力设置专业，向大学生提供高质量的专业教育。

近年来，越来越多高等院校开始以"工商管理大类"进行招生，学生入学后再根据自己的兴趣分流到具体的专业。在新修订的本科专业目录中，工商管理类专业包括基本专业和特设专业，其中基本专业是指学科基础比较成熟、社会需求相对稳定、布点数量相对较多、继承性较好的专业。特设专业是满足经济社会发展特殊需求所设置的专业。工商管理类基本专业包括工商管理、市场营销、会计学、财务管理、国际商务、人力资源管理、审计学、资产评估、物业管理、文化产业管理。特设专业包括劳动关系、体育经济与管理、财务会计教育、市场营销教育、零售业管理。工商管理类本科专业目录如表1-2所示。

表 1-2　　　　　　　**普通高等学校工商管理类本科专业目录**

12 学科门类：管理学

1202 工商管理类基本专业		1202 工商管理类特设专业	
120201K	工商管理	120211T	劳动关系
120202	市场营销	120212T	体育经济与管理
120203K	会计学	120213T	财务会计教育
120204	财务管理	120214T	市场营销教育
120205	国际商务	120215T	零售业管理
120206	人力资源管理		
120207	审计学		
120208	资产评估		
120209	物业管理		
120210	文化产业管理（注：可授管理学或艺术学学士学位）		

资料来源：《普通高等学校本科专业目录（2020）》。

1. 工商管理

工商管理专业主要依托工商管理学科下设的企业管理二级学科，面向工商企业的经营活动及其组织和管理工作培养人才。毕业生应该能够胜任企事业及其他类型组织中的各类管理岗位工作，尤其是需要超越各类具体职能工作，起到协调作用的中高层管理岗位。通过培养，毕业生应掌握管理学、经济学的基本原理和现代企业管理基本理论等知识；掌握企业管理的定性、定量分析方法；具有较强的语言与文字表述、人际沟通能力，具有创新精神和实践技能，成为高素质复合型人才。

2. 市场营销

市场营销专业主要培养能在企事业单位从事市场营销与管理工作的高级专门人才。市场营销是指工商企业根据目标顾客的要求，生产适销对路的产品，并从生产者流转到目标顾客的活动过程，营销的目的在于通过满足目标顾客的需要，实现企业利润最大化的目标。市场营销专业学生主要学习市场营销及工商管理方面的基本理论和基本知识，受到营销方法与技巧方面的基本训练，具有分析和解决营销问题的基本能力。

3. 会计学

会计学专业培养能在企事业单位及政府部门从事会计实务的高级专门人才。会计学是在商品生产的条件下，研究如何对再生产过程中的价值活动进行计量、记录和预测；在取得以财务信息为主的经济信息的基础上，监督、控制价值活动，促进再生产过程，不断提高经济效益的一门经济管理学科。会计学专业学生主要学习会计、审计和工商管理方面的基本理论和基本知识，受到会计方法与技巧方面的基本训练，具有分析和解决会计问题的基本能力。

4. 财务管理

财务管理专业培养能够在企事业单位从事融资、投资及资本运营工作的高级专门人才。财务管理是研究如何通过计划、决策、控制、考核、监督等管理活动对资金运动进行管理，以提高资金效益的一门经营管理学科。该专业学生要掌握财务管理基本知识和技能，熟悉财务管理工作流程，制定财务分析报告和财务决策方案，具有分析和解决财务问题的基本能力。

5. 国际商务

国际商务专业培养能够在涉外经济贸易部门、中外合资企业从事国际贸易业务和管理工作的高级管理人才。国际商务是超越了国界产生的围绕企业经营的事务性活动，主要是指企业从事国际贸易和国际投资过程中产生的跨国经营活动。国际贸易包括货物、服务和知识产权交易；国际投资，主要是指国际直接投资，包括独资、合资和合作经营。国际商务专业学生需要掌握国际商务理论、实务和国际商法，能较熟练地应用国际法规、外语开展商务活动。

6. 人力资源管理

人力资源管理专业培养能够在企事业单位及政府部门从事人力资源管理的专业人才。人力资源管理包括人力资源的预测与规划，工作分析与设计，人力资源的维护与成本核算，员工的甄选录用、合理配置和使用，员工绩效评估，员工薪酬管理，人员培训与开发，以及建立和谐的劳动关系等多个方面。人力资源管理专业学生应掌握人力资源管理理论和应用方法，熟练运用现代化管理的技能与手段，以适应各类组织人力资源管理工作的需要。

7. 审计学

审计学专业主要是面向国家审计机关、部门及各单位内部的审计机构和社会审计组织，培养能够从事审计实践工作的高级专门人才。审计是一种具有独立性的经济监督，审计的对象是被审计单位的经济活动和会计资料，审计审查的内容包括会计，但不限于会计。审计专业学生主要学习会计、审计等方面的基本理论和基本知识，受到会计、审计方法和技巧方面的基本训练，具有分析和解决会计、审计问题的基本能力。

8. 资产评估

资产评估专业面向各类资产评估机构培养具备资产评估与管理的实践能力，能够从事资产评估工作的高级专门人才。资产评估是指评估机构及其评估专业人员根据委托对不动产、动产、无形资产、企业价值、资产损失或者其他经济权益进行评定、估算，并出具评估报告的专业服务行为。资产评估专业学生主要学习资产评估、会计、审计等方面的基本理论和基本知识，具有分析和解决资产评估问题的基本能力。

9. 物业管理

物业管理专业是面向物业行业培养能够完成物业行业监管、社区管理工作和物业项目的各类投资、开发、经营与管理工作的高素质人才。物业管理是指受物业所有人的委托，依据物业管理委托合同，对物业设备设施、绿化、卫生、交通、治安和环境容貌等管理项目进行维护、修缮和整治，并向物业所有人和使用人提供综合性的有偿服务。物业管理专业学生主要学习物业管理方面的基本理论、基本方法，受到物业管理方面的基本训练，具有分析和解决物业管理问题的基本能力。

10. 文化产业管理

文化产业管理专业主要培养能够在文化产业及相关产业、政府文化管理部门及文化事业单位从事文化经营管理、市场营销与策划、文化贸易与交流工作的应用型、复合型高级人才。文化产业管理专业主要探讨文化产业中各个行业以及综合经营管理中企业的盈利方法及模式。文化产业管理专业学生主要学习文化产业管理专业基础理论和基本职业技能，受到文化产业管理方面的基本训练，具有文化产业管理岗位工作的技能。

本章小结

企业主要存在三类组织形式：个人独资企业、合伙企业和公司制企业，其中公司制企业是现代企业中最主要和最典型的组织形式。

管理学的研究对象主要包括三类组织：营利性组织、非营利性组织、政府部门。营利性组织的管理即工商管理，非营利性组织的管理即公共事业管理，政府部门的管理即行政管理。

工商管理学科是研究营利性组织——企业，包括不同产业、不同性质、不同规模的各种类型企业的生产、经营与管理问题所遵循的基本理论、基本原理和基本方法的学科。

工商管理学科具有综合性、实践性、不精确的特点。

管理学学科门类下设五个一级学科，分别是管理科学与工程、工商管理学、农林经济管理、公共管理学、信息资源管理。

工商管理类基本专业包括工商管理、市场营销、会计学、财务管理、国际商务、人力资源管理、审计学、资产评估、物业管理、文化产业管理。

重要术语

管理学　　工商管理　　学科　　学术型学位　　专业型学位

第二章

工商管理学科的发展历程

【学习目标】

通过本章的学习，了解工业革命后企业管理实践的发展，清楚管理理论的形成与发展过程，厘清管理学的发展脉络，了解管理理论的发展趋势及所面临的挑战，激发对专业的兴趣。

【引导案例】

困在系统里的外卖骑手

从 2009 年"饿了么"上线开始，我国外卖行业迅猛发展，市场规模逐年上涨，2021 年外卖行业市场规模达到 10035.53 亿元。截至 2021 年 12 月，我国网上外卖用户规模人数达到 5.44 亿人，占网民整体的 52.7%。从外卖平台的市场格局来看，线上外卖的市场集中度高，主流外卖平台——"美团""饿了么"占据了 92% 的市场份额，其中"美团"的市场份额最大，占比达 67.3%。

美团的实时智能配送系统针对每一位外卖骑手的订单进行了时间研究。配送系统记录了商家出餐、等红灯、通行、打电话、上下楼、等电梯，甚至上厕所的时间，对外卖骑手的各项活动都设立了标准。从顾客下单的那一秒起，配送系统便开始根据骑手的顺路性、位置、方向决定派哪一位骑手接单，一个订单有取餐和送餐两个任务点，如果一位骑手承担 5 个订单、10 个任务点，系统会在 11 万条路线规划可能中完成"万单对万人的秒级求解"，规划出多个订单的最优配送方案，给出多个订单的取送餐顺序，为每一单提供送餐路线导航并预估配送时间。

在配送系统的设置中，配送时间是最重要的指标，而超时是不被允许的。一旦发生超时，便意味着差评、收入降低，甚至被淘汰。在美团，系统为骑手设置了积分等级体系——跑得单越多，准时率越高，顾客评价越好，骑手获得的积分便会越高；积分越高，等级就越高，奖励收入也会更多。通常，骑手们的超时率不得高于 3%，如果达不到，骑手所属外卖站点的评级将会下降，整个站点的配送单价也会下降，包括站长、人事、质控等在内的所有人，甚至与站点相关的渠道经理、区域经理，收入都会受到影响。每年年末，站点还要面临美团公司的考核，每个区域内考核排名后 10% 的配送站，会面临淘汰的风险。

这套看上去刻板的时间表和严苛的奖惩制度给外卖行业带来了高效率。2016 年，3 公里送餐距离的最长时限是 1 小时，2017 年变成了 45 分钟，2018 年又缩短了 7 分钟，定格在 38 分钟——相关数据显示，2019 年中国全行业外卖订单单均配送时长比 3 年前减少了 10 分钟。与此同时，美团在商业上取得了巨大成功，2021 年股票市值突破 2 万亿港元，在中国互联网企业中排名第三，成为新一代的互联网巨头。

在提高效率方面的不懈努力，为外卖企业带来了高利润。算法系统一方面把每一个骑手的潜能和速度挖掘到最大限度，带来了高效率；另一方面给外卖骑手带来了超时的压力，外卖骑手普遍存在超速、闯红灯、逆行等违反交通规则的行为，成为交通事故高发群体，引发了社会的广泛关注。

资料来源：赖祐萱，《外卖骑手，困在系统里》，载于《人物》2020 年第 8 期，作者有改编。

➡ 第一节　工业革命和管理思想的发展

一、工业革命

工业革命是指资本主义生产从以手工技术为基础的个体手工生产过渡到以机器为主体的大规模社会化生产。18 世纪 60 年代开始的工业革命始于英国的纺织工业，毛纺织业的发展引发了圈地运动，改变了土地所有制，原有的自然经济遭到严重破坏，从而一举摧毁了小农经济和自给自足的生产方式。这不仅为大工业的产生扫除了传统习惯的阻力，而且圈地运动使得许多人失去了自己的家园，成为无业人员，为资本主义工业的生产提供了大量而丰富的劳动力资源。而之后蒸汽机的发明，为工业革命的爆发点燃了导火线。蒸汽机的广泛应用使机器大工业代替了手工业小作坊，大大促进了整个工业的发展，并且成为工业革命的推进器。

工业革命最早在英国出现，随后迅速扩散到欧洲，在 19 世纪又传至美国。这一阶段，机器取代人力，大规模工厂化生产取代了个体手工生产，新兴的工厂制度带来了生产组织方式上的革命，出现了现代意义上的企业组织，也出现了对于管理活动的客观需求。首先，机器的使用使得低薪、无技术的工人能够操作机器，从而取代了那些手工制作产品的高薪、技术熟练的工匠。工人操作机器完成生产环节的一小部分，但管理者需要协调生产系统的不同环节，最大化整体产出。其次，大型工厂取代了小型手工作坊，数以百计甚至数以千计的人共同工作，管理者必须考虑如何组织人数众多的员工，如何建立规章制度，以适应工厂规模的扩大。

二、管理思想的发展

随着工业革命以及工厂制度的发展，不少对管理理论的建立和发展具有重大影响的管理实践和思想应运而生。工业革命初期，蒸汽机发明者詹姆斯·瓦特（James Watt）和其合作者马修·博尔顿（Matthew Boulton）于 1800 年接管了父辈创办的铸造工厂，并进行了管理改革，主要包括：（1）在生产管理和销售方面，根据生产流程的要求，配置机器设备，编制生产计划，对市场进行研究和预测；（2）在成本管理方面，建立起详细的记录和先进的监督制度；（3）在人事管理方面，制定工人和管理人员的培训和发展规划；（4）推行职工福利制度等。空想社会主义的代表人物之一，英国的罗伯特·欧文（Robert Owen）在 1800～1828 年进行了一系列的改进工作条件、改善工人生活状况的试验，开创了在企业中重视人的地位和作用的先河，对以后的行为科学理论产生了很大影响。英国的数学家和机械工程师查尔斯·巴贝奇（Charles Babage）是科学管理的先驱者，在 1832 年出版的《机器和制造业经济学》一书中，他对专业化分工、机器与工具使用、时间研究、分配制度等管理思想进行了论述，为后来古典管理理论的形成提供了思想基础。

当管理实践在英国繁荣一时之后，其中心随着工业革命移向美国。当时美国规模最大的公司是铁路公司，由于开发西部的客观需要，铁路发展非常迅速，但是由于缺乏管理，问题很多，事故不断，效率极低。1841 年 10 月 5 日，美国马萨诸塞州的两列火车发生对撞事故，造成近 20 人伤亡。为了平息公众的怒气，在马萨诸塞州议会的推动下，铁路公司不得不进行管理改革，老板交出企业管理权，只拿红利，另外聘请具有管理才能的人员担任企业领导。这是历史上第一次在企业管理中实现所有权和管理权的分离，这种分离使得具有管理才能的人掌握了管理权，直接为科学管理理论的产生提供了基础，为管理学的创立和发展创造了条件。所有权和管理权的分离也使得社会出现了对职业管理者的需求，为此学校开始设立管理专业来满足这一日益增长的社会需求。

1853 年，美国铁路管理者丹尼尔·麦卡勒姆（Danial McCllum）提出了岗位责任制、工作报告制和考核晋级制度等一系列铁路管理制度；长期担任《美国铁路杂志》编辑的亨利·普尔（Henry Poor）发展了麦卡勒姆的思想，提出建立组织分工系统、信息沟通系统，并制定严格的规章制度，以便使管理者能及时了解铁路运行情况，采取各种措施，避免事故发生。

英国的管理实践集中于纺织业，而美国则集中于铁路企业，这充分说明了管理与经济发展的紧密关系。但是这一时期的管理实践往往是少数先驱者的个人尝试或思想，缺乏上升到理论层面的总结和传播，当时更多的企业是凭借企业主个人的经验和能力进行管理，管理实践还没有上升为一般性的、具有普遍意义的管理理论。

第二节　管理理论的出现

资本主义经济的发展，科学技术的巨大变化，促进社会化大生产的发展，分工和协作日趋复杂。这时，只凭个人经验管理企业，已不适应大规模组织的要求，迫切需要用科学的、适合社会化生产的管理来代替传统的经验管理。与此同时，工业革命以来管理经验的积累、职业经理层的出现，也为管理理论的产生提供了前提条件。

在这样的背景下，19 世纪末 20 世纪初，美国出现了持续四五十年的社会性管理研究潮流，很多管理者和工程师认识到管理的重要性及其对经济发展的意义，致力于管理理论、规划和方法的研究，导致了管理理论的出现。通过在工业界的应用和传播，以科学管理为代表的管理理论在社会、公众中得到了广泛认知，引起了人们思想上、观念上的转变。这一时期被称为"管理运动"，管理由此走上科学的轨道，发展为影响社会经济生活的完整理论，成为独立的研究领域。除了在美国出现的以泰罗为代表的科学管理理论之外，同时期在欧洲大陆也形成了有一定科学依据的管理理论，包括法约尔的一般管理理论和韦伯的组织理论。这些理论被统称为古典管理理论（classical theory）。

　　随着科学管理思想的普及、劳动生产率的不断提高和生产技术的日趋复杂，生产专业化程度日益提高，劳资矛盾也随之恶化。如何协调劳资矛盾，进一步调动员工的积极性以提高劳动生产率的需求，以霍桑实验为代表的行为科学理论对此给出与科学管理不同的回答。

　　二战之后，资本主义生产力和生产关系有了新的发展，出现了众多的管理学派，管理理论空前繁荣，进入了"管理理论丛林"的阶段。

一、古典管理理论

　　古典管理理论的核心是寻找科学地管理劳动和组织的各种方法，包括三个不同的理论学派：以泰罗为代表的科学管理理论、以法约尔为代表的一般管理理论和以韦伯为代表的科层组织理论。

1. 科学管理理论

　　弗雷德里克·泰罗（Frederick Taylor，1856—1915），被称为"科学管理之父"，是科学管理理论（scientific management theory）的创始人。他从钢铁厂的学徒工开始，做过技术工人、工长、车间主任、工程师等职位，直至升任总工程师。由于长期在生产一线工作，泰罗对现场管理很熟悉，对当时工厂中普遍存在的生产效率低下、"磨洋工"等现象有切身体会与深刻了解。他认为，通过科学的管理可以避免"磨洋工"现象。通过在企业中的大量试验和实践，泰罗在1911年出版的《科学管理原理》一书中提出了科学管理原则。

　　泰罗的科学管理理论的主要内容可以概括为以下八个方面。

　　（1）工作定额。要制定出有科学依据的工人"合理的日工作量"，就必须进行动作和时间研究。方法是选择合适且技术熟练的工人，把他们的每一个动作、每一道工序所使用的时间记录下来，加上必要的休息时间和其他延误时间，就得出完成该项工作所需要的总时间，据此制定工人"合理的日工作量"，这就是工作定额原理。

　　（2）标准化。要使工人掌握标准化的操作方法，使用标准化的工具、机器和材料，并使作业环境标准化，这就是所谓的标准化原理。泰罗认为，必须用科学的方法对工人的操作方法、使用的劳动工具、工作时间的安排、作业环境的布置等进行全面的分析，消除不合理的因素，把各种最好的因素结合起来，形成一种最好的方法，这是管理当局的首要职责。

　　（3）差别计件工资制。为了鼓励工人努力工作，完成定额，泰罗提出新的报酬制度——差别计件工资制，即计件工资率随完成定额的程度而上下浮动。例如，如果工人只完成定额的80%，就按正常工资率的80%支付报酬，如果超额完成定额的120%，就按正常工资率的120%支付报酬。根据工人的实际工作表现而不是根据工作类别来支付工资。泰罗认为，这样做能克服消极怠工的现象，更重要的是能调动工人的积极性，从而促使工人大大提高劳动生产率。

　　（4）科学地挑选工人。为了提高劳动生产率，必须为工作挑选"第一流的工人"。泰罗认为，每个人都有不同的天赋和才能，只要工作岗位适合，都能成为第一流的工人。因此，管理当局要根据人的能力把他们分配到相应的工作岗位上并进行培训，教会他们科学的工作方法，激励他们尽最大努力来完成工作。

（5）计划与执行分开。泰罗认为，应该用科学的工作方法取代经验工作方法。所谓经验工作方法是指每个工人根据经验来决定使用什么工具，用什么方法操作等。泰罗主张明确划分计划职能与执行职能，由专门的计划部门来从事动作时间研究，制定科学的定额和标准化的操作工具及方法。现场的工人则按照计划部门制定的操作方法和指示，使用规定的标准工具，完成要求的定额，不得自行改变。

（6）劳资双方要进行"精神革命"。工人和雇主两方面都必须认识到提高效率对双方都有利，要相互协作，共同努力。雇主可以获得更多的利润，而工人则可以获得更高的工资，双方利益是一致的。泰罗曾指出，"一块经济利益的大饼，它的分享者之所以会不断地发生冲突，是因为其中一个分享者的份额如要有所增加，往往会损害到另一个分享者的份额"，但"如果能更加有效地使用资源使得整个经济物质和服务的供应有所增加，那么，大饼的分享者每个人的份额都可以不用争夺而有所增长"。①

（7）实行职能工长制。泰罗主张实行"职能管理"，即将管理的工作予以细分，每个管理者只承担其中的一两项管理工作。他认为，当时通常由1个车间工长完成的工作应该由8个职能工长来承担，其中4个在计划部门，4个在生产现场进行监督，每个职能工长只负责某一方面的工作，在其职能范围内可以直接向工人发布命令。

（8）实行例外原则。泰罗认为，规模较大的企业组织和管理，必须应用例外原则。即企业的高层管理者把一般的日常事务授权给下级管理人员去处理，自己只保留对例外事项或重要问题的决策和监督。这一原则实际上为后来的分权化管理和事业部制提供了理论依据。

泰罗以自己在工厂的管理实践和理论探索，冲破了工业革命以来一直沿袭的传统经验管理方法，将科学引入了管理领域，提出系统的管理理论体系，这套体系被后人称为"泰罗制"。泰罗制在实践中取得了显著的效果，使企业的生产效率大幅提高，受到企业主的普遍欢迎。泰罗的科学管理理论在20世纪初得到广泛的传播和应用，影响很大。在泰罗同时期，有许多人也积极从事科学管理实践与理论的研究，为科学管理做出了重要的贡献。其中比较著名的有吉尔布雷斯夫妇、亨利·甘特（Henry L. Gantt）、哈林顿·埃默森（Harrington Emerson）等。他们在许多方面不同程度地发展了科学管理理论和方法，被称为"科学管理学派"。

2. 一般管理理论

亨利·法约尔（Henri Fayol，1841—1925），法国人，大学毕业后进入一家大型矿业公司担任采矿工程师，逐渐成为专业管理者，长期担任公司的总经理。在实践中逐步形成了自己的管理思想和管理理论。法约尔生前发表了一系列关于管理的著述，其中代表作是1916年出版的《工业管理和一般管理》，总结了他一生的管理经验和管理思想。法约尔的一般管理理论（general administrative theory）主要内容包括以下四个方面。

（1）企业的六项基本活动。法约尔指出，任何企业都存在六项基本活动，即技术、商业、财务、安全、会计和管理。在这六项活动中，管理处于核心地位，即企业本身需要

① ［美］弗雷德里克·泰罗：《科学管理原理》（马风才译），机械工业出版社2013年版，第5页。

管理，其他五项属于企业的活动也需要管理。

（2）管理的五大职能。法约尔首次把管理活动划分为计划、组织、指挥、协调和控制五大职能，揭示了管理的本质，并对五大管理职能进行了详细的论述。后来许多管理学者按照法约尔的研究思路对管理理论进行深入研究，逐渐形成了管理过程学派，法约尔成为这一学派的创始人。

（3）管理的 14 条基本原则。法约尔认为管理的成功不完全取决于管理者个人的管理能力，而是要灵活地贯彻管理的一系列基本原则，即劳动分工、权责相当、纪律严明、统一指挥、统一领导、个人利益服从整体利益、合理报酬、集权、等级链、秩序、公平、人员的稳定、主动性、团结精神。

（4）管理教育。法约尔认为，人的管理能力可以通过教育来获得，当时之所以缺少管理教育是由于没有管理理论。为此，他提出了一套比较全面的管理理论，首次指出管理理论具有普遍性，可以用于各个组织之中，提出在学校设置这门课程，传授管理知识，并在社会各个领域宣传、普及和传授管理知识。

法约尔的贡献在于从理论上概括出一般管理的理论、要素和原则，他对管理五大职能的分析为管理学提供了科学的理论框架，来源于长期实践经验的管理原则给管理者以巨大的帮助。法约尔被认为是第一个概括和阐述一般管理理论的管理学家，为管理学的形成做出了卓越的贡献，因此被称为"经营管理之父"。现代社会中的许多管理实践和思想都可以直接追溯到一般管理理论的思想。

3. 科层组织理论

马克斯·韦伯（Max Weber，1864—1920），德国著名的社会学家、古典管理理论的代表人物，著有《社会组织与经济组织》《新教伦理和资本主义精神》《一般经济史》等。韦伯在管理理论上的研究主要集中在组织理论方面，主要贡献是提出了理想的科层组织体系理论。科层组织体系（bureaucracy theory）通常还被译为官僚组织体系，是一种通过职位或职务，而不是通过"世袭"和"个人魅力"来进行管理的组织制度。

韦伯认为等级、权力和科层制度是一切社会组织的基础。对于权力，他认为有三种类型：超凡权力、传统权力和法定权力。其中，超凡权力来源于别人的崇拜与追随，所谓的救世主、先知、政治领袖等往往被认为具有超自然的、超人的权力；传统权力是传统惯例或世袭得来的，组织成员之间的关系是建立在个人关系、喜好偏爱、社会特权的基础之上；法定权力是法律规定的权力，只有它才能作为科层组织体系的基础。

韦伯的理想的科层组织体系具有以下特点。

（1）明确的分工。每个职位的权利和义务都有明确的规定，人员按专业化进行分工。

（2）自上而下的等级系统。组织内的每个职位都处于上级的控制和监督下，每个管理者不仅要对自己的决定和行为负责，还要对下级的决定和行为负责。

（3）人员的任用。组织中的人员要完全根据职务的要求，通过正式考试和教育训练来任用。

（4）工资与升迁。按职位支付薪金，并建立奖惩与升迁制度，使组织成员能够安心工作。

（5）遵守规则和纪律。管理人员必须严格遵守组织中规定的规则和纪律以及办事程序。

（6）组织中人员之间的关系。组织中成员之间的关系以理性准则为指导，不受个人情感的影响。组织与外界的关系也是这样。

韦伯认为，这种高度结构化的、正式的、非人格化的科层组织体系是实现目标、提高效率的最有效形式。它在精确性、稳定性、纪律性和可靠性方面都优于其他组织形式，能适用于所有的管理工作以及当时日益增多的各种大型组织，如教会、政府机构、军队、政党、企业和各种团体。韦伯的理论对泰罗、法约尔的理论是一种补充，对后来的管理学者，尤其是组织理论学家有很大的影响，韦伯被后人称为"组织理论之父"。

二、行为科学理论

以泰罗、法约尔、韦伯等的理论为代表的古典管理理论广泛传播和实际运用，大大提高了效率。但古典管理理论多侧重于生产过程、组织控制方面的研究，较多强调管理的科学性、合理性、纪律性，而对人的因素和作用关注较少。从 20 世纪初美国推行科学管理的实践来看，尽管在提高劳动生产率方面取得了显著的成绩，但科学管理理论片面强调对工人进行严格的控制和动作的规范化，忽视其社会需求和感情需求，使工人的劳动变得异常紧张、单调和疲劳，引起了工人的强烈不满，导致怠工、罢工和劳资关系日益紧张。在这种情况下，科学管理已不能适应新的形势，需要有新的管理理论和方法来进一步调动工人的积极性，激发士气从而提高劳动生产率。

在这样的背景下，一些学者开始从生理学、心理学和社会学等角度研究企业中有关人的一些问题，如人的工作动机、情绪、行为与工作之间的关系等，以及研究如何按照人的心理发展规律去激发其积极性和创造性，由此产生了行为科学理论（behavioral science）。行为科学研究始于 20 世纪 20 年代，早期被称作人际关系学说，后期发展为行为科学，即组织行为理论。

1. 霍桑实验

乔治·埃尔顿·梅奥（George Elton Mayo，1880—1949），澳大利亚裔美国行为科学家，人际关系理论创始人。1924～1932 年，由梅奥负责在美国西方电气公司所属的霍桑工厂开展了一系列的实验，实验结果引发了对当时管理者许多管理观念的挑战，从而揭开了研究组织中人的行为的序幕，产生了人际关系理论。

最初在霍桑工厂开展的实验是根据科学管理理论中关于好的工作环境可以提高工人的劳动生产率的假设，进行"照明的亮度同工业中效率的关系"的研究，试图通过照明强弱的变化与产量变化之间的关系来分析工作条件和劳动生产率之间的关系。结果却发现，工作条件和环境的好坏与劳动生产率的提高没有必然联系，反而与人的因素有密切的关系。为了证实这一结果，梅奥等人陆续开展了较长时间的研究，结果表明：生产率不仅同物质实体条件有关，而且同工人的心理、态度、动机，同群体中的人际关系以及领导者与被领导者的关系密切相关。梅奥对其领导的霍桑实验进行了总结，于 1933 年出版了《工业文明中人的问题》一书，提出了与古典管理理论不同的新观点，主要归纳为以下几个方面。

（1）工人是"社会人"，而不是"经济人"。科学管理学派认为金钱是刺激工人工作积极性的唯一动力，把人看作单纯追求经济利益的"经济人"。而梅奥认为，除了物质利益外，工人还有社会、心理方面的需求，因此不能忽视社会、心理因素对工人积极性的影响。

（2）企业中存在非正式组织。非正式组织是企业成员在共同工作的过程中，由于具有共同的社会感情而形成的非正式团体。这种无形组织有自己的规范、准则和领袖人物，会通过左右工人的工作态度来影响企业的生产效率。因此管理人员应该正视非正式组织的存在，分析其特点，利用非正式组织为正式组织的活动和目标服务。

（3）新型的领导通过提高工人的满足程度，来达到提高工作效率的目的。生产效率的高低主要取决于工人的士气，而士气则取决于他们所感受到的各种需要得到满足的程度。在这些需要中，金钱与物质方面的需要只占很小的比重，更多的是获取友谊、得到尊重等人际方面的需要。因此，管理人员要善于倾听和与下属进行沟通，了解他们的需求状况，包括心理和思想需求，以采取相应的措施，这样才能合理、充分地激励工人，达到提高劳动生产率的目的。

霍桑实验及其结论对管理理论的演进方向产生了重大而深远的影响，它改变了当时那种认为人与机器没有差别的流行观点，激起了人们重新认识组织中人的因素，使西方管理思想在经历了科学管理理论阶段之后进入了行为科学理论阶段。

2. 人际关系运动

霍桑实验之后，人们从各方面展开了对人的需要、动机、行为、激励以及人性的研究，形成了人际关系研究的热潮。其中，最主要的推动者是马斯洛和麦格雷戈等人。亚伯拉罕·哈罗德·马斯洛（Abraham Harold Maslow）是著名的心理学家和行为科学家，他于1943年在《人的动机理论》一书中提出了需要层次理论，对人际关系运动做出了重大贡献。他认为人有各种各样的需要，管理者可以据此激励员工的行为。在此基础上，人们又提出了各种各样的激励理论。

道格拉斯·麦格雷戈（Douglas McGregor）是美国著名的行为科学家，曾先后在哈佛大学和麻省理工学院从事心理学的教学工作。他在1957年发表的《企业的人性面》一文中提出了著名的"X-Y理论"，认为管理者对员工有两种不同的看法，相应地，管理者会采取两种不同的管理方法。这些理论向古典管理理论和早期人际关系理论中有关人类行为的假设提出了挑战。

3. 后期的行为科学

在1949年美国芝加哥的一次跨学科会议上，首次提出使用"行为科学"这个名称来囊括有关企业人性方面的研究。1953年，福特基金会、洛克菲勒基金会和卡内基基金会相继拨款支持行为科学方面的研究，并正式创办《行为科学》杂志。此后，许多管理学家、社会学家、心理学家从人类行为的特点、行为的环境、行为的过程以及行为的原因等多种角度展开了对人的行为的研究，形成了一系列的理论，使行为科学成为现代西方管理理论的一个重要学派。理论研究的发展反过来又促进了企业管理人员重视人的因素，强调人力资源开发，注意改善人际关系，注意组织的需要与其成员的需要协调一致等。

从行为科学研究对象涉及的范围来看，基本可以分为以下三个层次。

（1）个体行为理论：有关需要、动机和激励的理论；有关人的特性的理论。

（2）群体行为理论：有关群体动力的理论；有关信息交流的理论；有关群体及其成员相互关系的理论。

（3）组织行为理论：有关领导行为的理论；有关组织变革与发展的理论。

行为科学管理的特点在于改变了人们对管理的思考方法，把人看作宝贵的资源，强调从人的作用、需求、动机、相互关系和社会环境等方面研究其对管理活动及其结果的影响，研究如何处理好人与人之间的关系、协调人的目标、激励人的主动性和积极性，以提高工作效率。

三、现代管理理论

第二次世界大战之后，随着科学技术的迅速发展，企业规模不断扩大，生产社会化程度日益提高，环境已经成为管理中不可忽视的重要变量。企业不仅要考虑自身条件的限制，还需要研究环境的特点及要求，提高对外部环境的适应能力。为了应对管理实践的这一变化，许多学者包括数学家、社会学家、心理学家、统计学家等从不同的背景、角度，基于自身的专业，用不同的方法对管理问题开展研究，这一现象带来了管理理论的空前繁荣，形成了众多的管理理论学派。美国著名的管理学家孔茨将这些学派形象地描述为"管理理论丛林"，现代管理理论（modern management theory）的代表性学派如表2-1所示。

表2-1　　　　　　　　　　现代管理理论

管理理论学派	特征与贡献	局限性	代表人物
经验主义学派	通过案例研究经验，确定成败要素	环境可能不同；目的不在于确定一些原则；发展管理理论的价值不同	彼得·德鲁克、阿尔弗雷德·斯隆等
权变理论学派	管理活动取决于环境	管理人员早已认识到做任何事情都不会有最佳方法	弗雷德·卢桑斯、弗雷德·菲德勒
管理科学学派	管理工作被看作数学过程、概念、符号和模型，把管理看作一种纯粹的逻辑过程，用数学符号和数学关系来表示	首先需要建立数学模型；管理工作的许多方面并不能模型化	埃尔伍德·斯潘塞·伯法
社会系统学派	把人际关系和群体行为两个方面引导到一个协作系统，把概念扩大到任何一个具有明确目的的协作群体	对于管理研究的范围过于宽泛；忽视了许多管理概念、原则和方法	切斯特·巴纳德
系统管理学派	系统有边界，但与外部环境存在互动关系；认识到研究一个组织和许多子系统内的计划、组织和控制的内部关系的重要性	很难被认为是新的管理方法	弗里蒙特·卡斯特、詹姆斯·罗森茨韦克
决策理论学派	强调决策的制定，做决策的人或群体以及决策过程	管理工作远远超过决策工作量	赫伯特·西蒙

资料来源：海因茨·韦里克、马春光、哈罗德·孔茨，《管理学精要：国际化视角》（原书第7版），机械工业出版社2010年版，第8页，作者有修改。

➡ 第三节　管理理论的新发展

进入 20 世纪 80 年代以后，随着信息技术的迅猛发展、知识经济的出现以及国际经济逐步走向一体化，管理环境发生了重大变化，在这样的形势下，出现了一些新的理论与视角。

一、企业文化理论

企业文化理论（corporate culture）形成于 20 世纪 80 年代，是由实践引出理论探讨的。20 世纪 70 年代，遭遇石油输出国组织石油提价的西方国家陷入能源危机。这场危机对美国企业界产生巨大影响，美国产品竞争力下降，使得国外市场萎缩，企业开工不足，工人失业率提高，国内市场竞争激烈，通胀率提高，经济处于停滞状态，不得不实行贸易保护政策。而大洋彼岸的日本，尽管本国资源奇缺，经济几乎完全依赖国际市场，但能源危机并没有使国民经济停顿，日本企业界反而发展出节约能源的消费产品，在汽车、电子等行业的飞速发展让西方国家震惊，日本也在 70 年代末一跃成为世界第二大经济强国。这种鲜明的对比极大地刺激了美国管理学者和实践界研究日本、反思自我的热情，企业文化理论正是在这种背景下提出的。1981～1984 年相继出版了多部研究企业文化的著作，如威廉·大内（William Ouchi）的《Z 理论——美国企业如何迎接日本的挑战》、理查德·帕斯卡尔（Richard Pascale）和安东尼·阿索斯（Anthony Athos）的《日本企业的管理艺术》、特伦斯·迪尔（Terrence Deal）和艾伦·肯尼迪（Allan Kennedy）的《企业文化》、汤姆·彼得斯（Tom Peters）和小罗伯特·沃特曼（Robert Waterman）的《追求卓越》等。

通过对日美企业管理的比较研究，美国学者发现在组织结构、制度、战略等硬要素方面日美企业差异不大，日本企业成功的奥秘在于领导方式、价值观、对人的重视、集体决策等软要素。与欧美企业中企业与员工之间独立平等而经济上单纯交换和雇佣性关系不同，日本企业就像一个大家庭，员工如同大家庭的成员，对企业保持着一定的人身依附关系。员工享有终身雇用、缓慢的晋升和评价、集体决策与集体负责、较平均的分配制度、多岗位职务轮换、以"通才"为目标的骨干培养路线、来自组织的全面关怀等做法和政策，都反映了这种文化特色。

在比较研究和大量企业调研的基础上，学者们对企业文化理论进行了整理和总结，主要包括以下内容。

（1）企业文化是为全体员工共同遵守，但往往是自然约定俗成而非书面的行为规范，并有各种各样的仪式和习俗来宣传、强化这些价值观念。企业文化之间的差异是造成绩效不同的重要原因。

（2）企业文化包括精神文化、制度文化和物质文化三个层次，其中精神文化是核心。精神文化表现为一系列明确的价值和行为规范、道德准则以及清晰的信念；制度文化表现为组织的结构形态、规章制度、奖惩方式以及信息沟通渠道等内容；物质文化表现为可以观察到的组织环境、员工和管理人员行为等表层形象。

（3）企业文化的功能主要包括导向功能、凝聚功能、约束功能、激励功能和辐射功能。这五种功能是以文化的形式潜移默化地起着作用，员工在这种文化氛围中自觉地调整自身行为，表现出符合组织要求的积极行为。正因为如此，企业文化具有其他管理手段难以达到的巨大作用。

二、流程再造理论

20世纪80年代以来，信息技术革命使企业的经营环境和运作方式发生了很大的变化，而西方国家经济的长期低增长使得市场竞争日益激烈，企业面临着在低速增长时代增强自身竞争力的严峻挑战。在这种背景下，结合美国企业为应对来自日本和欧洲企业的威胁而展开的实际探索，美国管理学家迈克尔·哈默（Michael Hammer）和詹姆斯·钱皮（James Champy）在1993年出版了《企业再造》一书，提出了企业流程再造理论。他们通过对企业的考察发现，在许多公司从事的具体工作中，"有许多是跟满足客户需要——生产的产品质地要优良、供应的价格要公道、提供的服务要优质——风马牛不相及的。他们的许多工作纯粹只是为了满足公司内部的需要"。因此，哈默和钱皮提出，为了能够适应新的充满竞争和变化的环境，企业不适宜根据亚当·斯密的劳动分工理论去组织自己的工作，必须摒弃已成惯例的运营模式和工作方法，以工作流程为中心，重新设计企业的经营、管理及运营方式，即进行流程再造。

企业流程再造（business process reengineering）是指为了获取可以用诸如成本、质量、服务和速度等方面的绩效进行衡量的显著成就，对企业的经营过程进行根本性的再思考和关键性的再设计。其具体实施过程包括以下几项主要工作。

（1）对现有流程进行全面的功能和效率分析，以发现现有流程中各活动单元及其组合方式上存在的问题。

（2）改进相关单元的活动方式或单元之间关系的组合方式，设计流程改进的方案。同时，制定与流程改进方案相配套的组织结构、人力资源配置和业务规范等改进计划，形成系统的企业再造方案。

（3）组织流程改进方案的实施，并在实施过程中根据经营背景的变化组织企业流程的持续改善。企业活动及其环境是动态变化的，因此企业再造或流程重组将是一个持续不断的过程。

企业流程再造理论在欧美企业中得到了高度重视，被迅速推广，带来了显著的经济效益，涌现出大批成功的范例。管理研究领域也相当关注这一理论，相当多的学者加入到流程再造的研究中来，论证流程再造与价值创造、经营绩效改进之间的逻辑关系，研究流程再造实例，寻求更好的流程管理方法等。作为组织设计工具，流程再造带来了巨大的收益，但也招致了一些批评，主要原因是流程再造使少数人能够完成以前大多数人做的事情，致使公司削减成本和裁员，妨碍了士气和绩效。后来，流程再造的提出者汉默和钱皮也承认70%的再造项目由于忽视工作场合中人的影响而失败了。

三、学习型组织

20 世纪 90 年代以来，知识经济的到来使信息和知识成为重要的战略资源，相应地诞生了学习型组织理论。1990 年，管理学家彼得·圣吉（Peter Senge）出版了《第五项修炼——学习型组织的艺术与实务》一书。在这本著作中，圣吉认为"在全球的竞争风潮下，人们日益发现 21 世纪成功的关键，与 19 世纪和 20 世纪成功的关键有很大的不同。在过去，低廉的天然资源是一个国家经济发展的关键，而传统的管理系统也是被设计用来开发这些资源。然而，这样的时代正离我们而去，发挥人们的创造力现在已经成为管理努力的重心"[①]。因此他提出学习型组织理论，并指出学习型组织是 21 世纪全球企业组织和管理方式的新趋势。

学习型组织（learning organization）是指通过培养弥漫于整个组织的学习气氛，充分发挥员工的创造性思维能力而建立起来的一种有机的、高度柔性的、扁平化的、符合人性和能够持续发展的组织。这种组织具有持续学习的能力，具有高于个人绩效总和的综合绩效。

建立学习型组织，需要进行五项修炼，即自我超越、改善心智模式、建立共同愿景、团队学习、系统思考，其中系统思考是五项修炼中的核心。

（1）自我超越。自我超越是学习型组织的精神基础，组织成员必须学习不断厘清并加深个人的真正愿望，集中精力，培养耐心，并客观地观察现实。

（2）改善心智模式。心智模式是指根深蒂固于个人或组织之中，影响人们如何认识周围世界以及如何采取行动的许多假设、成见和印象。改善心智模式就是要学习改变自己多年来养成的思维习惯，强制和约束自己，以开放的心灵容纳别人的想法。

（3）建立共同愿景。共同愿景是指能鼓舞组织成员共同努力的愿望和远景，或者说是共同的目标和理想。建立共同愿景的关键是要能够将组织中个人的愿景整合为组织的共同愿景，这样才能使员工主动而真诚地奉献和投入，形成不断进步的合力。

（4）团队学习。团队学习就是组织化的学习或交互式的学习。通过团队学习，可以充分发挥整体协作的力量，形成高于个人力量之和的团队力量，达到运作上的默契并形成团队意识，唯有团队成员一起学习、成长、超越和进步，才能让组织持续创造佳绩。

（5）系统思考。系统思考是五项修炼的核心，它要求人们运用系统的观点来看待组织的生存和发展。在现有的不少组织中，大多数人把自己的眼光局限于本职工作，固守经验，一旦出现问题就常常归罪于其他部门，缺乏进行整体思考的主动性和积极性。系统思考就是要培养人与组织进行系统观察、系统思考的能力。

学习型组织理论认为，21 世纪最成功的企业将是学习型组织，因为未来唯一持久的竞争优势，就是要有能力比你的竞争对手学习得更快。注重学习而且善于学习，可以使我们及时察觉可能发生的变化或迅速了解正在进行的变化，在变化来临之前或在变化过程中

---

① ［美］彼得·圣吉：《第五项修炼：学习型组织的艺术与实践》（张成林译），中信出版社 2018 年版，第 19 页。

做好应变准备，从而适应不断变化的环境并在变化过程中不断增强自己的竞争优势。

四、新世纪管理的发展趋势

互联网的广泛应用和发展是新世纪社会生活的主要特征，深刻地改变着经济社会文化的方方面面。依托互联网的数字技术发展正在改变着人类的生活方式。数字时代与工业时代不同，它没有带来有形产品，但它带来的是无形的存在物，即用来收集、分析、传输和综合处理数据的才智和能力，其结果是新公司和新产业，如互联网公司、云计算、人工智能、电子商务、大数据等的诞生。数字技术的发展给企业的管理实践带来重要影响，也将冲击传统的管理规则。

数字时代的企业外部环境在发生变化。在工业化时代，企业得以繁荣发展是因为它们能够得到并利用原材料、拥有标准化产品和服务及大批量生产能力。而数字时代的信息获取成本降低，产品变为商品的速度大大加快，新产品一旦问世，几个月甚至几天内具有类似特性的无牌产品立即会出现在市场上。客户和消费者搜寻合适产品的时间和机会成本也很低，很容易转向竞争者，进一步加大了市场竞争的激烈程度。对于生产者来说，只能利用品牌等无形资产，才能将自己与其他竞争者相区别，并以较高的价格出售商品。这意味着，在21世纪最有价值的商品是声誉和品牌形象等无形资产，而不是有形资产，有形资产只不过是无形资产的载体而已，无形资产成为现代企业立身的根本。

数字时代的企业组织形式在发生变化。数字技术使组织之中以及组织之间的信息处理方式发生了翻天覆地的变化，相应的管理模式必然随之发生变化，各种具有适应性的网络组织（network organization）可能会替代传统的金字塔型组织。数字时代要求企业必须及时高效地运作，在网络型组织中，企业仅保留具有核心竞争力的部门，大部分工作由其他企业或临时性的职能工作团队完成；决策主要由基层作出，依靠技术手段，基层的知识型员工可以获得丰富的信息，不必再等上级管理者的指示就可以自己作出判断；按照客户的要求提供个性化定制生产或服务，即时生产技术取代以前的批量流水线作业，生产过程将变成公司、合作伙伴与顾客之间同时互动的过程；非正式组织将在网络组织中发挥主导作用，权威的建立更大程度上取决于个人的品质、专长和创造性，而不是正式职位；这种结构的最大特点在于它能充分发挥个人的能力，同时组织具备快速反应的能力。网络式结构使组织具有高度的灵活性和对环境更好的适应性，但同时也带来了个人决策和能力的控制问题，一旦失控，对企业可能会产生灭顶之灾。巴林银行的倒闭就是一个典型例子——一个证券经纪人就搞垮了一个全球性的大型银行。从这一点来看，网络型组织的管理必然会与传统组织管理有所区别，管理手段和管理职能的内涵都有可能发生变化。

数字时代的员工管理方式在发生变化。传统管理强调劳动分工和明确的岗位职责，但数字时代市场环境快速变化，员工需要掌握多岗位技能，提高综合能力，以便更好地适应数字时代市场的需要。日益变快的市场环境还要求员工改变被动反应式的工作方式，在出现职责规定和任务要求之外的工作时，能够拥有自主行动权利，基于企业情境进行及时响应。除了对内部员工的管理方式发生变化之外，管理实践中，企业的用工方式也在发生变化，雇用向合作转变，出现众包革命、零工经济等新型用工方式。例如，苹果公司的应用程序商店中出售的应用程序通常来自众多的第三方软件开发者，他们与平台签订协议，以苹果公司的操作系统为基础，自主开发应用程序，在平台应用程序商店线上发行。用户购买并下载所需软件，苹果公司从用户向开发者支付的费用中抽成。这些众包开发者完全自负盈亏，独立安排、监督和管理自己的工作活动，持续更新已有的知识技能。他们虽然为苹果公司提供软件产品，但与平台不再是传统的雇佣关系，而是一种新型的合作关系。

管理理论和实践随着社会的发展而发展，一定的管理理论反映了当时所处的社会环境的客观要求。环境的变化是永恒不变的真理，而且只要环境在变，管理理论和实践就在不断地创新以适应不断变化的环境。可以预言，在未来管理的发展中，新的管理理论还将会被不断地提出，创新将成为管理理论发展的主旋律。

本章小结

科学管理冲破了工业革命以来一直沿袭的传统经验管理方法，将科学引入管理领域，提出系统的管理理论体系，标志着管理理论的出现。

行为科学理论是从生理学、心理学和社会学等角度研究企业中有关人的一些问题，目的是提高劳动生产率。

现代管理理论是二战后出现的从不同背景、角度，基于自身专业，用不同方法对管理问题开展的研究，管理理论达到空前繁荣，形成了众多的管理理论学派。

20世纪80年代以后，随着管理环境的变化，一些新的理论与视角不断涌现，主要包括企业文化理论、流程再造理论和学习型组织理论。

进入21世纪后，信息技术的发展对传统管理规则形成冲击，未来组织形式与管理方式将面临挑战。

管理理论随着社会经济发展和环境的变化而变化，这是近百年来管理理论和实践发展的一般规律。

重要术语

科学管理　　行为科学　　现代管理理论　　企业文化　　流程再造　　学习型组织
网络组织

第三章

人才培养与就业方向

【学习目标】

通过本章的学习，了解工商管理专业的人才培养目标和未来的就业方向，掌握工商管理专业的能力要求，了解本专业的课程设置情况，为后续的学习奠定基础。

【引导案例】

"挖客杯"大数据应用挑战赛，助力大数据时代下的人才培养

大数据的时代背景下，数据已经成为企业中与人、财、物同等重要的资源。为了更好地利用数据，企业需要对大数据资源进行专业的分析与挖掘，以支撑业务发展。因此，大数据相关的人才培养成为高校教育创新的重点。为了帮助企业应用数据进行经营决策，辅助高校推动大数据相关学科的深化发展，引导学生具备大数据意识、掌握大数据分析工具和应用能力，进一步提升学生培养质量，自2020年开始，上市公司海量数据、海量大数据重度孵化器联合国内高校共同举办了"挖客杯"大数据应用挑战赛，受到了众多高校和社会各界的关注。

"挖客杯"大数据应用挑战赛为参赛者提供线上工作坊赛前培训，采用在线观看视频＋微信群学习交流的形式，以事件为主体介绍网络舆情分析的大数据分析流程及分析内容，理解舆情处理机制及事件的传播路径、传播者、传播渠道、网民情感分析等，学习怎样完成一份网络舆情分析报告。掌握数据分析思维后，为自己挑战赛作品提供更多分析思路。挑战赛还邀请知名企业结合自身业务场景提出竞赛题目，通过答题，学生们可以体验企业的真实场景，获奖团队还能与企业进一步合作，促进方案落地应用。表现出色的选手更有机会获得企业青睐，得到工作机会或入驻孵化器创业。

海量公司的"数据＋平台＋行业应用＋人才培育＋重度孵化"模式，为企业应用数据解决业务问题提供新场景，为相关专业的高校学生提供大数据应用竞技平台，帮助企业智能决策，同时促进了学生技术技能、数据思维、实践能力和协作能力的培养。几年来，已经围绕竞赛建立起专业研讨、师资研修和产学研融合创新体系，大数据应用挑战赛推动了各学科专业与大数据结合，为相关产业发展提供了人才支撑。

资料来源：根据网络公开资料编写。

第一节 工商管理类专业能力要求

一、工商管理类专业人才培养目标

1. 人才培养目标

为了满足各行各业、各个社会层次的人才需求和不同年龄层次受教育者的学习需求，为社会培养所需要的合格人才，学校需要首先制定培养目标。所谓培养目标，是指依据国家的教育目的和各级各类学校的性质、任务提出的具体培养要求。培养目标的制定以教育目的为出发点，并将教育目的具体化。教育目的是针对所有受教育者提出的，而培养目标需要针对特定的教育对象而制定。

人才培养目标的制定要充分尊重高等教育规律和人才培养规律，坚持立德树人、育人为本、德育为先的教育思想和"以学生为中心"的教育理念，发挥院校自身优势，服务于国家或地方的经济社会发展。在具体的制定过程中，人才培养目标还会受到教育对象所处的学校类型、层次等的影响。我国普通高等教育分为研究生教育、本科教育和专科教育等层次，其中研究生教育又分为博士和硕士两个层次。不同层次的高等教育对人才培养的要求是不一样的。例如，本科教育的培养目标是较好地掌握本专业的基础理论、专业知识和基本技能，具有从事本专业工作的能力和初步的科学研究能力；对硕士研究生的要求是掌握本专业坚实的理论基础和系统的专门知识，具有从事科学研究和独立担负专门技术工作的能力；而博士研究生则要掌握本学科坚实宽广的理论基础和系统深入的专门知识，具有独立从事科学研究的能力，在科学或专门技术上作出创造性成果。

2. 工商管理类专业人才培养目标

工商管理主要以社会微观经济组织为研究对象，系统研究人类经济管理活动的基本原理、普遍规律、一般方法和技术，具有应用性和综合性双重特点。依据教育部颁布的《普通高等学校本科专业类教学质量国家标准》，工商管理类本科专业培养要践行社会主义核心价值观，具有社会责任感、公共意识和创新精神，适应国家经济建设需要，具有人文精神与科学素养，掌握现代经济管理理论及管理方法，具有国际视野、本土情怀、创新意识、团队精神和沟通技能，能够在企事业单位、行政部门等机构从事经济管理工作的应用型、复合型、创新型人才。

具体来说，作为工商管理类专业的本科生，通过大学四年的学习，需要具备创新精神和实践能力，具有较高的英语和计算机应用能力，掌握现代管理基本理论和基本技能，熟悉企业决策、经营活动中的大数据挖掘和分析技术，具备专业基本素质，适应大数据、数字化转型、知识经济、经济全球化和国际化要求，能够从事企业管理、策划、咨询、教学和培训等工作的高级管理人才。从实践来看，工商管理类专业的本科毕业生大多在毕业后先从事一些企业的运营、营销、人力、行政等常规性管理工作，依托在学期间的能力培养，借助在企业内部的学习和实践锻炼，经过 3～5 年，能够逐渐成长为企业中的高级管理人员和决策者。

二、工商管理专业学生的能力要求

对于现代企业而言，管理活动的重要性不言而喻。借助管理活动，企业可以提高核心竞争力，从而在日益激烈的竞争环境中获得稳定发展，而企业中从事管理工作的人员作为工商管理实践的主体，其具备的职业能力将直接影响企业的管理水平和质量，进而影响其长远发展。鉴于此，有必要对工商企业中从事管理工作的人员的能力要求进行全面的分析，从而为工商管理专业大学阶段的学习指明方向。从整体上看，从事管理工作的人员应具备知识获取、知识应用、创新创业三个方面的能力，以及良好的思想道德素质、专业素质、文化素质和身心素质，具体可以细化为以下内容。

（1）马克思主义和中国特色社会主义理论。包括掌握马克思主义科学理论基础知识；掌握中国特色社会主义理论基础知识和基本原理。

（2）学科基础知识、基本理论及专业领域知识。包括掌握工商管理学科专业知识和理论；熟悉应用经济学等相关专业基础知识和基础理论；掌握财务、营销、运营、人力等职能管理的基础知识和理论；掌握全球化、互联网经济背景下企业运营的规则和知识；掌握工商管理工作中基本的管理方法和分析工具。

（3）知识应用能力。包括具有综合应用管理学知识解决工商企业运营管理现实问题的能力；具有定量/定性分析管理决策问题的能力；具有企业内部管理业务操作的能力；具有行业、市场分析与开发的能力；具备综合运用专业知识和分析方法撰写学术论文、研究报告、案例分析或调研报告等的能力。

（4）学习能力。包括掌握有效获取、加工、利用信息的方法；具有追踪本学科的理论前沿和发展动态的能力；掌握恰当的可拓展学习方法与技巧；具备自主学习和自我提升的能力；掌握文献检索、资料查询的技巧与方法；熟练使用统计调研基本方法和软件的能力。

（5）思维能力。包括具有战略视野和问题意识，能多角度辩证提出见解的能力；具有逻辑推理、独立思考判断的能力；具有创新思维及思维拓展能力。

（6）沟通与合作能力。包括具有运用母语及至少一门外语进行阅读、会话、写作的语言能力；具有团队交流协作能力及策划、组织、协调能力。

（7）职业道德与社会责任感。包括具有规则与法治意识，诚信自律；具有正确的伦理道德价值观，能够辨别道德问题并作出正确的回应；具有国家意识和文化自信；尊重世界多元文化，具有全球意识。

（8）健全人格和健康体魄。包括具有积极健康的心理品质和调节管理情绪的能力；具有健康生活、提升自身运动方法和技能的能力。

第二节　工商管理类专业课程设置

一、课程结构

工商管理类专业的课程设置，应紧紧围绕工商管理人才的培养目标和指导思想，结合学校的办学定位、专业优势和特色，以学生为中心来制定，同时应具有一定的前瞻性，着眼于学生未来发展的核心能力培养，适应高考招生改革、大类招生和学生校内自主选择专业的需求，为未来学生升学、就业打好基础。

设计课程体系时要考虑扩大学生的知识面、开阔其视野；既要涵盖基础管理知识，也要注重文理兼备和哲学、美学等相关的知识素养的培育。通过构建课程群，从更为立体的角度来实现人才培养目标。通过对国内外工商管理专业培养方案的考察，发现其课程体系主要由通识教育课、专业教育课、实践与创新教育课三个模块构成。

1. 通识教育课

所谓通识教育，是为了实现一般意义上本科人才培养目标而开展的基础性教育。为了培养和造就有素养的人才，高校需要在人文、社会科学和自然科学等基础学科中开设一些基本的课程，通过较为系统的学习，夯实学生的人文、科学素养，一般包括写作课、外语课、数学课、计算机课和体育课。这些课程都属于基础技能课，不属于专业课，培养的是任何专业学生都应具备的基础技能和素养。对于我国高校而言，通识教育课中还包括国家统一要求的思想政治理论课，包括思想道德修养与法律基础、中国近代史纲要、马克思主义基本原理概述、毛泽东思想与中国特色社会主义理论体系概论这四门课。

工商管理类专业的毕业生大多在各类企业中工作，未来还将担任各级管理职位，通识教育课程显得尤为重要。结合工商管理的专业特征，在通识教育课程中应加强信息素养、应用文写作、学术写作、商务伦理、量化分析等课程；在数学、计算机、大学英语课程中实施分层化、模块化教学改革，适应不同层次学生的水平；各类思政课教学模式应有所创新，提高思政课程的时效性；同时在美学艺术与人文、科学与工程、社会科学与技术、社会与个人发展等领域建设分布式通识选修课程群，以满足学生个性发展需要。

以通识教育中的写作课程为例，国外大学普遍开设该门课程，哈佛大学开设的英文写作课（expository writing）是本科生唯一的必修课，麻省理工学院开设了不止一门的写作课。国内大部分高校虽然开设大学语文课程，有些学校还开设了公文写作课，但作为通识教育的写作课在实践中往往被忽视。对于工商管理专业而言，写作课程的教学目标应该是使学生能够写出有逻辑、有观点、有论据的短文、总结、调查报告、备忘录等，供组织管理者、政府部门领导、专业人士和普通大众阅读，教学的重点应是教会学生逻辑思维和对论点证据的组织以及各种体例范式，而非辞藻的华丽。

2. 专业教育课

专业教育课一般是指工商管理学科的核心基础课程，其设置的目的在于提升工商管理专业人才培养质量，也是类似于国际商学院协会（The Association to Advance Collegiate Schools of Business，AACSB）等国际认证的关键考察要素之一。根据多年来工商管理专业人才培养的经验可以发现，只有借助严格的工商管理专业基本训练，才能使学生真正领悟现实商业环境，增强其应用能力。

从课程分类的角度来看，专业教育课程体系由三部分组成。（1）专业基础课，这类课程是工商管理学科必修的专业知识，为后续专业课学习奠定必要基础。一般包括工商管理专业导论、微观经济学、宏观经济学、管理学原理、会计学、市场营销等课程。（2）专业核心课，这类课程是工商管理专业学生需要掌握的专业知识、专业技能类课程，反映本专业人才培养的基本要求和特色。根据不同学校不同专业的特点，一般包括战略管理、运营管理、组织行为学、财务管理、人力资源管理、公司治理、质量管理等课程。近些年，随着大数据管理相关专业的兴起，在专业核心课的设置中，还会关注大数据管理的能力要求，设置例如数据挖掘与分析技术、大数据与商业分析、受众与消费者大数据研究等课程。（3）专业选修课，这类课程提供了多元化的发展方向，学生可以根据自己的能力或兴趣选择这类课程，如金融学、计量经济学、组织理论与设计、创新管理、管理沟通等课程。

从课程之间的关系来看，专业教育课程体系由三部分组成。（1）概念类课程，主要包括管理学原理、会计学、经济学、战略管理、公司治理、组织行为学等，共同构成了组织管理的理论基础和逻辑起点。其中，管理学原理、会计学偏重对组织内部的研究；经济学则是基于宏观的视角来探究经济规律、社会制度和组织运行方式，偏重对组织外部的关注；战略管理、公司治理以及组织行为学则介于两者之间，综合考虑了组织的内外部因素。（2）职能类课程，主要包括运营管理、财务管理、人力资源管理、市场营销，这些都是组织管理的核心职能，直接影响着组织的运行效率和效果。其中，运营管理、财务管理、人力资源管理主要聚焦于组织内部，而市场营销则主要关注组织外部的市场及消费者。（3）技能类课程，主要包括质量管理和市场调研，分别衍生于运营管理和市场营销两门课程，更加偏向于具体的操作和技能，是对学生实际动手操作能力培养的重要载体。

工商管理专业教育课程体系具体如图 3-1 所示。

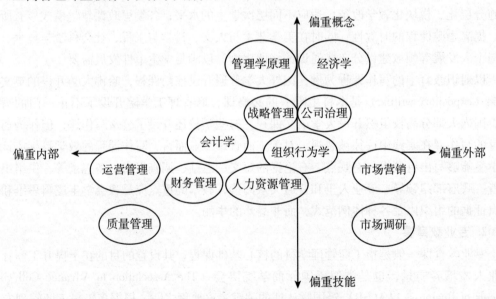

图 3-1 工商管理专业教育课程体系

3. 实践与创新教育课

实践与创新教育是学校应用型人才培养的重要组成部分，是开展理论与实践相结合、课内与课外相结合、学校与社会相结合的人才培养主要教育途径和关键教学环节。实践与创新教育类课程的形式多样，如实验课、集中实践课、探究研讨类课，以及本科生科研学术训练、创新创意与创业训练、虚拟仿真实验等。这类课程可以让学生获得更多的实践操作能力的培养，活跃学生思维，让更多的本科生参与教师的学术研究活动，获得更多的学习与成长体验。不同的学校在具体的课程设置中会依据不同类别再进行细分，例如，划分为创业与自我发展课、创新创意课、实验（践）课。

二、实践参考

随着全球化进程的不断加快，工商管理教育所需要适应的环境变得越来越复杂、越来越多元化。为此，工商管理教育的改革已经迫在眉睫，只有不断迎合外部市场的需求，着力培养学生的经营能力、沟通能力和创新能力，使之最终成为具备计划、组织、领导和控制等综合管理能力的高级管理人才，才是工商管理专业能够生存，并最终实现发展的关键。下面将结合几所高校的实践经验，来了解目前国内高校工商管理专业课程设置的现状。

1. 西交利物浦大学西浦国际商学院

西浦国际商学院成立于 2013 年，隶属于西交利物浦大学，旨在成为融合东西方优秀教育传统的最优商科教育实践。西浦国际商学院已获得国际商学院协会 AACSB 认证，进入全球精英商学院的行列。

作为西浦国际商学院本科专业之一的工商管理专业，旨在培养学生丰富而全面的商业管理知识与技能，学校基于英国利物浦大学的人才培养目标及课程体系，为学生提供了大量的共享课程及选修课程，以帮助学生建立对商业的全面了解，学习如何分析实际商业问题，并用创新性的方法解决商业问题，培养学生的商业思维以及职场所需的知识、技术和认知技能，以适应并应对不断变化的商业环境。

学生在入学第一年会接触到众多基础课程、语言课程以及与专业学习相关的核心技能课程。学生将会被划分为不同的专业集群，进行选修课及专业集群相关内容的学习。可供学生选择的选修课类型包括：计算机技能、实用化学、社会科学入门、国际关系、中国与世界、商务基础、建筑展示与沟通、城市想象、生活核心技能等。第二学年学生将学习专业核心课程以获得扎实的工商管理知识基础，包括财务会计和会计责任概述、商业与市场的经济学原理、金融学基础、运作管理原理、市场营销基础、人力资源管理概论等。第三学年的核心课程包括职业技能和实时商业案例、市场研究、管理学定量研究方法、公司理论、企业社会责任、国际管理、商业法和劳动法等。第四学年的核心课程包括毕业论文、管理沟通、领导力、战略管理和商业政策、心理决策方法等。

从西浦国际商学院工商管理专业的课程设置来看，基本涵盖了通识教育课程、专业教育课和实践创新类课程，体现了国外知名大学课程体系设置的特点，为国内高校学习借鉴提供了很好的模板。

2. 上海财经大学的实践

上海财经大学作为国内知名的财经院校，本科人才培养理念是"厚基础、强创新和国际化"，"通识教育"与"个性发展"相结合，重视学生分析能力、创新意识和综合素养培育，培养目标定位于适应全球化竞争、具有卓越创新能力和领导力的卓越财经人才。

上海财经大学的通识课程体系分为经典阅读与历史文化传承、哲学思辨与伦理规范、艺术修养与运动健康、经济分析与数学思维、社会分析与公民素养、科技进步与科学精神、语言与跨文化沟通七个模块，按照通识必修课、限定选修课和任意选修课三部分进行修读，培养学生健全人格，促进学生终身学习和全面发展，为学生未来成为具有全球视野和民族精神，富有创造力、决断力及组织力的卓越财经人才奠定坚实的基础。

目前，上海财经大学实施大类招生政策，工商管理类分为工商管理、市场营销两个专业，其中工商管理专业又分为三个专业方向，分别是商务分析、战略与创新创业、人力资源管理。工商管理的商务分析方向在第一学年结束前通过院内选拔进入该专业方向学习，其余专业方向在第二学年结束前，按照学院分专业方向方案，学生根据个人兴趣与学习绩点等，进入专业方向学习。

工商管理的商务分析方向旨在培养能够践行社会主义核心价值观，同时兼具商科通识、数学、统计、计算机科学等知识，并能熟练运用数据科学方法于实际商业问题，精通行业、组织运作，具备卓越数据分析能力和敏锐商业洞察力，拥有全球化视野、创新精神和社会实践能力的商务分析精英。主要的专业课包括 Python 程序语言、商务分析基础、管理仿真方法、管理运筹学、数据可视化、商务人工智能、数据挖掘、大数据技术、运营分析、营销分析、金融分析、商务分析实践等。

工商管理的战略与创新创业方向旨在培养能够践行社会主义核心价值观，具有全球视野和民族精神，掌握先进管理思想和管理理论，了解现代企业经营管理实践，具备创造性思维和创业实践能力，同时具备扎实的商务分析和独立解决问题的能力，能适应全球化竞争和数字经济发展需要，具有卓越创新思维和领导力的未来商业精英。主要的专业课程包括管理学原理、战略管理、创业管理、现代企业理论、公司治理、工商管理模拟、管理学计算模拟与可视化等。

工商管理的人力资源管理方向旨在培养能够践行社会主义核心价值观，具有全球视野，熟悉我国国情，掌握管理思想体系和现代人力资源管理理论，通晓现代人力资源管理实务，具备人力资源管理素养与能力，具备扎实的商务分析能力，能适应全球化竞争，具有卓越创新能力和领导力的未来商业领袖。主要的专业课包括组织行为学、人力资源管理、领导学、人力资源分析、管理研究实证方法、薪酬设计和管理、招聘与测评、劳动法与劳动关系、绩效管理等。

从上海财经大学商学院工商管理专业的课程设置来看，一方面，强调了通识教育课程对学生健全人格、均衡发展的培养；另一方面，在专业教育课程设置方面也特别注重紧跟时代的发展，突出学生决策、分析和实践能力的培养。

3. 天津财经大学的实践

工商管理专业是天津财经大学最早建立的四个专业之一，其前身是企业管理系的企业管理专业。自 1980 年在天津市第一批招收企业管理专业本科学生以来，企业管理专业先后经历了被国家确定为硕士点（1983 年），成为全国 56 所高校招收工商管理硕士（MBA）点之一（1997 年），更名为工商管理专业（1999 年），被国家确定为博士授权点（2003 年），被确定为一级博士授权点并成为博士后流动站（2005 年），形成了博、硕、本并存的多梯队的专业人才培养体系。自 2019 年开始，工商管理专业实行大类招生，专业大类包含工商管理（大数据管理决策方向）、工商管理专业、人力资源管理专业和市场营销专业。学生于第一学年末按照"自由申请、遵循志愿、成绩优先"的原则进行专业分流。

同年，天津财经大学为了全面提升人才培养质量，开展了人才培养方案的修订工作，调整后的人才培养方式更加尊重高等教育规律和人才成长规律，坚持立德树人、育人为本、德育为先的教育思想和"以学生为中心"的教育理念。新的课程体系分为必修课、选修课两大类，毕业总学分为164学分，包括：通识教育类必修课程、选修课程；专业类必修课程、选修课程，其中专业必修课包括专业（大类）基础课、专业核心课；实践与创新教育类必修课程、选修课程。总体来看，通识教育课程占到了总课程数量的40%左右，专业教育课程占到了总课程数量的40%左右，实践与创新教育课占到了总课程数量的20%左右。

工商管理类专业进一步扩展了"强素质、重实践、精细化"的培养特色，以课程群为载体，丰富了现有的课程体系。通过通识教育课程、专业教育课程、实践与创新教育课程、综合素质养成教育等模块，培养拥有良好职业道德、掌握基本理论知识、基本应用技能，具备实践能力、分析能力和创新能力的专业化管理人才。其中，为了使学生能够掌握工商管理学科专业知识和理论，开设了管理学原理、战略管理、运营管理、组织行为学、人力资源管理、公司治理、创新管理、会计学、财务管理以及市场营销等课程；为了使学生熟悉应用经济学等相关专业基础知识和基础理论，开设了微观经济学、宏观经济学、金融学和经济博弈论等课程；为了使学生掌握工商管理工作中基本的管理方法和分析工具，除了在相关的专业课程中加以介绍外，还开设了统计学、概率论与数理统计、运筹学、计量经济学等基础学科的课程。对于学生综合应用管理学知识解决工商企业运营管理现实问题的能力，定量/定性分析管理决策问题的能力，企业内部管理业务操作的能力，行业、市场分析与开发的能力，综合运用专业知识和分析方法撰写学术论文、研究报告、案例分析或调研报告的能力等的培养，在核心专业课中也都相应有所体现。

工商管理的大数据管理决策方向定位于培养具备"管理决策能力 + 商业数据分析"的高素质人才，为了使学生能够熟练掌握相关的数据挖掘及分析方法，调整了部分专业核心课，增设了数据挖掘与分析技术、大数据与商业分析、受众与消费者大数据研究等课程，形成了新的适合于大数据管理决策方向的培养方案。

此次人才培养方案的调整，首先体现在强化了通识教育课程体系，增加了信息素养、应用文写作、学术写作、商业伦理道德、量化分析等核心素养课，为提升学生的综合素养，发展其专业特长，奠定了重要的基础；其次，利用课程群进一步完善了已有的人才培养特色，特别是增设的经典著作导读、企业管理经典案例研究以及学科前沿讲座和管理热点探讨等课程，以课程群为载体，进一步提升了本科生的实践能力和理论素养。

➡ 第三节 工商管理类专业毕业去向

一、做好职业生涯规划

工商管理专业的本科生在毕业后会面临升学或就业的选择。继续接受研究生教育可以通过"推荐优秀应届本科毕业生免试攻读硕士学位研究生"（以下简称"保研"）、全国硕士研究生统一招生考试（以下简称"考研"）或出国留学来实现，就业则是直接走上工作岗位。对于工商管理专业的本科生而言，应尽早做好未来的职业生涯规划，为开启精彩人生做好充分准备。

职业生涯规划是指大学生进行自我剖析，在全面客观地认识主、客观因素与环境的基础上，进行自我定位，设定未来发展目标，选择实现既定目标的职业，制定相应的教育、培训、工作开发计划，采取各种积极的行动去达成职业生涯目标的过程。它是一个确立职业理想，进行职业准备（学习）—就业（创业）—培训提高或再准备再就业再创业的循环往复过程。

职业生涯规划是大学生的必修课，包括了解职业生涯规划是什么、自我探索（兴趣、价值观、能力、性格、气质）、职业环境、职业生涯决策等多个方面的内容。目前，很多同学升入大四后陷入了就业迷茫，是跟着大家一起找工作，还是随波逐流考研，或是听从家长意见报考公务员？出现这种情况的主要原因在于大学初始阶段缺少对未来的职业生涯规划。

要做好职业生涯规划，要遵循以下几个步骤。

（1）认清自我。择业首先要认识自我，了解自己的性格、气质、能力、兴趣及特长等，给自己恰当的认知和定位，搞清楚自己适合干什么、能干什么，从而确定大致的选择方向和范围。其次，明确职业价值观，即确定自己在职业中最看重什么。通过工作，是为了赚钱，还是希望有个良好的发展空间，或是为将来的长远发展积累经验和技能？在搞清楚阶段性目标和价值取向之后，才会有一个相对明确的求职方向和目标。只有弄清了自己的择业标准，才能避免择业时的盲目。

（2）解读职业。对自己想从事的职业要进行深入综合的分析，了解该职业所需的学历、专业训练、能力、性格特征等要求，了解职业的性质、工作环境、福利待遇以及发展空间和就业竞争机会。

（3）锁定目标。综合考虑自身的特点和现实条件，为自己确立长期的生涯目标。

（4）确定方案。确认了就业范围，还需要为自己制订一个可操作的短期目标计划。如果未来的职业生涯规划需要继续进行研究生学习，那么就应尽早为攻读研究生做好各项准备，积极参加各类科研训练；而如果是直接就业的话，那么就要积极参与实习实践活动，注重与职业相关的多方面能力与素质的培养与提升，包括沟通能力、团队合作、分析问题、解决问题、挫折应对等。

二、研究生教育

研究生教育是学生本科毕业之后继续进行深造和学习的一种教育形式，又可分为硕士研究生教育和博士研究生教育。在硕士阶段，考生需要参加国家统一组织的硕士生入学考试（含应届本科毕业生的推荐免试和部分高等学校经教育部批准自行组织的单独入学考试），被录取后进行 2～3 年的学习，在毕业时，若课程学习和论文答辩均符合学位条例的规定，可获得硕士生毕业证书和硕士学位证书。

1. 学术型硕士与专业型硕士

硕士研究生可以分为学术型硕士研究生与专业型硕士研究生，这两类研究生的区别体现在以下方面。

（1）培养方向不同。学术型硕士的培养以学术研究为导向，偏重理论教学和科学研究，授予学位的类型是学术型学位；而专业型硕士是具有职业背景的硕士学位，为培养特定职业高层次专门人才而设置，未来主要是进入相应行业发展，就业空间广阔。

（2）招生条件不同。全日制学术型硕士、全日制专业型硕士和在职专业型硕士的招生考试均是每年 12 月的全国统考。学术型硕士与部分全日制专业型硕士不需要报考者有一定年限的工作经历，应届生可以报考。部分管理类专业硕士要求具备一定年限的工作经历，如工商管理硕士需要 3 年以上工作经验。

（3）学制不同。全日制学术型硕士基本上以学习理论为主，学制一般为 3 年。全日制专业型硕士的学制一般为 2 ~ 3 年，其中要求有不少于半年的实习期。两种类型硕士的在校主干课程基本相同，专业型硕士更强调实践学习和活动。

2. 专业的选择

在选择攻读硕士研究生以后，学生需要根据本科阶段的学习状况以及自己的兴趣选择硕士研究生的专业方向。硕士阶段的专业选择非常重要，因为相对于本科阶段来说，硕士阶段的学习更加深入而且有针对性，专业是毕业后就业或继续攻读博士学位的基础。硕士研究生的专业选择可以参考国务院学位委员会印发的《研究生教育学科专业目录（2022 年）》。

在确定了专业以后，相应的考试科目也就明确了。一般来说，硕士研究生入学考试包括公共课和专业课，对于经济管理类专业而言，公共课是全国统一考试的数学（根据不同的专业会考核数学三或者数学四）和英语，专业课则由所报考院校的相关专业来自行命题。因此，在进行专业和报考院校的选择时，需要进行综合考量，才会大大提高考取的可能性。

作为工商管理类专业的本科生，如果选择继续在本校攻读本专业的硕士研究生，那么本科阶段的专业课程学习将会发挥重要的作用，可以大大降低备考中的复习工作量。如果选择报考外校的工商管理类专业，大多数院校会选择工商管理专业的专业基础课或专业核心课作为专业课考试科目，这类课程在本科阶段已经学过，但需要注意的是，不同学校的指定参考教材会有差异，需要有针对性地进行复习。如果选择报考其他专业，那么就需要更早地做好复习准备，至少在专业课方面将要投入更多的时间和精力。

对于专业硕士而言，目前共有工商管理硕士、工程管理硕士、公共管理硕士、旅游管理硕士、图书情报硕士、会计硕士、审计硕士、法律硕士、教育硕士、林业硕士、工程硕士、农业硕士、应用心理硕士等可供选择。

3. 推荐免试研究生

推荐免试研究生，即保研，是指部分优秀本科生不经过研究生统一考试等程序，通过综合考评的形式鉴定其学习成绩、个人素质等，在教育部允许的名额范围内，直接由学校保送至本校或其他招生单位攻读研究生。按照国家教育部门的有关规定，推荐免试研究生一般包括发布推荐免试研究生简章、准备和寄送材料、笔试面试、预录取和报名等几个阶段。

推荐免试研究生，既可以报考本校校内相关专业，也可以报考外校。优秀本科生夏令营是近几年各高校（特别是著名高校）在推免过程中抢夺优质生源的一种方式。高校一般会在其官网发布夏令营通知和报名表格，学生按要求填写提交。高校会根据报名表格中申请人的专业排名和科研成果进行初步判断。然后，利用暑假中一周左右的时间，与学生较长时间的接触，包括参观实验室、介绍各导师研究方向、学术交流会等形式，通过多种方式（如笔试、面试、实验测试等）考核学生，以确定是否发放拟录取通知书，改善了以往仅靠每年 10 月前后的推荐免试的缺陷。因此，在大学三年级的下学期，具备推荐免试资格的学生就应该密切关注各个高校相关专业的优秀本科生夏令营活动，同时做好多方面的准备工作，提早为自己争取到进入名校优势专业攻读硕士学位的资格。

4. 出国攻读硕士学位

目前，全球化的进程不断发展，对于一些同学而言，希望能走出国门，到国外的高水平大学攻读硕士学位，丰富自己的经历。

国外大学在硕士研究生的招生中一般采用申请的方式，每个学校的要求不尽相同。在申请的过程中，国外的大学不仅要参考申请者大学阶段的学习成绩，而且对于英语水平也有要求。因此，致力于到国外攻读硕士学位的学生，除了多注意收集不同院校的信息外，还要在大学阶段努力学习，取得优良的学习成绩，特别是专业课成绩；同时，还需要认真学习英语，积极备考雅思或者托福，为自己争取一个好的英语成绩。

三、就业去向

工商管理大类专业包含的领域很多，下设的二级专业各具特色，主要包括工商管理、市场营销、财务管理、人力资源管理、旅游管理等。作为工商管理类专业的毕业生，在未来就业时可以从事运营管理、质量管理、市场营销、人力资源管理、财务管理等职能工作。

1. 就业前景

工商管理大类专业是一门基础较宽的学科专业，涉及范围相对较广，内容较为庞杂，既涉及企业经营管理中的计划、组织、领导和控制，又涉及人员、资金和财务的管理。工商管理学科的理论基础是经济学和管理学，知识构成跨越自然科学、人文科学的不同领域，研究对象涵盖了企业经济运作中的财务管理、资金筹措、投资分析、市场营销和资源配置等各个方面。因此，在相对严峻的就业形势下，工商管理的就业方向相较于会计、金融等方向性较强的专业，反而拥有更大的选择空间。

随着第三产业的兴起，市场经济的快速发展，社会对各类管理人才的需求还是比较大的，例如人力资源管理、电子商务、物流管理、旅游和酒店管理、金融管理等都需要管理科学作为基础，同时也呼唤职业经理人来进行管理。而工商管理专业的目标就是要培养适应我国工商企业和经济管理部门所需要的中高层次综合管理人才。

但是，很多人抱着一毕业就能进企业当管理人员的想法也是不现实的。因为卓越的管理能力是要有科学的理念和来自一线实践的支撑，实践能力需要从具体工作和实际操作中来积累。因此，学生在校期间要有意识地多接触社会和企业，利用寒暑假和课余时间到企业进行锻炼，从基层的工作做起，积累从业经验，锻炼自己的实际操作能力，这样在求职时才会具有竞争力，也为今后从事相关工作或走上管理岗位打下良好的基础。

2. 就业选择

（1）营销管理岗位，如市场分析员、销售员、售后服务工程师、销售主管、销售经理、销售总监等。

市场营销岗位入行要求低，高端营销岗位收入丰厚，且市场需求量大，每年都吸引了大量的管理专业毕业生。相对于其他专业的毕业生，工商管理专业毕业生在与市场营销相关的市场管理以及项目策划领域能有更出色的表现。面对激烈的行业内竞争，销售人员需要具备更为专业的素质和技能，因此需要毕业生和准毕业生能够根据自身的职业定位和兴趣爱好，选择某一个行业的某个领军公司作为切入点，深入研究其销售模式、销售渠道、促销手段以及经典的营销案例，并且有意识地培养自己的心理承受能力和沟通能力。

（2）行政管理岗位，如总经理办公室、行政管理、财务人员等。

行政管理类工作岗位主要负责的内容是公司年度运营方案的策划及推进，运行方案实施情况的监控、评价及持续改进。此类岗位要求对公司的总体运作、竞争对手、国内外大环境的变化等比较熟悉并具有一定的敏感度。从事该岗位对个人的组织能力、沟通能力以及常用的统计分析工具有一定的要求；能掌握 SWOT 分析法、标杆管理、企业运营等方面的知识。但是对于初入职场的应届毕业生，由于没有技术背景和管理经验，往往难以胜任。为此，很多企业会考虑安排管理专业的新员工下到基层部门接受实践锻炼，以积累进入管理层所需要的经验。作为走向管理岗位的过渡期，这一阶段的工作会比较庞杂、辛苦，作为初入职场的新人，必须要认真观察、踏实做事、不怕辛苦、注重积累，才能为日后的工作积蓄力量。

（3）人力资源管理岗位，如招聘专员、绩效专员、培训专员等。

一般的大中型企业内部都设有人力资源部，主管企业的招聘、员工培训、绩效考核、薪酬管理、人事调度等具体工作。工商管理大类下设有人力资源管理专业，开设了例如人力资源管理、组织行为学等课程，为工商管理专业的毕业生和准毕业生开辟了一条就业渠道。

具有一定工作经验的人力资源岗位的高级管理人员比一般管理人员更容易成长为职业经理人，因此对于致力于从事这一岗位的工商管理专业的毕业生和准毕业生，不妨多利用实习机会，尽量争取进入大公司的人力资源部，熟悉招聘、培训、考核等日常工作流程，以及一些简单而实用的工作技巧。

（4）质量管理岗位，如质量体系工程师、供应商质量工程师、认证工程师等。

一般来说，从事质量管理岗位需要具备一定的技术知识，目前国内该岗位就业前景不错，薪资待遇也还可以。但若要真正从事这一岗位的工作，就需要掌握相对丰富的知识，如质量管理体系、3C 认证、全面质量管理、统计分析学、供应商管理等。因此，致力于从事质量管理岗位工作的工商管理专业毕业生和准毕业生，首先需要认真学习课程内的理论知识，同时多参加一些制造型企业的实习锻炼，不断积累经验。

（5）项目管理岗位，如项目管理职员、项目经理等。

项目管理是管理学的一个分支学科，所谓项目管理就是在项目活动中运用专门的知识、技能、工具和方法，使项目能够在有限资源限定条件下，实现或超过设定的需求和期望的过程。项目管理是对一些成功达成一系列目标的相关活动（如任务）的整体监测和管控，包括策划、进度计划和维护组成项目的活动的进展。因此，想要成为一名合格的项目管理人员，不仅需要掌握关于财务规划、人事管理、沟通管理、风险管理、质量管理、成本管理等方面的专业知识，还需要成为优秀的资源整合者，将最优秀的工程师、技术专家、不同规模的供应商、质量控制专家、生产线主管，甚至优秀的工人都变成自己的人脉资源，在行业内慢慢积累经验，机会也会越来越多。

（6）电商运营岗位，如网店运营、新媒体营销类岗位等。

电子商务是在互联网环境下，以电子交易方式实现网上购物、网上交易和在线电子支付的新型商业运营模式。近年来电子商务是就业前景最好的行业，同时电商行业竞争激烈，受环境影响大，对从业人员综合素质要求高，是极具挑战性的行业。电子商务领域中，运营类岗位主要负责网上店铺的整体经营与营销，包括日常运营、宣传推广、活动策划与市场数据分析等工作，这些工作需要积累一定的经验和工作技能。

电商运营类岗位要求从业人员需要掌握市场营销相关知识，熟悉新媒体营销规律，同时具备数据分析能力，能够汇总观察数据得出结论，同时对沟通及协调能力的要求也比较高。对于致力于从事电商运营类岗位工作的工商管理类专业学生，在学期间可以通过实习实践获得相关工作经验，熟悉电子商务平台的市场状况和运营规则，掌握相关工作技能，为未来在电商行业求职打下基础。

（7）管理咨询岗位，如管理咨询师。

一般来说，企业在竞争激烈的环境下很难承担决策失败的风险，所以需要专业的外部独立视角来对企业的管理决策做检验，这也是管理咨询行业存在的需求基础。管理咨询师的职业价值在于其专业的独立分析判断能力，当然在具体业务中往往是管理咨询团队而非个人。

从事管理咨询工作往往需要较强的调查和分析能力，而且需要对相关行业领域有较为深刻的认识，因此本科毕业生从事管理咨询工作的机会相对较少。目前本科生进入管理咨询行业，可以从基础的助理做起，通过参与服务项目提升自身的能力，最终走上管理咨询师的岗位。因此，对于致力于成为管理咨询师的工商管理专业毕业生和准毕业生，需要不断加强理论学习，经常进行思维和写作锻炼。

（8）培训岗位，如企业培训师、职业培训师等。

培训师是指能够结合经济发展、技术进步和就业要求，研发针对新职业的培训项目，以及根据企业生产经营需要，掌握并运用现代培训理念和手段，策划开发培训项目，制订实施培训计划，并从事培训咨询和教学活动的人员。

时代进步催生出大量新兴产业，行业的发展势必带动岗位人才的需求，这就促使大批在不同行业内有一定从业经验的人从原岗位升职，通过不同方式将自己的技能与经验传授给其他人，成为本行业的专职讲师，从而获得回报。

培训师在市场上主要分为两类：企业培训师和职业培训师。对于致力于成为培训师的工商管理专业毕业生和准毕业生，大家需要在特定专长领域内不断学习研究；而且随着经验的积累，能够根据不同行业、公司的培训需求，有针对性地进行培训课程的开发和调整；最后就是要能够灵活运用各种培训方法和培训工具，讲授培训课程，实现培训目标。

（9）数据分析岗位，如数据分析师。

21世纪是一个数据爆炸性增长的时代，也是一个依靠数据竞争的时代。世界500强企业中，有90%以上都建立了数据分析部门。目前，很多国内外的知名公司都积极投资数据业务，建立数据部门，培养数据分析团队。各国政府和越来越多的企业意识到数据和信息已经成为企业的智力资产和资源，数据的分析和处理能力正在成为日益倚重的技术手段。

数据分析师的主要工作是通过对数据的收集、处理以及统计分析，得出有意义的结论，为企业决策提供数据支持。这类岗位不仅需要熟练掌握数据分析工具和方法，同时还需要商业和市场知识，对相关行业数据和企业运营情况较为了解，这样才能实现数据的商业价值。

（10）自主创业。

在大学毕业生的就业途径中，自主创业正在悄然兴起。大学毕业生自主创业不仅解决了自身的就业问题，而且还能为他人创造更多的就业机会。这已经成为国家和地方各部门重视和鼓励的一种重要就业路径。国家和各相关部门不仅出台了相应的配套政策，而且频繁地举行全国性或地区性的大学生创业大赛，建立大学生创业实习基地，设立大学生创业基金，为大学生自主创业打开了方便之门。有志创业的学生，在学期间应积极参加各类创业竞赛活动，一方面获得创业体验，对自身是否适合创业作出评估；另一方面可以在实践活动中提高创业能力，寻求创业机会，为自主创业做好准备。

本章小结

从事管理工作的人员应具备知识获取、知识应用以及创新创业三个方面的能力，以及良好的思想道德素质、专业素质、文化素质和身心素质。

工商管理类专业课程体系主要由通识教育课、专业教育课、实践与创新教育课三个模块构成。

职业生涯规划是指大学生进行自我剖析，在全面客观地认识主、客观因素与环境的基础上，进行自我定位，设定未来发展目标，选择实现既定目标的职业，制订相应的教育、培训、工作开发计划，采取各种积极的行动去达成职业生涯目标的过程。

在相对严峻的就业形势下，工商管理专业的就业方向相较于会计、金融等方向性较强的专业，反而拥有更大的选择空间。

重要术语

人才培养目标　　通识教育课　　专业基础课　　专业核心课
实践与创新教育课程　　职业生涯规划　　研究生教育　　就业

第二篇

课程篇

第四章

经济学与管理学原理

【学习目标】

通过本章的学习，了解经济学和管理学原理的主要结构框架，明确经济学和管理学原理在工商管理专业课程体系中所处的位置，初步了解西方经济学和管理学原理的学习要求和主要内容。

【引导案例】

九阳股份有限公司的数智化转型

1994年，九阳股份有限公司（以下简称"九阳"）发明了世界上第一台豆浆机，这是中国人自主发明的家用电器。借助这台小小的豆浆机，九阳从一个细分领域的创业者成长为当今小家电领域的领导品牌。

据九阳2020年年报，在新冠疫情背景下，公司实现营业收入112.24亿元，同比增长20.02%；净利润9.4亿元，同比增长14.07%。作为家喻户晓的小家电品牌，九阳专注于健康饮食电器的研发、生产和销售，从豆浆机开始走进千家万户，到如今其他品类如破壁机、电饭煲、电水壶等数十种小家电全品的覆盖，从1延伸到N，并连续11年荣获中国家用电器研究院颁发的"最具影响力小家电品牌"。

数智化转型是九阳以客户为运营中心，面对多种多样的个性化需求，通过云端、中台、人工智能、物联网等技术手段，提供创新服务方案。九阳作为国内著名的厨电品牌，其数智化就是实现厨房智能场景，用户的菜谱、买菜、烹饪、清洗等需求可以通过智能厨具、人工智能、物联网平台等实现，形成智能厨房生态系统。

九阳对创新非常关注，敢于尝试、勇于试错和创新是九阳的核心基因。对于数智化的引进和变革，九阳的意识和行动都很早，很快在内部达成了共识，董事长、总裁等重要决策层都参与数字化项目，自上而下推动公司变革。九阳每年的总裁寄语中，有1/3的篇幅都与数智化的动作和规划有关，并将相关的考核纳入内部员工的关键绩效指标中。在"一把手工程"的积极推动下，管理层执行起来非常迅捷。正是内部数智化思维的统一，以及公司全员高度重视、高度一致的组织行动，从根本上保证了数智化转型的切实落地。

具体的转型路径，九阳采取的是"一点两面三端四化"的整体规划，来助力公司整体的数智化转型升级。"一点"是以用户运营为中心点，涉及需求与供应两方面，在人、货、场"三端"，实现用户群的社交化、裂变化、会员化和私域化这"四化"。在实践中这一规划被分为三个阶段落实：第一阶段是消费者数据的数智化，解决用户洞察和用户的运营能力；第二阶段是智能企划和供应链智能补货协同系统；第三阶段是实现智能化决策，通过数字化能力推动智能化决策的能力。

对于零售业来说，管理优化、提质增效是没有尽头的路途，数智化的转型与改造赋能会不断进行下去。不论过去、现在还是未来，九阳始终坚持创新与健康的理念，在数智化能力的加持下为用户带来中式厨房的新想象。

资料来源：根据阿里云案例资料整理。

第一节 经济学

一、经济学的产生和发展

自人类社会产生，就面临着一个基本的矛盾：人类需要的无限性与满足需要的手段即资源的稀缺性之间的矛盾。如何利用稀缺的资源来满足人们的需要，成为任何社会都要面对的基本经济问题，经济学正是为了研究这一基本经济问题而产生的。

1. 古典与新古典经济学

从 1776 年亚当·斯密的《国富论》开始奠基，现代经济学经历了 200 多年的发展，已经有宏观经济学、微观经济学、政治经济学等众多专业方向。资产阶级古典经济学（bourgeois classical economics）是现代西方经济学理论的雏形，主要代表人物有英国经济学家威廉·配第（William Petty）、亚当·斯密和大卫·李嘉图（David Ricardo）等。他们基于资本主义工业迅速发展的实际，提出了不同于之前的重商主义的观点：（1）财富是物质产品，劳动是财富的源泉；（2）市场自动调节比人为的调节更符合社会整体利益，即"看不见的手"原理（principle of invisible hand），据此主张自由放任政策。

资产阶级古典经济学的另一分支是法国的重农学派（physiocrats），主要代表人物是弗朗索瓦·魁奈（Francois Quesnay），他反对重商主义，主张自由贸易。由于法国小农经济比重较大，工业发展相对落后，魁奈认为只有农业才是社会财富的源泉，货币只是流通手段，工业只是对农产品进行加工，是农业的附属物，对外贸易只是一种等价交换，都不能增加社会财富。

19 世纪 70 年代早期，学者们开始关注商品的边际效用对于其价值或者价格的影响，将边际分析运用到经济理论中，新古典经济思想开始形成。到了 19 世纪 90 年代，许多经济学家认识到边际分析工具是分析收入分配的决定力量，因此，边际要素生产力的概念出现了。这一时期边际分析的增加，使得人们将更多的注意力放在了微观经济理论上，因此在新古典经济理论中，宏观经济问题是被忽视的。对边际概念的前沿讨论一直持续到 20 世纪 40 年代，作为新古典经济学的集大成之作，约翰·希克斯（John Hicks）的《价值与资本》以及保罗·萨缪尔森（Paul Samuelson）的《经济分析基础》在很多方面将已有的研究集合在一起，捕捉到了新古典经济学的本质，并将前沿理论建立在逻辑与集合论的基础之上。

2. 现代宏观经济学

1929 年，持续了 7 年之久、席卷整个资本主义世界的"大危机"爆发了。为了尽快摆脱危机，美国总统罗斯福在 1933 年开始推行新政，即"罗斯福新政"。在此背景下，1936 年英国经济学家约翰·梅纳德·凯恩斯（John Maynard Keynes）出版了《就业、利息和货币通论》一书，严厉批判新古典经济学，提出有效需求决定国民收入原理，主张由政府干预来拯救资本主义，即"凯恩斯革命"（Keynesian revolution），标志着现代宏观经济学的诞生。

这时的经济学在发展中发生了充分的变化，已经有充足的理由将其划分为一个独立的、不同于新古典学派的新的经济学派。第二次世界大战结束以后，以萨缪尔森为主要代表的经济学家，试图弥合凯恩斯理论与新古典经济学之间的分歧，遂形成所谓"新古典综合派"，认为新古典经济学适用于经济繁荣状态，属于微观经济学；凯恩斯理论适用于经济萧条状态，属于宏观经济学。1948 年萨缪尔森出版的《经济学》（第 1 版）是这一学派形成的标志。

新古典综合派认为，市场经济不能自动实现充分就业，因此政府应根据逆经济风向行事原则，运用财政和货币政策实施干预，以促进充分就业和国民收入增长。直到 20 世纪 80 年代以前，新古典综合派一直占据西方经济学的主流地位。但由于该理论没能解释 20 世纪 60 年代的通货膨胀和 70 年代的滞胀，受到了许多非凯恩斯主义流派的激烈指责，催生了新凯恩斯主义。这一阶段非凯恩斯主义流派主要有货币主义学派（又称"芝加哥学派"）、理性预期学派、供给学派、新自由主义学派、新剑桥凯恩斯学派、市场非均衡学派、新制度学派、公共选择学派等。

3. 当代西方经济学发展的新动向

进入 20 世纪 70 年代以后，西方主流经济学进入了一个不断变化的新时代。一方面，原有主流经济学——新古典经济学面临着众多新学派、新学说的挑战；另一方面，经济学视界内产生了很多新的分支，这些新学说或新分支在一定程度上弥补了新古典经济学的缺陷，从不同层面展示了新古典经济学在未来的可能进展。

20 世纪 80 年代先后兴起两个新的学派。一个是试图以现代数学工具——线性规划与非线性规划复兴古典经济学专业化和劳动分工思想的新兴古典经济学，另一个是试图用高级数学工具重新解读古典区位和空间理论，从而与正统经济学相容的新经济地理学。

行为与实验经济学开始兴起，人类行为与心理受到重视。行为经济学发现，人们在进行经济决策的过程中，其个人的偏好水平在很大程度上依赖于决策者个人与他人的比较，而并不一定依赖于决策者的收入和消费的总水平。在不确定条件下，人们会遵循前景理论来进行决策。

博弈论与信息经济学则从研究工具的维度推动了经济学的新发展。第一，博弈论认为个人的效用函数不仅依赖于个人的选择，更依赖于他人的选择，因而，个人的最优选择不仅是自己选择的函数，也是其他人选择的函数，这不仅扩展了经济学的研究方法和视野，也使经济研究变得更加精致和科学。第二，传统经济学研究的是不存在外部性条件下的个人决策问题，而博弈论以及由之衍生出的信息经济学研究的是存在外部性条件下的个人决策问题，融入了博弈论和信息经济学的新古典经济学更贴近社会现实。第三，注重经济生活中各个方面相互影响、作用、依赖和制约的博弈论符合当时经济和社会发展的要求，开始广泛应用于经济学的研究领域并成为主流经济学的一部分。

新制度经济学与演化经济学，使人们对制度和体制变迁有了新认识。新制度经济学在考虑人与自然关系的同时，考虑到人与人之间的关系，尤其注重人与人之间的利害冲突，重新评估了市场、组织和制度安排的资源配置作用。市场和价格并不是唯一的配置资源手段，国家干预和制度安排都可以发挥这样的作用。演化经济学把经济看成一个演化的复杂系统，该系统呈开放状态，系统演化的结果受到系统内部成员之间的差异性和易变性以及系统的选择机制的影响，使得演化结果难以预测。这一理论借鉴生物进化论思想和自然科学研究成果，获得了对制度和体制演变规律的新洞见。

二、学习经济学的意义

凯恩斯曾经说过，经济学家的思想无论是否正确，其力量之大，往往出乎常人意料。事实上，世界总是受这些思想统治。许多自以为不受任何理论影响的实干家往往是某个已故经济学家的奴隶。

由此可见，经济学不仅是一门基础理论，还是经济学家提供给社会大众的一种改进生活、认识世界的武器。

首先，学习经济学有助于人们作出更好的个人决策。在人的一生中，需要作出各种各样的经济决策。比如，在大学毕业的时候，需要决定是继续在国内读研究生，还是出国留学，或者去工作？在工作之后，要决定如何花费你的收入：多少用于现在的消费，多少用于储蓄，如何用于投资，是买股票还是存在银行，等等。真实世界的决策往往还要考虑个人时间和收入的有限性，为了避免决策的失误，我们每个人都需要相关理论的指导。而经济学恰好是有关个人选择的科学，学习经济学有助于我们作出更好的决策。

其次，学习经济学有助于理解纷繁复杂的社会现象。经济学是一门科学，经济学家通过观测现实经济现象归纳经济规律。经济学家有自己的语言和思维方式，诸如需求、供给、弹性、消费者剩余、机会成本、比较优势、外部性、信息不对称、均衡等，是经济学的基本语言。这些知识帮助我们理解各种社会制度和组织运行的方式。例如，我们需要政府，是因为在存在诸如外部性、提供公共产品这样的场合，依靠市场不能达到资源的有效配置，所以需要政府来提供市场交易的规则、秩序以及公共产品，需要政府保护我们的个人财产和人身安全。但政府对市场的过多干预常常导致供给不足、价格扭曲、资源浪费、垄断横行。政府的政策选择不仅影响整个社会的资源配置效率，而且影响包括每个公民的福利，经济学的学习可以帮助我们思考和分析这些现实世界中的问题。

最后，学习经济学可以为后续学习打下坚实的基础。作为基本理论，微观经济学和宏观经济学是经济管理相关专业重要的基础性课程，直接影响到许多专业课程的学习。学习经济学，可以为我们提供理性的思维方式和实证的分析手段，提高抽象思维和逻辑分析能力。

三、经济学的主要内容

西方经济学的理论体系一般包括两大部分：微观经济学和宏观经济学。微观经济学基本上是由 19 世纪 70 年代"边际革命"中形成的新古典经济理论体系发展而来，而宏观经济学是由 20 世纪 30 年代"凯恩斯革命"中所形成的凯恩斯经济学理论体系发展而来的。20 世纪 40 年代末,美国经济学家萨缪尔森将这两种经济理论加以综合,形成了新古典综合理论体系,又称后凯恩斯主流经济学。20 世纪 70 年代又加入了新古典主义和新凯恩斯主义宏观经济学理论。

1. 微观经济学

微观经济学重点研究家庭、企业等个体经济单位的经济行为,旨在阐明各微观经济主体如何在市场机制调节下进行谋求效用或利润最大化的理性选择,按照微观经济学的分析,价格是经济活动所构成的系统的中心,它指示经济活动的方向,决定资源配置的类型。微观经济学的基本假设包括:(1)市场出清,即资源流动没有任何障碍;(2)完全理性,即消费者与厂商都是以利己为目的的经济人,他们自觉地按利益最大化的原则行事,既能把最大化作为目标,又知道如何实现最大化;(3)完全信息,是指消费者和厂商可以免费而迅速地获得各种市场信息。因此,微观经济学描述的是一个相对稳定的经济系统。

居民作为要素的所有者和供给者将其拥有的劳动、资本、土地等生产要素在要素市场上出售给企业,获取收入(工资、利息、地租等),然后再使用收入在产品市场上购买足以使其得到最大效用的产品,形成对产品和服务的需求;企业则作为要素的需求者将其在要素市场上所购买的生产要素投入生产过程形成产品和服务,并在产品市场上出售,形成产品和服务的市场供给。企业对生产要素的需求是一种派生需求或引致需求,即由产品市场需求状况引发的对要素的需求。生产者需要何种生产要素,取决于其生产什么、生产多少和怎样生产(资本密集型生产还是劳动密集型生产)的选择。

因此,在微观经济学的分析框架中(见图 4-1),居民和企业的选择表现为市场供求关系,供求受价格调节,同时又影响或决定价格的变动,这是一个互动的过程。供给和需求都对价格的变动作出反应,但反应的方向一般是相反的。供求之间常常处于非均衡的状态,或者供过于求,或者求大于供,但价格调节通常能形成一种使其达到均衡的内在力

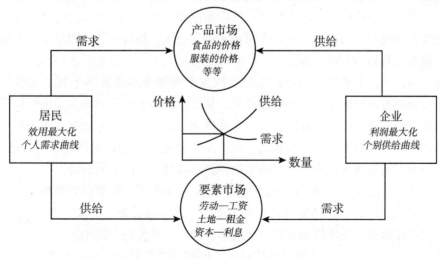

图 4-1 微观经济学的基本框架

资料来源:林致远,《现代经济学体系的基本脉络》,载于《东南学术》2007 年第 3 期。

量。居民对产品的需求与企业的产品供给，以及企业对要素的需求与居民的要素供给，大多是通过市场价格机制的调节实现均衡的。但是在现实中，单纯依靠价格引导企业和居民的行为，又可能导致对社会不利的结果，从而造成市场失灵。

除此以外，由于企业的收益与企业所处的市场环境或市场结构密切相关，为了弄清楚企业的收益及其利润最大化，还需要根据不同的市场类型分别加以讨论，即完全竞争市场和完全竞争企业，以及不完全竞争市场和不完全竞争企业。概括起来，微观经济学的主要内容包括均衡价格理论、消费者行为理论、生产与成本理论、厂商行为与市场结构理论、要素市场理论、微观经济政策等。

2. 宏观经济学

与微观经济学的系统观不同，宏观经济学的研究逻辑体现为一种线性关系，以独立的经济学模型为形式，考察国民经济运行及其规律，研究社会的总体经济活动，用总量分析研究整个国民经济活动以解决资源充分利用的问题，最终实现充分就业、物价稳定、经济持续增长、国际收支平衡这四大目标。

宏观经济学分析的国民经济总量包括总产量（或总收入）、总就业量、物价水平等经济总量。宏观经济学分析的总体社会经济活动由家庭、企业、政府和外国四类经济活动所组成，其收支活动或买卖行为所构成的经济循环形成了国民经济运行的全貌。一定时期内一国生产的各种最终产品（包括服务），构成总供给。家庭消费支出、企业投资支出、政府采购以及产品和服务的净出口，构成总需求。宏观经济学研究国民经济运行，最关心的问题是总供给和总需求的平衡。当总需求小于总供给时，可能会出现经济衰退、失业增加；当总需求大于总供给时，可能会引起资源供给紧张和产品、服务价格的普遍上涨，从而导致通货膨胀。宏观经济学的一个主要研究任务，就是要探索引起总供给和总需求不平衡的原因及实现两者平衡的条件，为实现宏观经济的稳定运行提供理论指导。

宏观经济学研究的一个中心问题就是国民收入水平是如何决定的。宏观经济学认为，国民收入的水平，是整个社会生产与就业水平的体现。具体内容主要包括经济增长、经济周期波动、失业、通货膨胀、国家财政、国际贸易等方面，涉及国民收入及全社会消费、储蓄、投资及国民收入的比率，货币流通量和流通速度，物价水平，利息率，人口数量及增长率，就业人数和失业率，等等。

除此以外，现代宏观经济学可以说是为国家干预经济的政策服务的。宏观经济学指出，政府应该而且也能够通过运用财政政策、货币政策等手段，对总需求进行调节，平抑周期性经济波动，既克服经济衰退，又避免通货膨胀，以实现充分就业均衡或没有通货膨胀的充分就业。财政政策和货币政策的运用，是相互配合、相互支持的；但在经济萧条、通货膨胀等不同时期或条件下，二者将采取扩张性或紧缩性的不同对策。

宏观经济学主要包括宏观经济理论、宏观经济政策和宏观经济计量模型。

（1）宏观经济理论：包括国民收入决定理论、消费函数理论、投资理论、货币理论、失业与通货膨胀理论、经济周期理论、经济增长理论、开发经济理论。

（2）宏观经济政策：包括经济政策目标、经济政策工具、经济政策机制（即经济政策工具如何达到既定的目标）、经济政策效应与运用。

（3）宏观经济计量模型：包括根据各流派理论所建立的不同模型。这些模型可用于理论验证、经济预测、政策制定以及政策效应检验。

四、经济学的研究方法

1. 实证分析与规范分析

无论是微观经济学还是宏观经济学，都可以采用实证分析和规范分析的方法。实证分析是指企图超脱或排斥一切价值判断，只研究经济本身的内在规律，并根据这些规律分析和预测人们经济行为的效果。它要回答"是什么"的问题，而不对事物的好坏作出评价。规范分析是指根据一定的价值判断为基础，提出某些分析处理经济问题的标准，树立经济理论的前提，作为制定经济政策的依据，并研究如何才能符合这些标准。它要回答的是"应该是什么"的问题。

应当注意的是，经济学研究是由人来进行的，不同的人由于对经济现象和问题分析的价值观不同，即使都是采用同一实证分析方法，对分析过程中的方法选择和结果分析也会有很大的差异。企图超脱一切价值判断，就客观问题本身去分析其规律性，也难以将决策人自身的主观因素完全排除在外。另外，在进行规范分析过程中，如果完全脱离客观现实去进行价值分析和判断，也只能是使问题的分析过程步入主观臆想的死胡同。

因此，实证分析和规范分析是以不同的假设前提为条件的两种不同分析方法。实证经济学与规范经济学之间尽管存在着差异，但二者之间不是绝对地相互排斥。规范经济学研究要以实证经济学为基础，而实证经济学研究也离不开规范经济学的指导。一般来说，越是具体的问题，实证分析的成分越多；而越是高层次，带有决策性的问题，则越具有规范性。在对经济现象进行分析的过程中需要将这两种分析方法结合起来运用。

2. 均衡分析与非均衡分析

均衡分析就是假定经济变量中的自变量为已知的、固定不变的，以观察因变量达到均衡状态时所出现的情况以及实现均衡的条件。由于在观察过程中，外界条件不断地发生变化，均衡可能是转瞬即逝的一刻，也可能永远达不到，但在均衡分析中，我们只考察达到假想中均衡状态的情况。均衡分析又可以分为局部均衡分析与一般均衡分析。局部均衡分析考察在其他条件不变时单个市场均衡的建立与变动。一般均衡分析考察各个市场之间均衡的建立与变动，它是在各个市场的相互关系中来考察一个市场的均衡问题的。

非均衡分析则认为经济现象及其变化的原因是多方面的、复杂的，不能单纯用有关变量之间的均衡与不均衡来加以解释，而主张通过对历史、制度、社会等因素的分析作为基本方法，即使是个体分析，非均衡分析也不强调各种力量相等时的均衡状态，而是强调各种力量不相等时的非均衡状态。微观经济学与宏观经济学运用的主要分析工具都是均衡分析。例如，微观经济学中的均衡分析，是以理性的经济人假设为前提，以实现最优化为目标，主要通过边际分析方法来进行均衡状态分析的。

3. 静态分析与动态分析

按照分析经济活动时是否考虑时间因素来划分，分析方法可以分为静态分析与动态分析。静态分析不考虑时间因素，不涉及时间因素所引起的变动，不考虑均衡和变动过程，只考察一定时期内各种变量之间的相互关系，因而静态分析是一种状态分析，是对一种事物横断面的分析。动态分析则是引入时间因素，要涉及时间因素所引起的变动，考察各种变量在不同时期的变动情况，因而动态分析又被称为过程分析，是一种时间序列分析。静态分析研究的是经济现象相对静止的状态，而动态分析研究的是经济现象的发展变化过程。

4. 静态均衡分析、比较静态均衡分析、动态均衡分析

静态均衡分析要说明的是各种经济变量达到均衡的条件，比较静态均衡分析要说明从一种均衡状态变动到另一种均衡状态的过程，即原有的条件变动时均衡状态发生了什么相应的变化，并把新旧均衡状态进行比较。动态均衡分析则是在引进时间因素的基础上说明均衡的实际变化过程，说明某一时点上经济变量的变动如何影响下一时点上该经济变量的变动，以及这种变动对整个均衡状态产生的影响。

微观经济学与宏观经济学都以这种分析工具作为分析经济现象和问题的手段与方法。

5. 定性分析与定量分析

定性分析就是分析研究经济现象内在的性质与规律性。具体地说，就是运用归纳、综合、抽象与概括等方法，对获得的各种材料进行思维加工，从而去粗取精、去伪存真、由此及彼、由表及里，达到认识事物本质、揭示其内在规律的目的。定性分析常被用于对事物相互作用的研究中。它主要是分析和解决研究对象"有没有"或者"是不是"的问题。

定量分析是将所研究的经济现象的有关特征及其变化程度进行量化，然后对取得的数据进行统计学处理，从对事物量变过程的分析中得出结论。从根本上说，定量分析渗透着这样一个观念：世界上一切事物不依赖人的主观意志而存在，是可以被认识的；它们的各种特征都表现为一定的量的存在，或以不同的量的变化表现其变化过程。定量分析是要说明事物或现象是"如何变化的"或"变化过程与结果怎样"的问题。定性分析与定量分析相互补充、相得益彰，具有不可分离的关系。在实际经济问题分析过程中，定性分析为定量分析提供基础，定量分析的结果要通过定性分析来解释和理解。

➡ 第二节　管理学原理

管理是最重要的人类活动之一。自从有人类开始组成群体来实现个人无法单独完成的目标以来，管理工作就成为协调个体努力必不可少的因素。随着实践的发展，管理学逐渐从经验演变为一门研究管理理论、方法和管理实践活动的一般规律的科学。

管理学原理是一门专业基础课程，属于经济管理类专业学生必修的入门课程。主要讲解管理的基本概念、基本理论和基本思维方式。这门课程以所有的组织所共有的管理问题作为研究对象，研究的是组织管理的一般问题，这里面涉及的基本原理、基本思想和基本原则是各类管理学科的概括和总结，它是整个管理学科体系的基石。管理学学习和研究的目的就是要在揭示管理活动一般规律的基础上，分析这种规律在特定时期的表现形式，探讨如何根据一般规律指导不同情境下的管理实践。

一、课 程 特 点 与 学 习 意 义

1. 管理学课程的特点

（1）科学性和艺术性。管理既是一门科学又是一门艺术，是科学性和艺术性的统一。管理首先是一门科学，它是许多管理学者和管理实践者在长期的管理实践中，通过不断对实践中的客观工作规律进行归纳总结而形成的一系列的基本管理原则和管理理论。管理人员在实际工作中，以这些基本原则或者原理为指导，再结合具体情境来开展工作，就能取得事半功倍的效果。同样，管理还是一门艺术，管理的艺术性特点要求管理人员在工作中能够做到随机应变，既具有灵活性又富于创新。没有什么是一成不变的、普遍适用的、最好的管理方法，一切管理活动的开展都应基于特定的情境。

管理的科学性是基础，艺术性是在科学性的基础上发展的，而且随着时间的推移，管理研究的不断深化和繁荣，以及环境的快速变化和发展，使得管理的科学性和艺术性成分都会不断加强。

（2）一般性。管理学原理是从一般原理、一般情况的角度对管理活动和管理规律进行研究，不涉及管理分支学科的业务和方法研究。管理学原理是研究所有管理活动中的共性原理的基础理论科学，无论是宏观原理还是微观原理，都需要管理学作基础来加以学习和研究，管理学原理课程是各门具体的或专门的管理学科的共同基础。

（3）多科性或综合性。从管理内容上看，管理学涉及的领域十分广阔，它需要从不同类型的管理实践中抽象概括出具有普遍意义的管理思想、管理原理和管理方法；从影响管理活动的各种因素上看，除了生产力、生产关系、上层建筑这些基本因素外，还有自然因素、社会因素等；从管理学科与其他学科的相关性上看，它与经济学、社会学、心理学、数学、计算机科学等都有密切关系，是一门非常综合的学科。

管理学的综合性决定了我们可以从不同的角度出发来看待和研究管理问题，管理的复杂性和对象的多样化也要求管理者必须要具备广博的知识，才能对各种管理问题应对自如。

（4）实践性。实践性也称实用性，管理学原理所提供的理论与方法都是实践经验的总结与提炼，反过来又可以指导实践。由于管理活动的复杂性及管理环境的多样性，使得在对管理知识进行运用的时候需要较强的创造性和灵活性。

由此可见，仅仅凭借学校教育是培养不出"成品"管理者的。要成为一名合格的管理者，除了要在课堂上认真进行理论学习外，还要多多参与实践，不断在实践中进行归纳和总结，积累管理经验，真正去理解管理的真谛。

（5）社会性。构成管理过程主要因素的管理主体与管理客体，都是社会最有生命力的人，这就决定了管理的社会性；同时管理在很大程度上带有生产关系的特征，因此没有超越阶级的管理学，这也体现了管理的社会性。

（6）历史性。管理学原理是对前人的管理实践、管理思想和管理理论的总结、扬弃和发展，割断历史，不了解前人对管理经验的理论总结和历史，就难以很好地理解、把握和运用管理学。

2. 学习管理的重要意义

由于人类所拥有和能够利用的资源（人、财、物、信息、时间、技术等）是有限的，而人类的欲望又是无限的，因此，需要借助于管理来解决这一固有的矛盾。人们要更多地满足自身的欲望，就需要利用管理来合理配置和利用资源。

在现代社会中，管理作为实现目标的一种手段，应用于我们生活的方方面面。不管人们从事什么职业，都在参与管理，或管理国家，或管理业务，或管理家庭，或管理子女。国家的兴衰，企业的成败，家庭的贫富幸福，子女的健康成长，都与管理是否得当有关。虽然我们可以借助于实践也可以学习管理，但难免会犯一些错误、走一些弯路、付出一定的代价。因此，系统地学习管理学原理对我们而言，具有十分重要的意义。

首先，学习管理学有助于我们在实践中少走弯路。对于个人而言，我们同样面临着所掌握资源的有限性与个人目标追求的无限性之间的矛盾。通过管理学原理的学习我们可以了解到，管理学中的绝大部分知识和方法同样适用于自我管理。因此，学好管理学有助于我们个人目标的实现。

其次，学好管理学有助于我们对社会现象和问题有一个更为客观的认识。面对各式各样、形形色色的社会现象和问题，我们往往只看到了现象的表面，而无法洞悉形成这一现象的根本原因；抑或是身处问题之中，还没能察觉。而通过管理原理的学习，我们可以练就一双慧眼，透过现象看到问题的本质，对于我们认识世界、认识自我都是十分重要的。

最后，学好管理学有助于我们更好地适应社会，增强生存技能。管理学原理不仅是我们获得学位的一门必修课程，更是获取生存技能的一个途径。一旦我们走入社会，成为某一个组织中的一员，那么不是成为管理者就是被管理者。即使是作为一个被管理者，我们也需要了解上司的行为方式和组织的运转过程，才能在组织中站稳脚跟。

二、管理学原理的主要内容

1. 管理学原理的内容结构

1916 年，亨利·法约尔首先提出了管理职能的观点，认为应该通过分析管理职能来研究管理工作。其基本思路是将管理工作看作组织中通过别人或同别人一起完成工作任务的过程，这个过程由若干管理职能构成，然后通过对每个职能进行深入的研究，揭示出管理的原理，使人们明确管理应该做什么，并作为指导管理实践的准则。管理职能的观点自提出以来，得到了理论界和实务界的普遍认同，经过发展已经成为现代管理理论分析管理工作的主要框架和方法。为此，我们在学习管理学原理的过程中，也同样遵循管理职能的逻辑框架。除此以外，管理环境作为任何组织和管理者不能脱离的重要情境，也是课程学习中必须了解的。管理学原理的内容结构如图 4-2 所示。

2. 管理思想的发展

管理思想就是人们在社会实践中对管理活动的思考所形成的观点、想法和见解的总称，是由一系列观念或观点所构成的知识体系，是指导管理者从事各项管理活动的路标和蓝图。尽管人类的管理实践由来已久，但一直到 19 世纪末 20 世纪初，伴随着生产力的发展、科学技术的进步，才首先在西方出现了系统化的管理思想。

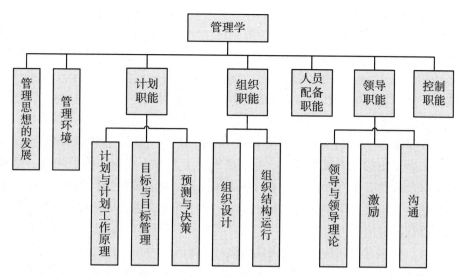

图 4 - 2 管理学原理的主要内容

资料来源：徐碧琳，《管理学原理》，机械工业出版社 2015 年版，作者整理。

对于管理思想史的研究，既包括管理实践，又包括管理思想、管理理论，以及管理实践与管理思想、管理理论的辩证关系，社会生产方式的变革与管理思想演变的相互关系等。对于管理思想史的研究和学习，不但对各个行业的管理者有意义，同时也是我们吸收国外管理科学成果的有效途径。

3. 管理环境

管理环境是影响管理系统生存和发展的一切要素的总和。任何组织都是在一定环境中生存和发展的。当今时代，全球化浪潮影响着世界各地，通信和信息等技术快速发展，社会正在经历一场巨变，新的组织形态不断涌现。组织要面对动态的、不确定性的外部环境。作为组织的管理者必须首先对这种动态复杂的环境有充分的认识，分析外部环境对管理活动的影响，以实现组织目标。

组织面临的环境主要包括：（1）一般或宏观环境，是对所有组织都会产生影响的外部要素，主要包括政治法律环境、社会文化环境、经济环境、技术环境、自然环境等；（2）具体或微观环境，是那些对组织的影响更频繁、更直接的外部因素，主要包括顾客、供应商、竞争者、管制机构和战略同盟伙伴；（3）内部环境，可以认为是组织的一部分，直接影响组织的日常运营、生存和发展，包括物质环境和文化环境。

常用的环境分析方法则包括用于分析一般宏观环境的 PEST（politics，economy，society，technology）分析方法，用于分析具体环境的五种力量模型，以及用于将内外部环境分析结合起来的 SWOT（strengths，weaknesses，opportunities，threats）分析法。

4. 计划职能

任何管理活动都是始于计划的。所谓计划，就是根据组织内外部的实际情况，权衡客观的需要和主观的可能，通过科学的预测，提出在未来一定时期内组织所需达到的具体目标以及实现的途径。计划具体包含两个方面：一是为了使管理工作达到效率与效果的统一，必须首先确立明确的目标，只有确立了清晰的目标，才能判断什么事情该做，什么事情不该做；二是为了提高效率，以较少的投入获得较大的产出，需要对资源的投入、转化过程等进行必要的研究和安排，为此就需要制订计划，在事前为目标的实现规划路径。因此，计划工作不仅包含目标的设定，还包括目标实现路径的规划，具体来说分为估量机会、设定目标、制定目标实现的战略方案、形成协调各种资源活动的具体方案等环节。

在实施计划职能的过程中，为了保证组织目标有效实现，可以采用目标管理的方法。所谓目标管理，是把目标作为管理手段，通过目标来进行管理，以自我控制为主，注重工作成果的一种管理方法和制度，是著名管理学大师彼得·德鲁克 1954 年在《管理的实践》一书中首次提出的。德鲁克认为，并不是有了工作才有目标，恰恰相反，是有了目标才能确定每个人的工作。所以"企业的使命和任务，必须转化为目标"，如果一个领域没有目标，这个领域的工作必然被忽视。因此，管理者应该通过目标对下级进行管理，当组织最高层管理者确定了组织目标后，必须对其进行有效分解，转变成各个部门以及每个员工的分目标，管理者根据分目标的完成情况对下级进行考核、评价和奖惩。

为了能够更加科学、合理地制定和实施目标，还需要有效地开展预测与决策。所谓预测是根据过去和现在的已知因素，对研究对象的未来状态，运用知识、经验和科学方法进行估计和推测，是计划、决策工作的基础，预测质量将直接影响计划、决策的科学性。而决策则是为了达到组织的预定目标，在各种可行方案中选择最优或满意方案的分析判断过程。

5. 组织职能

在制订了切实可行的计划后，为了使目标能够顺利实现，就需要投入必要的人力、物力、财力等资源去执行既定的计划，这就是组织工作，主要包括六个步骤：（1）确定企业的目标；（2）制定企业的政策和计划；（3）明确为完成目标、计划和政策所必需的活动并加以分类；（4）在企业现有的人、财、物等资源条件的基础上，根据环境条件，对活动加以分组，以实现最高效的资源利用；（5）为每组活动配置领导人及其他人员，并授予其完成活动所必需的职权；（6）通过职权体系和信息流通，从横向和纵向两个角度出发将各活动有机整合为一个统一的系统。从整体来看，主要包括组织结构设计和组织结构运行两大块内容。

组织结构（organization structure）是组织中正式确立的对工作任务进行分解、组合和协调的组织活动安排体系。管理者从工作专门化、部门化、指挥链、管理幅度、集权与分权和正规化等方面来设计组织结构，使之在动态复杂的竞争环境中既能保证组织各项活动的高效完成，又能保持灵活性。常见的组织结构形式包括直线制组织结构、职能制组织结构、直线—职能制组织结构、事业部制组织结构、矩阵制组织结构以及网络组织结构等。

组织结构设计完成后，还需要处理好职权与职责、直线职权与参谋职权、集权与分权、正式组织与非正式组织之间的关系，确保组织的有效运行。

6. 人员配备职能

在对组织结构及其运行机制进行了必要的设计以后，下一步需要为不同的岗位选择适当的人，即进行人员配备。所谓人员配备是根据组织结构中所规定的职务数量和要求，对所需的人员进行恰当而有效的选择、使用、考评和培训的职能活动，其目的在于以合适的人员去充实组织结构中所规定的各项职务，从而保证组织活动的正常运行，实现组织的预期目标。

　　人员配备职能主要包括：（1）人力资源的获取，指根据组织目标确定的所需员工条件，通过规划、招聘、考试、测评、选拔所需要的人员，由工作分析、人力资源规划、招聘与甄选、配置与使用等活动构成；（2）人力资源的整合，指通过对组织文化、信息沟通、人际关系和谐、矛盾冲突的化解等的有效整合，使组织内部的个体和群体的目标、行为、态度趋向组织的要求和理念，使之形成高度的合作与协调，发挥集体优势，提高组织效益；（3）人力资源的保持，指通过薪酬、晋升、福利等一系列管理活动，保持员工的积极性、主动性、创造性，维护劳动者的合法权益，保证员工在工作场所的安全、健康、舒适，以增进员工满意度，使之安心满意地工作；（4）人力资源的评价，指对员工工作成果、劳动态度、技能水平以及其他方面进行全面考核、鉴定和评价，为作出相应的奖惩、升降、去留等决策提供依据；（5）人力资源的发展，指通过员工培训、工作丰富化、职业生涯规划与开发，促进员工知识、技巧和其他方面素质的提高，使其劳动能力得到增强和发挥，最大限度地实现其个人价值和对组织的贡献，达到员工个人和组织共同发展的目的。

7. 领导职能

　　领导是带领一个群体和影响这个群体实现目标的过程。人是管理活动中最活跃的要素，任何活动的行为主体都是人，领导工作的重点在于调动人的积极性，协调人与人之间的关系，调动组织中一切可调动的因素，激励他人来协助自己共同去实现组织的目标。

　　领导是一个动态的过程，通过对下属施加影响以达成组织的预期目标，主要着眼于指挥协调、激励与沟通，更多体现了管理的艺术性。主流的领导理论包括领导特质理论、领导行为理论和领导权变理论。

　　激励也是领导职能的重要组成部分，是指管理者在管理过程中通过有意识的外部刺激，激发被管理者的自觉行动，从而最大限度地调动被管理者的积极性，实现管理目标。已有的激励理论主要包括内容型激励理论、过程型激励理论和行为改造型激励理论。

　　沟通是指信息或思想在两个或两个以上的个人或群体中传递或交换的过程。管理工作的方方面面、时时刻刻都离不开沟通，都需要建立在信息有效传递的基础上，领导工作更不例外。沟通中会由于个人因素、人际因素、结构因素和技术因素造成沟通障碍，因此需要通过多种方式来实现有效沟通。

8. 控制职能

　　控制是指在动态的环境中为保证组织既定目标的实现而进行的检查和纠偏活动或过程。控制是保证计划得以实施的重要环节。由于环境的不确定性、组织活动的复杂性和不可避免的管理失误，为了保证目标的实现，我们就必须对管理活动进行有效的控制，具体来说包括确立控制标准、衡量实际业绩、进行差异分析、采取纠正措施等环节。

三、学习管理学的基本方法

　　在管理学原理的学习过程中，要用马克思主义指导管理学的研究和学习，用科学的思维方式和理论联系实际的方法去思考管理实践，探讨管理理论的运用和发展。

1. 理论指导

学习和研究管理学，要以马克思主义为基本指导。用马克思主义理论指导管理学的研究就是要用马克思主义的世界观和方法论去指导管理学的思考。辩证唯物主义与历史唯物主义是马克思主义最根本的世界观和方法论，管理实践的描述、管理问题的分析、管理理论的抽象、管理演化的预测都应该体现辩证唯物主义与历史唯物主义的精神。

2. 科学思维

学习和研究管理学，要求我们在马克思主义理论指导下用科学的方式去思考管理实践的特征，提高我们对管理理论的认识和运用能力，提高我们的管理思维能力。科学的管理思维是战略思维、历史思维、辩证思维、创新思维以及底线思维的统一。其中，战略思维是整体的思维、长期的思维、系统的思维，要求我们能够"高瞻远瞩、统揽全局"，能够透过纷繁复杂的表面现象把握事物的本质和发展的内在规律；历史思维是要能够以史为鉴、知古鉴今，善于运用历史眼光认识发展规律，以把握前进方向指导现实，走向未来；辩证思维要求我们在管理实践中能够分析出矛盾的本质，抓住冲突的关键，协调不一致，在管理实践的对立统一中揭示管理活动的发展规律；创新思维体现为要追踪管理实践的变化，关注管理实践中出现的新环境、新问题，探讨解决问题的新方法、新工具，发现管理实践中的新规律，来推动管理实践和管理理论的不断发展；底线思维是指企业经营活动内容、方向以及方式的选择要在道德和法律的框架内进行，企业目标的确定要充分考虑到出现不利情况的可能性，预估并事先做好调整。

3. 基本方法

虽然管理学的研究与学习会用到定性与定量、归纳与演绎、比较研究等社会科学的一般研究方法，但理论联系实际是马克思主义指导下我们学习和研究管理学的基本方法。

理论联系实际，首先需要我们把握管理学的理论体系，理解管理的基本原则、方法和工具；其次要求我们用所学的管理理论与方法去观察和分析我们工作和生活中的管理问题；最后需要我们了解和掌握经济学、政治学以及社会学等相关学科的知识，综合运用这些学科的理论与方法来关注、探讨、分析，甚至指导、提升自己的管理实践。

本 章 小 结

经济学经历了四个发展阶段：古典经济学、新古典经济学、现代宏观经济学、当代西方经济学。

微观经济学是研究市场机制及其作用、均衡价格的决定，以及考察市场机制如何通过调节个体行为来取得资源配置的最优条件和途径的一门科学。

宏观经济学是从整体上考察国民经济运行及其规律的一门科学，用总量分析研究整个国民经济活动已解决资源充分利用的问题，最终是为了实现充分就业、物价稳定、经济持续增长、国际收支平衡这四大目标。

宏观经济学主要包括宏观经济理论、宏观经济政策和宏观计量模型三大部分。

管理学原理是以所有的组织共有的管理问题作为研究对象，主要讲解管理的基本概念、基本理论和基本思维方式，是整个管理学科体系的基石。

管理学原理主要包括管理思想史、管理环境、管理职能（计划、组织、人员配备、领导和控制五大职能）等内容。

在管理学原理的学习过程中，要用马克思主义指导管理学的研究和学习，用科学的思维方式和理论联系实际的方法去思考管理实践，探讨管理理论的运用和发展。

重要术语

微观经济学   宏观经济学   古典经济学   新古典经济学   管理学原理
管理职能

第五章

运营管理与质量管理

【学习目标】

通过本章的学习，了解运营管理与质量管理的知识框架，明确运营管理与质量管理课程在工商管理专业的整个课程体系中所处的位置，初步了解运营管理与质量管理的相关知识。

【引导案例】

天津丹佛斯——"灯塔工厂"的运营管理

以全球制冷行业领导者著称的丹佛斯，是丹麦最大的工业集团。丹佛斯旗下的商用压缩机制造商——天津丹佛斯扎根中国市场20多年，对"冷酷"（COOL）的追求从未间断。2019年，这家低调务实的外商独资企业，跻身全球"灯塔工厂"网络，成为天津市首家获此殊荣的数字化转型典范。[①]

走进天津丹佛斯厂区，第一印象就是简约。整洁而略显拥挤的车间里，似乎没有一件多余的装饰物，与想象中气派的跨国公司工厂相去甚远。智能化生产流程有条不紊，虽然自动化生产线繁忙依旧，但穿着深灰色工服的现场工人变少了，活也轻松了。在这里，每年有几十万台压缩机排队下线，运往全球各地，为众多商超、写字楼、冷链物流提供强劲"冻"力。凭借全数字追溯系统与智能传感器、视觉检测，以及自动监控系统等数字工具，企业成功改善了质量控制体系，在两年内将劳动生产率提高了30%，客户投诉率减少了57%。

按照行业规范，每台商用压缩机配备一张追踪卡片——留存全部生产数据。一旦出现产品质量问题，方便厂家追溯查找原因。只要压缩机没有报废，这张卡片就需要一直保留。从2012年开始，天津丹佛斯正式启动全数字追溯系统，数字化改造后，电子看板取代了纸质追踪卡。从打造数字化追溯系统，到应用各种数字化工具，再到引入机器人和视觉系统，整个工厂变得更加智能、高效。为了解决错装、漏装等装配环节问题，每个工作站都通过连锁系统实行"互锁"模式：前一个环节发生错误，就无法进入下一道工序，这确保了客户投诉率保持在百万分之五十以下，生产效率连续保持两位数提高，客户投诉率每年也平均以两位数的速度下降……

天津丹佛斯仅拧螺丝这一项就可以写一部书。组装一台压缩机，通常需要紧固十多颗螺丝。过去工人紧固螺丝，使用手动咔哒扳手或气动扳手。由于这些定扭扳手没有数据采集功能，难免出现漏拧或者拧不到位的现象，留下质量隐患。2012年，工厂引进了电动扳手，不但力矩可以校准，还可以采集上传作业过程的所有数据。新工具虽带来流程变革，实际效率却提升有限。工厂管理层提出，有没

[①] "灯塔工厂"由达沃斯世界经济论坛和麦肯锡咨询公司共同遴选，主要评判标准是工厂在运用数字化、物联网、人工智能等第四次工业革命技术在提升生产和运营效益方面取得的成就。

有能同时紧固两颗螺丝的扳手？2016年，工人们用上了针对压缩机生产工艺定制的双头紧固扳手机构，动作效率提高了约50%，劳动强度却同步降低了。2018年，工作站用上了四头紧固扳手。生产线还设置了光电防错和顺序防错，确保工人进行正确的操作。一旦尝到效率的甜头，升级冲动就变得难以抑制。随着一条新生产线上马，工厂通过自动拍照识别紧固孔位置，实现了压缩机螺丝全自动紧固。就这样，一颗倔强的螺丝终于完成了自动化数字化改造，彻底解放了工人的双手，实现了"机器换人"的历史性转变。

过去10年间，这家工厂的员工一直在600人左右，年产量却从20多万台攀升至近60万台，组装单台产品的平均耗时也从160秒减至60秒。厂里设立了针对生产过程改善的建议墙，不少金点子是由一线工人提出来的。每月召开的流程改善大会已持续了200多次，形成持续改善生产流程的工厂文化。

2021年，丹佛斯总部将美国压缩机工厂关闭，所有产品搬至天津工厂生产，包括200多个型号10万台商用压缩机订单。2022年，总投资近1.4亿元的"全球制冷研发测试中心"签约天津，成为丹佛斯落户天津以来的第六次，也是最大的一次增资，显示出这家外资企业对中国市场和中国制造的信心。

资料来源：刘荒等，《用最"酷"的方式制"冷"，全球制冷行业龙头天津丹佛斯"土洋"结合的数字化之旅》，载于《新华每日电讯》2023年2月4日。

第一节　运营管理

一、运营管理的产生和发展

1. 从手工生产到批量生产

手工生产是最早的商品和服务的组织形式。18世纪末以前，农业一直都是世界各国的主导产业，制造业也只有手工作坊。流通的商品通常是由手工作坊的工匠们手工定制，同样的商品没有一模一样的。制造业效率很低，对工匠们手艺的要求很高。大部分行业一开始都是靠手工方式生产的，直到今天仍有不少产业沿袭这种生产方式，尤其是对产品和服务个性化需求较高的产业，如定制服装行业。

工业革命使手工作坊式生产方式发生了根本变化。1765年，瓦特发明了蒸汽机，为制造业提供了机械动力，将制造业推进到工厂时代。以前在家庭或者作坊里的生产活动被转移到工厂里，工厂往往同时雇用许多人，于是劳动分工开始出现。

劳动分工的思想是将一件工作分成若干份，由多人完成可以提高劳动效率。虽然古希腊人在实践中运用了劳动分工的思想，但第一个从理论上分析劳动分工的人是亚当·斯密。斯密用制钉的例子来说明分工的合理性，他解释了劳动分工可以提高工作效率的三个原因：（1）工人的技能随着工作经验的增长得到提高；（2）减少了由于变换工作而损失的时间；（3）专用工具和机器的使用。

从手工生产到批量生产这个过程中，最重要的进步在于美国制造系统（American system of manufactures，ASM）的发展。ASM可以被定义为，一套流程中，使用专用的机器来生产可以互相替换的零部件，零部件互换性的基础是零部件标准化。现代制造业的许多特征都与 ASM 有关，其中包括工厂的组织结构、专业化的机器设备、工作流程以及物料运输（如集装箱）、质量管理技术等。

2. 从批量生产到大规模生产

在手工生产转变成批量生产的过程中，伴随着工作方法的总结和发展，出现了后来被称为科学管理的思想体系。这一时期的生产组织和管理系统是由美国管理学家泰罗提出、发展和完善的，故命名为泰罗制。

现代生产系统有别于老式生产系统最显著的特征是 1913 年福特汽车公司流水装配线的建立。在这之后，一种新型的生产系统登上了历史舞台，由此开始了大规模生产、大批量销售的现代企业运营模式。福特公司用于大规模生产单一产品的生产系统具有生产效率高、生产连续性好、生产标准化程度高的特点。

3. 超越大规模生产

20 世纪 80 年代，日本经济的飞速发展有很大部分归因于其汽车和电子公司的竞争优势。大规模生产时代提倡专业化，而且公司的组织结构是职能结构，这样的结构形式虽然开始运转良好，但是到最后，每一种职能仅仅只关注自己成长和运营的需要，忽视了与其他职能部门的合作。事实上，要满足消费者的需求，不同职能需要在流程中重新整合，才能将顾客想要购买的产品送到他们手中。在运营过程中，随着越来越多的中间产品和服务都由其他厂商生产（或者称为外包），那么将供应商整合进生产系统的工作就显得越来越迫切，促使供应链管理成为运营管理的重要内容。从某种意义上来说，顾客也是流程的一部分，在许多服务企业的运营管理过程中，其工作目的即是把顾客有效地"整合"进来。

从运营管理的发展历程看，生产运营的多样化和高效率是相矛盾的，因此，在生产管理运营多样化的前提下，努力搞好专业化生产运营，实现多样化和专业化的有机统一，是现代运营管理追求的目标。随着信息技术的发展，由信息技术引起的一系列运营管理模式和管理方法上的变革，成为运营的重要研究内容。近 30 年来出现的计算机辅助设计（computer aided design，CAD）、计算机辅助制造（computer aided manufacturing，CAM）、计算机集成制造系统（computer integrated making system，CIMS）、物料需求计划（material requirement planning，MRP）、制造资源计划（manufacturing resources planning，MRPII）以及企业资源计划（enterprise resource planning，ERP）等，都在企业生产运营中得到广泛应用。

二、服务运营管理的演进

1913 年 4 月 1 日，第一条装配流水线在美国密歇根州福特公司的高地公园投入使用，流水线使标准化生产和节拍式运行成为高效的代名词，大规模生产的标准化商品开始充斥市场。效率提升使得工厂对工人的需求数量降低，这一有效的工作方法逐渐被引入服务型企业中。不少服务型企业开始力求将服务岗位标准化、服务流程工艺化。当前，服务领域的标准化是力求借鉴制造企业的标准化的方法和工具，进而实现服务业的规模经济。

1. 流程标准化

流程标准化强调服务的系统性，这种手段和方法充分借鉴了流水线的基本思维，即将服务工作进行详细分解和分工，从提高服务效率和可靠性上来寻求最优流程进而标准化。这种标准化流程实际扩充了企业自身的服务能力，同时也保证了流程可靠性。

2. 服务标准化

服务通常是在消费者消费的同时才发生，服务的好坏取决于顾客在接受服务的"真实瞬间"（moment of truth，MOT），而在 MOT 中，服务接触（service encounter）直接影响客户满意度。服务接触实际上是服务过程中的人际接触（person–to–person encounter），这种接触往往决定了客户忠诚度。服务标准化实际上就是解决服务接触的标准化问题，企业需要想方设法在"接触瞬间"提炼出可以标准化的部分。服务型企业在这方面的努力主要体现在服装、仪表、语言、态度、行为等方面。

（1）服务人员语言标准化。语言是沟通的媒介，服务中有效沟通至关重要。很多服务企业在语言上对服务人员都有非常严格的规定，例如接电话时的语言标准为"您好，我是××公司××部门的××，很高兴为您服务"；客人来了，服务员的语言标准为"欢迎光临"；客人离开时，语言标准为"您慢走，欢迎您再次光临"。

（2）服务人员动作标准化。动作标准化完全源于科学管理思维在服务企业的运用。很多企业为了保证自己服务人员动作标准化，甚至不惜重金对服务人员进行标准化的礼仪培训。例如，在酒店前台的服务人员接待要站立服务，两手交叉在体前或交叉在背后，两脚呈"V"字形或与肩同宽，身体正直平稳，顾客光临时向顾客鞠躬或点头问候；引导顾客入座时向顾客指示方向，行进中两眼平视，正对前方，身体保持垂直平稳，无左右摇晃、八字步，走在客人的右前方或左前方 1.5～2 步远距离处，身体略微侧向客人，等等。

（3）服务人员态度标准化。服务态度的标准化是一种理想状态，实际操作时难度极大。例如，为了让服务人员笑容更灿烂，很多企业要求服务人员口含筷子进行笑容练习，以达到最佳微笑效果。这种标准化表面看起来是态度标准化，实际仍然隶属于动作标准化的范畴。因为服务态度涉及服务人员的情感成分，这方面的工作极难做到统一化、标准化。

3. 定制化服务

（1）大规模定制。如果说服务标准化的工厂化思维把所有客户都同质化看待，定制化服务则开始慢慢接近服务的本质。客户对服务的评价常常是因人而异的，个性化的诉求和表达往往是客户接受服务的本质体现。然而出于对成本问题的考虑，服务企业仍然希望在满足个性化要求的基础上尽可能进行标准化。从个性中寻求共性成为服务企业运营中需要集中考虑的问题，大规模定制化服务也就成为这一阶段的主要运营方式。1970 年美国未来学家阿尔文·托夫勒（Alvin Toffler）在《未来大冲击》一书中提出了一种运营设想：以类似于标准化和大规模生产的成本和时间，提供客户特定需求的服务。1987 年，斯坦·戴维斯（Start Davis）将其界定为"大规模定制"（mass customization）。1993 年约瑟夫·派恩二世（Joseph Pine Ⅱ）在《大规模定制：企业竞争的新前沿》一书中这样描述："产品多样化和定制化不能以增加成本为代价，而满足个性化定制的大规模生产或服务模式能够给企业带来经济价值和战略优势。"[①] 这种模式就是大规模定制。

---

① ［美］约瑟夫·派恩二世：《大规模定制：企业竞争的新前沿》（操云甫等译），中国人民大学出版社 2000 年版，第 9 页。

（2）个性化定制。如果说大规模定制是在考虑个性化需求的基础上进行客户的分类，那么个性化定制就不再对客户进行分类了，因为对个性化产品来说每一个客户就是一类。当然对于企业的服务成本来说自然很高，如果客户愿意为个性化需求提供补偿，那么企业的个性化定制自然也就成为服务运营中的重要方式。由于互联网的普及和移动互联的应用，消费者的行为逐渐从不可记录转变为可以留下痕迹，这些痕迹成为企业服务客户的重要基础，消费者行为的历史痕迹逐渐形成了巨量资料，这些巨量资料构成了我们所处的大数据时代。大数据时代中的数据具有"4V"特点：数量多（volume）、速度快（velocity）、种类多（variety）、数据准（veracity）。这些特点为个性化定制提供了很好的基础，企业需要做的只是对现有的数据进行有效挖掘与整合，构建有效个性化服务的基础。

（3）个性化体验。在有形产品与无形服务之外，体验（experience）成为消费者意欲得到的重要消费内容，当然这也体现了经济社会的进步。体验是除了商品和服务之外的另外一种经济提供物。顾客、商人和经济学家都倾向于把体验归到服务业，与餐饮、零售、汽车修理等服务内容混为一谈。事实上，当消费者购买服务时，他所购买的是一组非物质形态的活动，但如果他购买了体验就是购买了一系列值得记忆和回味的事件（这些事件是消费者自己愿意花时间去经历的）。约瑟夫·派恩二世和詹姆斯·吉尔摩（James Gilmore）将经济形态演变和企业提供的基本物质进行了区分，并分析了不同经济形态下企业供给内容和内容关键属性的不同点，如表5-1所示。

表5-1　　　　　　　　　　　经济形态区分

经济提供物	产品	商品	服务	体验
经济	农业经济	工业经济	服务经济	体验经济
经济功能	采掘提炼	制造	传递	舞台展示
提供物性质	可替换的	有形的	无形的	难忘的
关键属性	自然的	标准的	定制的	个性化的
供给方法	大批存储	生产后库存	按需求传递	一段时期后披露

资料来源：B. J. Pine Ⅱ and J. H. Gilmore, "Welcome to the Experience Economy", *Havard Business Review*, July - August 1998: 95 - 105.

服务经济源自工业经济，体验经济则源于服务经济。体验是让客户以个性化方式参与其中的事件，是在特定情境下产生的美好感觉。企业的角色将转为体验的策划者，而不再仅仅提供商品或服务，企业的目标也将转为给顾客留下难忘的愉悦记忆。商品是有形的，服务是无形的，而体验却是难忘的。未来服务企业运营的内容将变为舞台设计与呈现，唯有如此个性化体验才得以彰显。

三、运营管理的主要内容

1. 运营管理的内容结构

运营管理主要研究企业如何高效地将输入端转换为市场需要的输出端，其关注的是企业产品或服务价值增值的全过程，因此必然涉及一些具体的思想和手段。与战略管理的宏观思维不同，运营管理更多的是强调将战略意图和市场需求落实到企业的整个生产或服务过程之中，不仅要在效率上满足要求，还要在效果上与战略相匹配。运营管理的基本框架如图 5-1 所示。

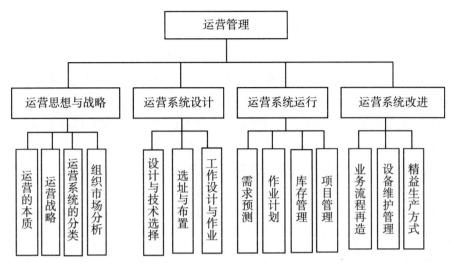

图 5-1 运营管理的基本框架

资料来源：Heizer and Render, *Operations Management* (11th Edition), Pearson Education Inc., 2014.

2. 运营思想与战略

运营思想与战略，包括运营的本质、运营战略、运营系统的分类和组织市场分析。其中，运营的本质奠定了我们对运营的系统认识，描述了企业创造价值的系列活动组合，即从输入端到输出端这一过程中的所有内容；运营战略是企业战略体系中的一个职能层级战略，它的核心是以企业愿景、使命和公司整体战略为方向和指导，系统设计和实施企业的运营活动，主要解决的是运营管理职能领域内如何支持和配合企业在市场中获得竞争优势等有关问题；运营系统的分类是从战略上将运营系统划分为结构性系统（包括设施选址、运营能力、纵向集成和流程选择等）和基础性系统（包括劳动力数量和技能水平、产品质量、生产计划和控制以及组织结构等）；组织市场分析是将未来的实际需求尽可能变得已知，其实际工作是进行预测，包括经济预测、技术预测以及需求预测。

3. 运营系统设计

运营系统设计包括设计与技术选择、选址与布置、工作设计与作业。运营系统设计是在企业运营战略的指引下，以确保运营系统的良好运行为目标，通常在企业创业、工厂或店面设施的建造阶段进行。由于运营系统设计会涉及长期的责任，即设计决策一旦作出，将会影响后续的投资行为、运营成本、劳动力可能性等一系列问题，因此，运营系统设计非常重要。但并不是说运营系统设计一经完成就不能更改，事实上在运营系统的生命周期内，不可避免地要根据企业内外部环境的变化对运营系统进行更新，包括为新增地点进行重新选址、扩建现有设施、增加新设备，抑或由于产品和服务的变化，需要对现有的运营设施进行调整和重新布置。不论是运营系统的初设、更新与调整，都要涉及运营系统设计问题。

4. 运营系统运行

运营系统运行主要是指企业如何利用现有的运营系统适应外部市场变化，并针对顾客的需求，生产出适销对路的合格产品或提供令顾客满意的服务。运营系统运行包括的内容主要有需求预测、作业计划、库存管理和项目管理等。在运营系统运行过程中，要充分发挥计划、组织与控制的基本职能。

首先，计划方面主要是解决生产什么、生产多少和何时出产的问题，要通过对需求的预测，确定产品或服务的品种指标、产量指标和质量指标，编制综合计划和主生产计划，确定产品出产的作业次序与进度安排，并利用物料需求计划做好原材料的采购。其次，组织方面是要通过对生产要素的组织安排，使有限的资源得到充分而合理的利用。最后，控制方面是要解决如何保证运营系统能够按照作业计划标准完成任务的问题。为了保证运营任务的顺利完成，需要利用项目管理统筹规划运营项目的进度，并在必要时进行时间成本或时间资源的优化，还要利用形式多样的库存模型对订货、库存与成本进行控制，并结合计划的监督作用对生产进度进行控制。

5. 运营系统改进

运营系统改进主要是指如何通过质量管理、设备管理等手段对系统存在的缺陷与漏洞进行实时的改进与提升，主要包括业务流程再造、设备维护管理、精益生产方式等。业务流程再造、精益生产等先进工具的使用，有利于促进运营系统的不断改进与升级。

四、运营管理课程的特点及应用

运营管理是企业最基本的职能，包括生产产品或提供服务直接相关的所有活动。一个组织不论向社会提供任何产品或服务，为了长期的成功，都必须依赖运营管理这一基本活动来创造工作业绩。从这点来看，运营管理是能给企业短期内带来实质性改善且具有较强操作性的课程。运营管理的中心思想是提高工作效率、降低成本和改进工作结果。企业之间的竞争越激烈，企业对提高生产率、提高产品质量、降低成本等方面的要求就越高，运营管理方面的就业机会就越多。

组织中运营管理的最高职位是首席运营官，工作是协助公司总经理决定公司的竞争战略，并负责组织内部资源来实现总体战略。首席运营官决定公司的选址和设施的选用，决定从哪个供应商那里采购物料以及如何使用公司的基层员工等运营方面的决策。组织中各层级运营管理者将具体实施这些决策。下级运营管理者的工作是发现工作过程中存在的问题，寻找恰当的解决办法，提供最佳的解决方案。运营管理者在不同组织中所从事的工作内容不同，职位名称也有差异。如制造业中的生产计划人员、设施管理人员、质量管理人员，服务业中的项目经理、产品经理，以及供应链经理、采购经理等职位，均属于运营相关岗位。虽然这些工作从表面上看有很大的差异，但完成工作所遵循的理论和方法基本上是一致的。

第二节 质量管理

一、质量及质量管理的概念

质量管理是管理科学中的重要分支，也是工商管理专业课程体系中的一门核心课程。质量（quality）在西方的语境中本身就是好、有质量、质量好的意思。在用户的眼里，质量不是一件产品或一项服务的某一方面的附属物，而是产品或服务各个方面的综合表现特征。我们往往将质量作为衡量产品或服务优劣的一项指标，而质量的感知是因人而异的，不仅是从用户的角度出发，从企业的员工角度出发也会对质量有着不同的感知，人们对质量的评价往往有很大的主观性。质量的本质是用户对一种产品或服务的某些方面所作出的评价。

对于不同类型的产品或服务，质量的概念有不同的具体维度。在有形产品质量上，可划分的维度包括：（1）功能，实现产品主要用途的特性；（2）特殊性能，额外特性；（3）一致性，一件产品满足相关要求的过程；（4）可靠性，产品所具备性能的稳定性；（5）寿命，产品或服务正常发挥功能的持续时间；（6）美学性，外观、感受、嗅觉和味觉。

而对于无形的服务质量水平，其测量的维度则包括：（1）便利性，服务的可接近性和可达性；（2）可靠性，独立地、一致地、准确地执行服务发生的能力；（3）责任心，服务人员自愿帮助顾客处理异常情况的责任感；（4）响应，提供服务的快捷性；（5）准确性，接待顾客的工作人员在该服务领域所具备的知识和提供可靠服务的技能；（6）周到，接待顾客的工作人员对待顾客的方式；（7）视觉上的感受，设施、设备、人员和用于沟通的硬件的直观表现。

质量在不同的情况下有更多不同的含义。比如，质量要满足或超过顾客的期望，因此质量要有适用性。营销大师斯蒂芬·布朗曾在《哈佛商业评论》上发表过一篇名为《折磨你的顾客》的文章，针对当时"以顾客为中心"的营销模式提出了逆向思维，企业进行饥饿营销，有意不提供满足市场需求的货量，使顾客愿意花时间和精力来抢购商品，当然，前提是商品质量要好，否则饥饿营销也并非好办法。有时，质量表现为企业对消费者负责的态度与行为。例如海底捞火锅食品安全问题的曝光，体现了其质量管理存在的重大缺陷。企业对公众负责任的态度也属于企业的质量管理，负责任的企业才能在成功之路上越走越远。

同样，质量高低还表现为产品上市后给社会所造成的损失程度。日本质量管理专家田口玄一博士认为：产品质量的好坏不能单纯看是否符合公差。公差只是人为决定的判断标准，并不表示产品内在质量的好坏，而内在质量的好坏主要由质量特性值偏离设计中心值的大小来决定，即所谓容忍区间。海底捞火锅事件也体现出不同顾客对产品质量的容忍区间。有的顾客认为曝光出来的食品安全问题严重，海底捞在重大食品安全问题上失守，这不是一般的错误，而是触碰了底线，应该受到处罚和谴责，对其无法容忍；而有的顾客则认为这类食品安全问题很多，海底捞官方对问题反应迅速、态度良好，负责任、不推卸，作为大企业这种危机处理方式能够被接受，从而对其采取容忍的态度。

二、质量管理的历史发展与演进

1. 质量检验阶段

质量管理的发展可以分为三个阶段：质量检验阶段、统计控制阶段、全面质量管理阶段。人类社会一开始就存在质量管理实践，只不过缺乏质量管理的相关理论，仅有一些技巧和方法。《周礼·考工记》是中国历史上较早的、有文字记载相关实践的文献，其中记载了一些产品生产的具体过程和参数要求，包括农具应该如何生产、兵器如何制造等。这是中国最早的质量管理实践的经验总结。在质量检验阶段，人们对质量管理的理解还只限于质量的检验，就是说通过严格检验来控制和保证转入下一道工序或出厂的产品质量。这一阶段的质量管理经历了三个阶段。（1）操作者的质量管理。20世纪以前，产品的质量检验主要依靠手工艺者的手艺和经验，对产品的质量进行鉴别、把关。（2）工长质量管理。20世纪初，工业革命产生了劳动分工：每个工人仅对每件产品的一小部分负责。以泰勒为代表的"科学管理运动"，强调工长在保证质量方面的作用，执行质量管理的责任就由操作者转移到工长。（3）检验员的质量管理。1940年前后，由于企业生产规模的不断扩大，质量检验职能由工长转移到专职检验员。大多数企业都设置了专职的检验部门，配备专职的检验人员，用一定的检测手段负责全厂的产品检验工作。对生产出来的产品进行质量检验，鉴别合格品或废次品。

2. 统计质量控制阶段

由于第二次世界大战对军需品的特殊需要，单纯的质量检验已不能适应战争的需要。因此，美国组织了数理统计专家到国防工业中去解决实际问题。这些数理统计专家在军工生产中广泛应用数理统计方法进行生产过程的工序控制，产生了非常显著的效果，保证和改善了军工产品的质量。后来，这一方法又被推广到民用产品中，这给各个公司带来了巨额利润。这一阶段的特点是利用数理统计原理在生产工序间进行质量控制，预防产生不合格品并检验产品的质量。在方式上，责任者也由专职的检验员转移到专业质量控制工程师和技术人员。这标志着之前事后检验的观念改变为预测质量事故的发生，并事先加以预防的观念。由于这个阶段过于强调质量控制的统计方法，使人们误认为"质量管理就是统计方法，是统计学家的事情"，因而在一定程度上限制了质量管理统计方法的普及和推广。

3. 全面质量管理阶段

全面质量管理（total quality management，TQM）起源于美国，后来在一些工业发达国家开始推行。20世纪60年代后期，这一方法在日本有了新的发展。所谓全面质量管理，就是企业全体人员及有关部门同心协力，将专业技术、经营管理、数理统计的思想进行结合，建立起包括产品研究设计、生产制造、售后服务等活动全过程的质量保证体系，从而用最经济的手段，生产出用户满意的产品。其基本核心是强调提高人的工作质量，保证和提高产品的质量，达到全面提高企业和社会经济效益的目的。基本特点是从过去的事后检验转变为预防和改进为主；从管控结果变为管控原因，挖掘影响质量的相关因素，依靠科学管理的理论、程序和方法，使生产的全过程都处于受控状态。全面质量管理是全员参加的、全企业的质量管理，所采用的管理方法应是多样的。

全面质量管理是在统计质量控制的基础上进一步发展起来的。它重视人的因素，强调企业全员参加，企业运营全过程的各项工作都要进行质量管理。它运用系统的观点，综合而全面地分析研究质量问题。它的方法、手段更加丰富、完善，从而能把产品质量真正管起来，产生更高的经济效益。当前世界各国的大部分企业都在结合各自的特点运用全面质量管理，各有特点，各有所长。

三、质量管理的主要内容

1. 质量管理的内容结构

质量管理是思想和工具的结合，包含了质量管理的理念、体系和方法。因此在内容结构上包括了三个重要部分：质量管理的背景知识和基本理念；质量管理的核心内容，即质量管理体系的建立；质量管理中常用的工具和方法。整个课程内容结构如图 5 - 2 所示。

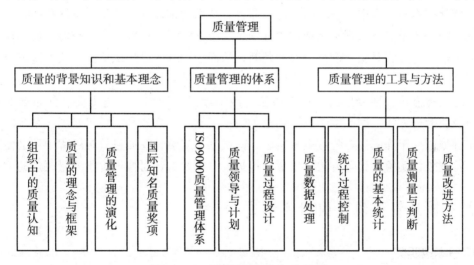

图 5 - 2 质量管理的内容结构

资料来源：刘广第，《质量管理学》（第二版），清华大学出版社 2003 年版，作者整理绘制。

2. 质量的背景知识和基本理念

质量的背景知识和基本理念是学习质量管理的基础，主要包括组织中的质量认知、质量的理念与框架、质量管理的演化、国际知名质量奖项等。组织中的质量认知是指利益相关者对质量的界定，不同的认知带来组织对质量的不同界定与后续管理，这种界定决定了质量是从认知开始的，具有一定程度的主观性。质量管理的理念和框架部分讲述不同质量管理大师的视角，这些理念在质量管理实践中成为指导组织进行质量管控的重要指导思想。质量管理的演化是指随着时间、技术的变化，质量管理的观念、工具和手段的发展变化历程；质量管理的国际知名奖项主要包括美国波多里奇国家质量奖、日本戴明奖以及

EFQM 全球卓越奖，还包括中国质量奖和全国质量奖，帮助学生了解中国质量奖和全国质量奖评选过程、参评标准等内容。

3. 质量管理的体系

质量管理的核心内容主要包括 ISO9000 质量管理体系、质量领导与计划、质量过程设计等。ISO9000 系统是国际标准化组织制定的国际标准之一，是指由国际标准化组织质量管理和质量保证技术委员会（ISO/TC176）制定的所有国际标准，该标准可帮助组织实施并有效运行质量管理体系，是质量管理体系通用的要求和指南。我国在 20 世纪 90 年代将 ISO9000 系列标准转化为国家标准。随后，各行业也将 ISO9000 系列标准转化为行业标准；质量领导与计划是质量管理的战略思维，意味着将质量融入企业的战略计划中，为组织指明正确方向；质量过程设计囊括了开发过程设计、制造过程设计、使用过程设计以及服务过程设计，强调过程质量的一套事前的体系化安排，其中包括了质量功能扩展、业务流程改善与再造等内容。

4. 质量管理的工具与方法

质量管理的工具与方法主要包括质量数据处理、统计过程控制、质量测量与判断、质量改进方法等。质量数据处理是指质量数据收集、整理、统计特征等方法；统计过程控制则应用统计技术对过程中的各个阶段进行监控，从而达到保证与改进质量的目的，强调全过程的预防；质量测量与判断是通过数据图示、统计的假设检验、统计推断、回归模型等一系列定性定量方法对质量进行测量和判断，从而为后续改进提供依据；质量改进方法是在质量判断基础上，分析质量问题产生的原因后再有针对性地解决问题的方法，包括质量管理的老七种方法，即分层法、检查表法、因果图法、排列图、直方图、散布图、控制图，以及新七种方法，即诞生于日本的七种新型工具，包括亲和图、关联图、系统图、过程决定计划图、矩阵图、矩阵数据解析法、箭线图。当然，在质量管理过程中还会使用直方图、检查表、实验设计等方法对质量数据进行分析并有针对性地提出质量改进的方案。

四、质量管理领域的知名奖项

1. 日本戴明奖

戴明质量奖（Deming Quality Award）是日本质量管理的最高奖，世界范围内影响较大的质量奖项中，日本戴明奖是创立最早的一个。它始创于 1951 年，是为了纪念已故美国质量管理学家威廉·爱德华兹·戴明（William Edwards Deming）。他在日本战后统计质量控制的发展方面做出巨大贡献，为日本质量管理工作打下良好基础，在这个基础之上，日本的产品质量才达到了被世界广泛认可的水平。戴明质量奖自从 1951 年创办以来，已经有超过 160 个日本企业获得该奖项，这些获奖者的产品和服务质量均获得了大幅度提高。

戴明质量奖虽然诞生于日本，但现在已经成为享誉世界的质量奖项，分为戴明奖、戴明应用奖和戴明控制奖。戴明奖授予在质量管理方法研究、统计质量控制方法以及传播全面质量控制（Total Quality Control，TQC）的实践方面做出突出贡献的个人；戴明应用奖授予质量管理活动突出，在规定的年限内通过运用 TQC 方法，获得与众不同的改进效果和卓越业绩的企业，戴明应用奖还可以授予日本之外的企业；戴明控制奖授予企业中的一个部门，这个部门通过使用 TQC 方法，在规定的年限内获得与众不同的卓越改进效果。获得戴明质量奖的企业，需要按照质量奖的评价标准和要求，根据自己企业的特点、环境，制定质量战略目标和经营战略目标，不断完善质量控制方法，其产品质量和服务均得到大幅度提高。在这样的企业中，戴明质量奖已经成为一种持续改进和进行企业创新变革的工具。

2. 美国波多里奇国家质量奖

美国马尔科姆·波多里奇国家质量奖（Baldrige National Quality Award）设立于 1987 年，旨在通过设立质量奖项目，唤起企业和公众对于质量的重视和承诺。这个时期，日本企业与产品在全球大获成功，全面质量管理（Total Quality Management，TQM）在世界各国普及推广，并在实践中不断产生新的质量管理理论和方法。面对这种情况，美国企业界和政府开始倡议设立美国国家质量奖，将质量作为一项国家的重点工作，以帮助美国实现经济复苏。设立质量奖项，可以奖励在质量和提高竞争力方面做出杰出贡献的美国企业，给予他们崇高的荣誉，建立起国家在质量方面的激励机制和制度，并将获奖企业的成功经验分享推广；同时引导广大企业应用卓越绩效模式进行自我评估，促进企业持续改进，提高企业和国家的竞争力。

波多里奇国家质量奖评价的核心标准包括：有远见的、着眼于未来的领导人；战略规划；以客户和市场为中心；测量、分析及知识管理；人力资源开发；流程管理；经营成果。各项评价标准在评定中所占的比例：领导作用占比 12.5%；战略规划占比 8.5%；以客户和市场为中心占比 8.5%；测量、分析及知识管理占比 8.5%；人力资源开发占比 8.5%；流程管理占比 8.5%；经营结果占比 45%。

3. EFQM 全球卓越奖

EFQM（European Foundation for Quality Management）全球卓越奖的前身是欧洲质量奖（European Quality Award），是欧洲最具声望的质量奖项，自 1992 年起，每年颁发一次。欧洲质量奖的设立目的与美国波多里奇国家质量奖和日本戴明质量奖一样，都是为了推动质量改进运动，增强质量意识，对展示出卓越质量的企业进行认可，以提高欧洲企业在世界市场上的竞争力。

EFQM 全球卓越奖的评价模式包含八个主导概念：结果导向、以顾客为中心、领导和坚定的目标、过程和事实管理、人员开发和参与不断学习、创新的改进、发展伙伴关系、公共责任。这八个概念在奖项评审中转化成可执行与评价的九大项评审项目，内容分成 32 个小项。九大项包括领导、战略与策划、人力、合作关系和资源、过程、顾客结果、员工结果、社会结果以及主要绩效结果。前五项属于实施部分（enablers），占比 50%；后四项属于成果部分（results），占比 50%。实施部分指导企业怎么做，结果部分指导企业达到具体目标。实施导致结果，来自结果的反馈帮助进一步提高实施。

4. 中国质量奖

中国质量奖是中国质量领域的最高荣誉，自 2013 年设立，每两年评选一次，旨在表彰在质量管理模式、管理方法和管理制度领域取得重大创新成就的组织和为推进质量管理理论、方法和措施创新做出突出贡献的个人。国家质量奖项的设立可以树立质量标杆，带动质量管理方法推广应用，促进在全社会营造崇尚质量、追求卓越的浓厚氛围，推动质量强国建设。

中国质量奖基本评审内容包括质量、技术、品牌和效益 4 个一级评审项目。其中，质量包括质量发展、质量安全、质量创新、质量水平 4 个二级评审项目；技术包括技术创新、技术价值 2 个二级评审项目；品牌包括品牌建设、品牌成果 2 个二级评审项目；效益包括经济效益、社会效益 2 个二级评审项目。这 10 个二级评审项目下又包含 25 个三级评审项目，形成依次展开的关系。中国质量奖设立以来，已有中国航天集团、海尔公司、格力电器、华为公司、北京同仁堂等众多知名企业获得该奖项。

本章小结

运营管理的发展演进可以从制造和服务两个视角看待，从制造视角经历了四个阶段：手工生产、批量生产、大规模生产、超越大规模生产。

运营管理的主要内容包括运营思想与战略、运营系统设计、运营系统运行、运营系统改进四个部分。

质量管理经历了三个发展阶段：质量检验阶段、统计质量控制阶段和全面质量管理阶段。

质量管理领域的知名奖项包括日本戴明奖、美国波多里奇国家质量奖、EFQM 全球卓越奖以及中国质量奖。

重要术语

个性化定制   批量生产   大规模定制   全面质量管理   零缺陷
统计质量控制

第六章

市场营销与市场调研

【学习目标】

通过本章的学习，了解市场营销学和市场调研课程在工商管理专业培养计划中的作用，掌握市场营销课程的主要结构体系，了解市场调研课程的学习要求和主要内容。

【引导案例】

王老吉凉茶的品牌再定位

凉茶是广东、广西地区的一种由中草药熬制，具有清热去湿等功效的药茶。在众多老字号凉茶中，又以王老吉最为著名。王老吉凉茶发明于清道光年间，至今已有200年左右的历史，被公认为凉茶始祖，有"药茶王"之称。加多宝是位于东莞的一家港资公司，经王老吉药业特许，由香港王氏后人提供配方，该公司在中国内地独家生产、经营王老吉牌罐装凉茶（食字号）。

2002年，饮料行业发展很快，以可口可乐、百事可乐为代表的碳酸饮料，以康师傅、统一为代表的茶饮料、果汁饮料处在难以撼动的市场领先地位，竞争日益白热化。王老吉罐装凉茶是广东地方性品牌，虽然在两广、浙南地区有比较固定的消费群，但销量多年徘徊不前，面临着如何做大做强、走向全国的问题。加多宝的管理层发现，在两广地区，传统凉茶因去火功效显著，消费者普遍当成药来服用，王老吉这个上百年的老字号是凉茶的代称，并不能很顺利地让广东人接受它作为一种可以经常饮用的饮料。而在两广地区之外，人们没有凉茶的概念，王老吉以草本植物熬制，有淡淡的中药味，对于口味至上的饮料市场而言，存在不小的障碍。因此，王老吉凉茶面临着极为尴尬的境地：既不能固守两地，也无法在全国范围内推广。

2003年，加多宝公司聘请咨询公司对王老吉凉茶的品牌定位进行调研，调研人员对王老吉凉茶现有用户进行调查，以了解购买王老吉凉茶的消费者群体特征、购买动机及购买行为等情况。调查发现，两广、浙南地区的消费者主要在烧烤、外出聚餐等场合饮用王老吉凉茶，原因是担心"烧烤容易上火，喝一罐先预防一下"，或者是"健康，不会引起上火"。消费者购买王老吉的真实动机是用于"预防上火"，但对凉茶并没有治疗要求，真正上火以后消费者会采用药物，如牛黄解毒片等中草药类治疗。调查还发现，王老吉的直接竞争对手，如菊花茶、清凉茶等大多是不知名的低价产品，缺乏品牌推广，并未占据"预防上火的饮料"这一定位。而可乐、茶饮料、果汁饮料等明显不具备预防上火的功能，不构成直接的竞争。市场调查还显示，消费者认可王老吉的老字号身份、神秘中草药配方、近200年的历史等特点，王老吉凉茶有能力占据"预防上火的饮料"这一定位。

加多宝为王老吉凉茶确定了推广主题："怕上火，喝王老吉"，在传播上尽量凸显王老吉作为饮料的性质。为更好地唤起消费者的需求，电视广告选用了消费者认为日常生活中最易上火的五个场景：吃火锅、通宵看球、吃油炸食品、烧烤和夏日阳光浴，画面中人们在开心享受上述活动的同时，纷纷畅饮王老吉凉茶。结合时尚、动感十足的广告歌反复吟唱"不用害怕什么，尽情享受生活，怕上火，喝王老吉"，促使消费者在吃火锅、烧烤时，自然联想到王老吉凉茶，从而促成购买。

王老吉成功的品牌定位和传播，为这个有着悠久历史、带有浓厚岭南特色的产品带来了巨大的效益：2003 年王老吉凉茶的销售额比 2002 年增长了近 4 倍，达到 6 亿元，并以迅雷不及掩耳之势冲出广东；2004 年，虽然企业不断扩大产能，但仍供不应求，订单如雪片般纷至沓来，全年销量突破 10 亿元，以后几年持续高速增长；2010 年销量突破 180 亿元大关。

资料来源：根据网络公开资料编写。

第一节　市场营销

一、市场营销学的产生和发展

1. 市场营销的萌芽阶段

市场营销学（Marketing）是一门研究市场营销活动及其规律性的应用科学。20 世纪初产生于美国，是西方社会城市化、市场化发展的产物。

这一时期，世界主要的资本主义国家先后完成了工业革命，资本出现了积聚和集中，大规模工厂化生产开始取代个体手工作坊生产，现代意义上的社会化大生产方式促进了生产规模的扩大，提高了劳动生产率。与此同时，以泰罗为代表的工程师群体开始在企业管理实践中推广使用科学管理等管理理论、方法，这些理论与方法的主要目标是提高生产效率、增加产品产出。这些大型企业在切实地提高了生产效率后，也要面对如何扩大产品销路的问题。随着商品经济的发展，城市人口的集聚，市场竞争日益尖锐化。分销成为商业系统中亟待解决、大有可为的现实问题，大型企业逐渐开始思考如何采用各种直接和间接的措施来提高产品销量。

在这种形势下，分销、产品定价和广告等问题开始引起学者的关注，大学中开始开设相关课程，如 1905 年沃尔特·克罗西（Walter Kreusi）在宾夕法尼亚大学讲授产品市场营销课程；1910 年拉尔夫·巴特勒（Ralph Butler）在威斯康星大学讲授市场营销方法课程，并出版了一些市场营销方法方面的小册子；1912 年赫杰特齐（Hagerty）编写的第一本以《市场营销》命名的教材问世；1913 年路易斯·韦尔德（Louis Weld）在威斯康星大学开设农产品市场营销课程，并于 1916 年出版了《农产品市场营销》一书。这时的市场营销学的内容，仅限于商品分销和广告推销，现代市场营销的原理和概念尚未形成，还没有形成完整的理论。但是，这一阶段学者们关注到了传统经济理论中普遍忽视的商业活动，将商业活动从生产活动中分离出来做专门的研究，这在当时是极具创新的举动，一些营销领域的新概念被陆续提出来，初步形成了初始的学科体系。

2. 市场营销的形成阶段

从 20 世纪 20 年代到 50 年代，是市场营销学的形成时期，市场营销的研究范围在扩大，对社会的影响也逐渐扩展。

美国经济经历了 20 世纪 20 年代的快速发展和繁荣后，盲目扩大的生产带来日益膨胀的商品供应量，大大超过国内外市场相对稳定的市场容量。生产能力过剩与市场需求不足之间的尖锐矛盾导致 1929 年爆发了大范围的经济危机。从 30 年代开始，主要资本主义国家的商品市场明显呈现供过于求的状态。这时，企业界广泛关心的首要问题已经不是扩大生产和降低成本，而是如何把产品销售出去。为了争夺市场，解决产品价值实现的问题，企业主开始重视市场调查，致力于扩大销路并在实践中积累了丰富的经验。这一阶段的市场营销等同于推销或销售，研究范围局限于流通领域。

1937 年，美国全国市场营销学和广告学教师协会与美国市场营销学会合并组成了美国市场营销协会（American Marketing Association，AMA），并在全国设立了几十个分会。该协会从事市场营销研究和营销人才的培训工作，出版市场营销专刊和市场营销调研专刊，对市场营销学的发展起到了重要作用。市场营销协会的成立被认为是市场营销学发展史上的一个重要的里程碑，它标志着市场营销学已经跨出了大学讲坛，引起了整个社会的兴趣和关注，从学校到企业，从课堂到社会，营销学原理应用于实践，营销实践经验的总结又不断丰富了营销理论，既显示了市场营销学的实践性、应用性的特点，又加速了市场营销学理论的发展。

3. 市场营销的发展阶段

第二次世界大战以后，随着战时经济向和平时期转变，美国的经济实力骤然增长。战后的和平条件和科技水平的进步，促进了生产力的高度发展。社会产品数量剧增，花色品种日新月异。战后，现代跨国公司在美国获得空前的发展，它们拥有巨额的资本、广泛的经营范围，社会产品增加，供大于求，企业间的竞争更加激烈，销售矛盾更为尖锐。战后，资本主义国家先后推行高工资、高福利、高消费以及缩短工作时间的政策，在一定程度上刺激了需求，但并未引起实际购买的直线上升。消费者的需求和欲望在更高层次上发生变化，对社会供给提出了更高的要求。

传统的市场营销学侧重于商品推销的观念，越来越不能适应新形势的要求。新的形势向市场营销学提出了新的课题，促使市场营销学发生了深刻的变化。学者们提出以消费者需求为中心的市场营销新观念，将传统的"生产—市场"关系颠倒过来，企业不是生产出产品再考虑如何销售，而是以消费者为中心，根据市场需求来组织生产及其他企业活动。这一新观念导致市场营销学基本指导思想发生变化，被称为市场营销学的一次革命。市场营销理论的研究从着重商品流通过程，发展到生产前的市场调研和产品创意、销售后的顾客服务和信息反馈的营销全过程；从关注营销实施过程发展到对市场营销问题的分析、计划、实施、控制等营销管理过程。

这个时期，营销思想的领域被相当程度地扩大了，行为科学、社会学和数学等出现于市场营销学的主流研究中，市场营销学形成了自身的理论体系。许多具有重要意义的概念在这一时期被提出，如营销观念（McKitterick，1957）、4P 理论（McCarthy，1960）、品牌形象（Gardner & Levy，1955）、营销管理（Kotler，1967）等。20 世纪 60 年代，世界各大学已将市场营销学列为商学院的主要课程之一，市场营销学科开始成为商学院的支柱学科。

4. 市场营销的完善阶段

1980 年以来，社会环境发生了巨大的变化，经济全球化趋势日益明显，信息技术迅速发展。这些变化促使企业的营销活动不断面临新的挑战，市场营销既要考虑企业的各种外部环境，又要针对目标市场制定营销组合策略，以促成企业实现营销目标。在宏观环境以及产业结构不断调整的社会背景下，市场营销学领域出现了大量的新概念、新思想，如关系营销、绿色营销、体验营销、网络营销等新的营销理论与实践引起社会广泛关注，极大地丰富了市场营销学的理论内容。

随着时代的发展，不同的学科日益相互渗透，市场营销学已经与社会学、经济学、统计学、心理学等学科紧密结合，成为一门很接近实际的应用科学。市场营销学的形成和发展，与企业经营在不同时期所面临的问题及其解决是紧密联系在一起的。互联网时代，数字技术的发展为企业接触客户提供了前所未有的渠道和途径，大数据广泛地应用于营销工作中，数据挖掘、精准营销、个性化营销等成为数字时代营销管理的新特征，相关研究不断涌现，将推动市场营销学理论的进一步发展。

市场营销学在中国的传播和发展是从 20 世纪 70 年代末国内实行改革开放开始的。市场营销学从开始引入传播到推广应用，走的是一条从模仿跟随到有所创新的道路。引入期基本是以模仿为主，企业界逐渐形成营销意识，市场营销的运用热潮开始从外资企业、商业企业逐步扩展到国有企业，从消费品市场扩展到工业品市场。进入 21 世纪后，中国企业的市场营销活动开始出现一些微观创新，例如中国市场实践中的营销技术和手段，对具有中国文化特点的营销思路和方法等的探索。随着独具特色的互联网经济的发展，中国的市场营销学界已经并正在积极地对营销学理论和实践做出新的贡献。

二、市场营销学的特点与学习意义

1. 市场营销学的特点

市场营销学的研究对象是以满足消费者需求为中心的企业营销活动过程及其规律，是一门以经济科学、行为科学、现代管理理论和现代科学技术为基础的综合性应用科学。

市场营销学具有以下特点。

（1）市场营销是一门应用科学，既具有科学性又具有艺术性。市场营销于 20 世纪初从经济学的"母体"中脱胎出来，经过几十年的演变，已经成为建立在多种学科基础上的应用科学。市场营销是对市场营销活动规律的总结和概括，它阐明了一系列概念、原理和方法，是一门科学。同时，市场营销在企业中具有较高的实践性，营销实践活动必须与所处的情境紧密相关，灵活地运用相关理论，有技巧地选择营销方法。从这一点来说，市场营销活动具有较高的艺术性。

（2）市场营销既包括宏观市场营销，也包括微观市场营销。宏观市场营销从社会总体交换层面研究营销问题。它以社会整体利益为目标，研究营销系统的社会功能和效用，主要解决经济社会中生产者与消费者之间的矛盾，通过市场营销系统引导各企业生产的产品传递到广大用户手中，不断地促进社会总供需的平衡，提高整个社会的福利水平。微观市场营销活动是宏观市场营销活动的基础。微观市场营销活动的主体是企业，是从企业角度出发，有计划地组织市场营销活动，围绕产品或价值的交换，进行经营决策和管理，实现企业的营利目标。工商管理专业的市场营销学习主要集中在微观市场营销学。

2. 学习市场营销的重要意义

著名管理学家德鲁克曾说过，现代企业最重要的职能只有两个，一个是创新，另一个就是营销。从世界范围的企业管理实践来看，市场营销在不同的时期内，引起了不同行业的重视。在美国，最早认识到市场营销重要性的是日用消费品公司，如宝洁、西尔斯等公司，其次是耐用消费品公司，之后是面向工业市场的钢铁、化工、造纸等行业。20世纪80年代以来，服务行业如航空业、银行业等逐渐接受了市场营销思想。航空公司开始研究顾客对各项航空服务的态度，如时刻表的安排、行李的处理、飞行过程中的服务、态度是否友好、座位是否舒适等。近20年以来，市场营销理念已渗入世界各国的非营利组织，如学校、医院、博物馆、政府部门等。市场营销在这些行业中已引起了不同程度的兴趣，得到了不同程度的采纳。

市场营销学在企业中的地位和重要性也经历了一个演变的过程。最初，营销职能与生产职能、财务职能、人事职能等处于同样重要的地位，企业在各个职能部门之间的地位以及职能部门经理参与经营决策时的权重也都是相等的。当出现市场需求不足、竞争激烈、销售下降、成本提高等情况时，企业高层管理者往往会意识到营销职能确实比其他职能更为重要，因此在资源配置、部门经理决策权重等方面向营销部门倾斜。随着营销实践的发展和市场竞争的加剧，越来越多的企业高层管理人员认识到，市场营销部门是连接市场需求与企业反应的桥梁、纽带，要想有效地满足顾客需要，就必须将市场营销置于企业的中心地位。

学习市场营销学，有助于增强企业市场竞争力。在社会主义市场经济条件下，企业是自主经营、自负盈亏的法人实体。企业研究和运用市场营销原理，了解消费需求，分析市场环境，制定和实施有效的营销组合策略，将有助于提高企业经营能力，改善管理水平，增强企业面对环境变化的应变与竞争能力。

三、市场营销学的主要内容

1. 市场营销学的内容结构

市场营销是研究以满足顾客需求为中心的企业市场营销活动过程及其规律的学科。市场营销不同于销售或促销，销售仅仅是现代企业市场营销活动的一部分，而且不是最重要的部分。现代企业市场营销活动包括市场营销研究、市场需求预测、新产品开发、定价、分销、物流、广告、公共关系、人员推销、销售促进等。

市场营销者是指希望从他人那里取得所需资源并愿意以某种有价之物作为交换的人。市场营销者可以是卖方，也可以是买方。假如有几个人同时想买正在市场上出售的某种奇缺产品，每个准备购买的人都尽力使自己被卖方选中，这些购买者就都在进行市场营销活动。如果买卖双方都在积极寻求交换，那么，我们就把双方都称为市场营销者，并把这种情况称为相互市场营销。

市场营销学的主要应用领域是企业，为了适应企业产品经营和销售业务的需要，微观市场营销学日益与经营决策和管理相结合，形成市场营销原理和市场营销管理两大系列，主要包括市场分析、目标市场营销、市场营销组合、营销活动组织、营销创新等内容，基本框架如图 6-1 所示。

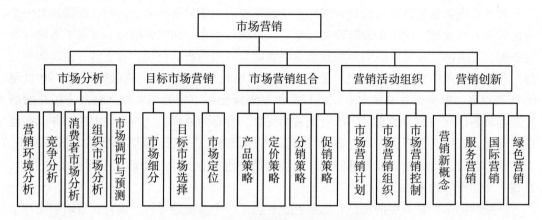

图 6-1　市场营销学基本框架

资料来源：郭国庆，《市场营销学通论》，中国人民大学出版社 2022 年版，作者整理绘制。

2. 市场分析

市场营销分析包括营销环境分析、竞争分析、消费者（组织）市场分析、市场调研与预测等内容。

营销环境分析是指对影响公司的市场和营销活动的各类因素与动向进行监控与分析。外界环境对企业生存和发展有着重要的影响，每个企业都和市场营销环境的某个部分相互影响、相互作用。企业的外界环境总是处于不断变化的状态之中。在一定时期内，经营最为成功的企业一般是能够适应相关环境的企业。企业得以生存的关键，在于它在环境变化需要新的经营行为时所具有的自我调节能力。适应性强的企业总是随时关注环境的发展变化，通过事先制定的计划来控制变化，以保证现行战略对环境变化的适应。

竞争分析是识别企业的主要竞争者，了解每个竞争者在市场上追求的目标和实施的战略，通过分析竞争者具备的各项能力了解其优势、劣势，在此基础上判断竞争者对降价、促销、推出新产品等市场竞争战略的反应。通过竞争者分析，企业可以明确自己在同行业竞争中所处的位置，进而结合自己的目标、资源和环境，以及在目标市场上的地位等来制定市场竞争战略。

消费者市场分析和组织市场分析是指对企业的两类主要顾客进行分析。消费者市场是指所有为了满足个人消费而购买产品和服务的个人和家庭所构成的市场。组织市场是指所有为满足其各种需求而购买产品和服务的组织机构所构成的市场。分析影响两类顾客购买行为的主要因素及其购买决策过程，对于开展有效的营销管理活动至关重要。

3. 目标市场营销

通过市场分析，企业发现了有吸引力的市场机会后，还要进一步进行市场细分、目标市场选择和市场定位。

市场细分是指营销者通过市场调研，依据消费者的需要和欲望、购买行为和购买习惯等方面的差异，把某一产品的市场整体划分为若干消费者群体的市场分类过程。每个消费者群体都是一个细分市场，每一个细分市场都是由具有类似需求倾向的消费者构成的群体。

目标市场选择是指经过市场细分后，企业准备以相应的产品或服务，满足具有相似需要的一个或几个细分市场的决策。这一选择是在市场细分的基础上进行的，是企业依据自身的经营条件而选定或开拓的特定需要的市场。

市场定位是对企业的产品或服务进行设计，从而使其能在目标顾客心目中形成独特的、有价值的市场形象。市场定位的实质是将本企业的产品与其他企业严格区分开来，并使顾客明显感觉和认知这种差别，从而在顾客心目中留下特殊的印象。

4. 市场营销组合

市场营销组合是指企业为进入目标市场、满足顾客，整合、协调使用的市场营销手段，主要包括产品（product）、价格（price）、地点（place）和促销（promotion），即"4P"。

产品策略是企业为了在激烈的市场竞争中获得优势，在生产、销售产品时所运用的一系列措施和手段，包括产品定位、产品组合策略、产品差异化策略、新产品开发策略、品牌策略以及产品的生命周期运用策略。这是市场营销组合策略的基础。

定价策略是企业分析影响定价的因素，选择适当的定价方法，并灵活地运用价格这一工具来影响顾客需求。价格是营销组合因素中十分敏感又难以控制的因素，它直接关系着市场对产品的接受程度，影响着市场需求和企业利润的多少，涉及生产者、中间商、消费者等各方面的利益。这要求企业既要考虑成本的补偿，又要考虑消费者对价格的接受能力。

地点通常称为渠道或分销策略，是指企业通过适当的分销渠道，将产品和服务以适当的数量和地域分布来满足目标市场的顾客需要。主要涉及分销渠道及其结构、分销渠道策略的选择与管理、批发商与零售商管理等内容。

促销策略是指企业如何通过人员推销、广告、公共关系和营业推广等各种促销方式，向消费者或用户传递产品信息，引起他们的注意和兴趣，激发他们的购买欲望和购买行为，以达到扩大销售的目的。

5. 市场营销管理

市场营销的计划、组织和控制构成了市场营销管理的主体部分。

市场营销计划是企业在分析市场状况基础上预先制订的行动方案和规划，包括制定市场营销目标、战略计划、市场营销方案等。市场营销计划是其他行动计划的起点，是企业管理经营的重要依据。

市场营销组织是指企业内部涉及市场营销活动的各个职位及其结构，有效的组织能够跟随市场变化和技术革新而不断地进行自我调整。科学地设置市场营销组织，灵活机动地调整营销组织结构，成为现代企业在市场竞争中取胜的关键因素。

市场营销控制是指对市场营销活动进行监督、评价，控制其发展动向。通过市场营销控制，可以检查市场营销计划的执行情况，看计划与实际绩效是否一致，如果不一致或没有完成计划，就要找出原因，并采取适当措施和正确行动，以保证市场营销计划的完成，实现有效的控制。

6. 营销创新

进入 21 世纪以来，市场营销实践具有诸多的新发展，推动了营销理论的不断创新，新领域、新概念不断涌现。

市场营销组合经历了从传统 4P 组合到 4C、4R 组合的演变。4C 组合包括顾客（customer）、成本（cost）、便利（convenience）和沟通（communication）四个要素，是对传统 4P 理论框架的发展和深化。这一组合是站在消费者的立场上重新反思营销活动的诸多要素，有助于营销者更加主动、积极地适应市场变化，有助于营销者与顾客达成更有效的沟通。4R 组合包括关联（relevance）、反应（response）、关系（relationship）和回报（returns）四个要素，主要强调与顾客建立关联，通过为顾客提供价值建立长期而稳固的关系，实现企业与顾客的双赢。从 4P、4C 到 4R，反映了营销观念在不断地发展和完善，但三者不是简单的取代关系，4P 仍是营销中基础要素的框架，4C 是很有价值的理论和思路，4R 是在两者基础上的创新与发展。把三者结合起来指导营销实践，有助于取得更好的效果。

服务营销是企业通过向消费者提供服务产品来使消费者满意而进行的一系列活动。与实物产品相比，服务产品具有不可感知性、不可分离性、差异性、不可储存性和所有权缺位等特征。企业可以通过服务市场的细分、服务差异化、有形化、标准化以及服务品牌等问题的研究，制定和实施科学的服务营销战略，保证企业竞争目标的实现。

国际营销是指企业在两个或两个以上的国家，以全球性资源优化配置为手段，从事跨国界的生产经营活动。国际化营销是在全球化竞争日益激烈的形势下产生和发展起来的，跨越国界开展经营，必须考虑到目标国家的社会文化、政治法律、技术经济等环境差异，具有高复杂、高风险、高对抗的特点。

绿色营销是指企业在营销活动中，以促进可持续发展为目标，既要充分满足消费者的需求，实现企业的利润目标，也要充分注意自然生态平衡，实现消费者利益、企业利益和环境利益的协调。绿色营销不仅要求企业在日常营销活动中规划和执行绿色活动，同时也鼓励企业对促进公众绿色消费行为开展干预策略。

➡ 第二节 市场调研

一、市场调研的发展历程

1. 市场调研的起源与发展

市场调研（marketing research）是指运用科学的方法，系统地识别、收集、分析和使用各类信息，了解市场现状和趋势，为企业管理决策提供客观、准确的资料。市场调研是随着市场营销学的发展而兴起的。在社会经济和企业市场营销实践不断发展的推动下，市场调研从早期的主要针对顾客的市场调查发展到当今针对企业的市场营销乃至管理决策中所遇到的各种问题的调研，其内涵、作用和研究范围不断地发展、扩大。

1911 年，美国柯蒂斯出版公司最早设立市场调查部门，并聘请查尔斯·柯兰芝·佩林（Charles Coolidge Parlin）担任该部门的经理。当时，该公司刚刚购买了杂志《乡村绅士》，但管理层对农村市场几乎一无所知，佩林上任后首先对农具市场进行了调查，完成一份长达 460 页的报告，揭示了"农具在哪里生产，以及在何时何地卖给了谁"等问题。之后，佩林对美国 100 个大城市的零售渠道、汽车市场等进行了研究，并编写了《销售机会》一书，提出访问调查法、观察调查法和统计分析法等市场调查分析方法。佩林因在市场调查的理论和实践方面做出的贡献，被誉为市场调查的先驱。

1915 年后，美国的大公司开始陆续设立类似的市场调研部门。1923 年，阿瑟·C. 尼尔森（Arthur C. Nielsen）在美国芝加哥创建了专业的市场调查公司，进一步推动了市场调研行业的发展。1929～1939 年，美国政府和有关地方工商团体共同配合，对全美进行了一次商业普查，这次普查被称为美国市场调查工作的一个里程碑。这次调查揭示了美国市场结构的全部情况，收集和分析了各种各样的商品如何从生产者到消费者手中的过程，各种类型的中间商和分销渠道的作用以及各种中间商的营销成本，也提供了关于种种市场营销机构和商品大类的详细销售数据，提供了改进市场营销活动和减少浪费的依据，并规定每隔 5 年举行一次调查，以观察市场变动的规律。1937 年，美国市场营销协会成立，组织专家编写出版了《市场调查技术》一书，为市场调研这门学科的形成和发展奠定了重要的基础。

二战之后，企业普遍面临激烈的市场竞争，市场调研行业得以迅速发展。据统计，1948 年全美有 200 多家专门从事市场调研的公司，市场调研成为一个新兴产业，涌现出兰德公司、斯坦福国际咨询研究所等一批著名的调查公司。进入 20 世纪 70 年代，随着科学技术的进步和发展，新的观念、技术、方法不断应用于市场调研，特别是电子计算机、互联网在市场调研中得到广泛应用。

2. 市场调研行业的发展现状

市场调研行业已有近百年的发展历史，在发达国家一直有很大的市场需求，行业发展前景乐观。企业也牢固地树立了"决策之前先做调查"的观念。市场调研行业主要有如下几个特点。

（1）市场调研机构呈现多元化发展。经济全球化的发展和激烈的市场竞争促使企业越来越多地使用市场调研服务，在市场调研上的投入也大大增加。市场调研行业需求逐年稳步增长，已成为不容小觑的大市场。这一市场吸引着众多的调研机构参与竞争，调研机构数量众多。例如，仅英国伦敦一个城市就有 60 多家大型的商业性市场调研公司，中小型公司则不计其数。

随着市场调研行业的发展，调查公司开始充分发挥各自优势，形成类型各异的机构。行业中的大公司往往是提供全面服务的机构，而各类中小企业则根据自身特点向市场提供独具特色的有限服务，如具体收集数据的调查实施服务、编码和数据录入服务、专门进行定量数据处理的数据分析服务等。

（2）市场调研方法和手段不断完善。计算机技术的发展为市场调研提供了先进的手段和设备，与市场调研有关的统计软件不断开发也推动着市场调研方法的成熟和完善。这些工具和手段，大大提高了市场调研的效率。例如，利用在线问卷调查软件、数据处理和报告撰写专用软件，较短的时间即可完成传统方法需要大量人力和时间才能完成的工作。

进入 21 世纪后，迅速发展的移动互联技术和全面普及的宽带网络，给市场调研工作带来一系列的冲击和变革。移动互联网改变了消费者的购买行为和购买习惯，线上市场所占比例越来越大。同时，移动互联网也为市场调研工作提供了新的工具和手段，在传播信息方面，传统媒体已让位于微信、微博等新兴的社交媒体。新兴技术，如脑神经科学和眼动仪、人工智能、平台直播等形式都已经用于市场调研的数据采集。面对面的消费者访谈，如今通过微信和视频对话可以轻松实现。市场调研行业面临新的挑战和机遇，传统的调研方式与大数据的手段相结合，能够更快速、更精准地收集真正有效和有用的数据及信息。

（3）市场调研从业人员素质逐渐提高。市场调研行业是一个智力密集型行业，对从业人员的知识结构和专业技能具有很高的要求，专业分析人员需要综合掌握营销管理、统计学、调研工具、社会学和心理学等多学科知识。我国市场调研行业发展迅速，逐渐步入细分市场，对从业人员素质的要求在不断提高。

在国外，市场调研是一个专业化程度要求较高的行业。大学本科毕业生在这一行业中从事的最常见的工作是市场调查员，负责现场调查、数据编辑、编码等日常的基础调查工作。一般要经过相关专业训练，才可以承担调查分析师的工作，市场调查分析师的工作主要包括设计调查方案、分析原始数据和二手数据、撰写研究报告等。因此，要想从事市场调研工作，需要学习市场营销课程，学习统计学和定量分析方法的课程，掌握计算机技术和网络使用等相关知识，选修心理学和消费者行为学课程，掌握良好的书面和口头沟通技能。最后，具备创造性思维也是在市场调研领域取得成绩的重要能力。

二、市场调研的作用

1. 有利于企业制定正确的战略决策

市场调研是企业了解外部环境的重要手段。通过调研，可以向管理层提供准确、可靠、有效和及时的信息，为战略决策打下坚实基础。企业战略是关于企业长远发展的纲领性文件，是为了使企业适应未来环境的变化而制定的有长远目标的企业整体规划，关系到企业在竞争环境下的生存与发展。企业在制定战略计划时，必须进行系统、周密的市场调研，为制定战略决策提供可靠的信息。这样才能保证企业的发展方向是正确的，企业的战略目标是可行的，企业的经营策略同外部环境是相适应的。制定战略是企业高层管理者最主要的职能，在现代企业管理中处于核心地位，是决定企业经营成败的关键。

2. 有利于企业发现市场机会

随着经济的发展和社会的进步，人们的观念及需求也在不断发生变化。对企业来说，环境变化意味着新的市场机会。市场调研可以使企业及时掌握市场环境的变化，并且积极主动地适应这种变化，从中寻找到企业的市场机会，为企业带来新的发展机遇。为了在竞争中占据主动地位，企业必须不断地寻找新的经济增长点。随着科学技术的进步，新技术、新工艺不断涌现，新产品不断上市。企业只有通过市场调研，分析产品处在市场生命周期的哪个阶段，并分析市场空缺，才能确定在什么时候开发研制、生产和销售新产品，以满足消费者的需求，把握市场机会，使企业在市场竞争中处于不败之地。

3. 有利于企业提高竞争力

现代市场已经由卖方市场转变为买方市场，消费者成为市场的主体，市场竞争非常激烈。企业要想在竞争中取胜，就要比竞争者更好地满足目标消费者的需要。消费者的需求多种多样，而且还会发生变化。企业只有通过市场调研，才能了解和掌握消费者的需求变化情况并进行准确的市场定位，提供消费者所需要的产品和服务，真正满足消费者的需要，提高在市场上的竞争力。

很多大公司都很注意对消费者需求的调查，例如，美国福特汽车公司对自己的新车型设计利用市场调研方法进行检验。公司邀请客户在预定的路线上驾驶新汽车。同时，派一位受过训练的调查人员坐在驾驶员的旁边，记录驾驶员对汽车的全部反应。驾驶结束后，给每位参与者一份长达 6 页的调查问卷，询问参与者对汽车每一部分优缺点的评价。通过参与者提供的信息，福特汽车公司就可以了解到消费者对其新车型的反应，然后进行适当的改进，使之更受目标消费者的欢迎。

三、市场调研的主要内容

1. 市场调研的主要内容

市场调研的主要内容包括市场基本环境调研、市场需求调研、消费者行为调研、产品调研、定价调研、渠道调研、广告与促销调研等各个方面。

（1）市场基本环境调研。市场营销环境是企业生存和发展的基础，现代市场营销环境的复杂性和动荡性都在增加，导致企业越来越难以适应环境，进一步突出了市场环境调研的重要性。市场环境调研包括经济环境、自然环境、政治法律环境和社会文化环境的调查。

（2）市场需求调研。市场需求调研包括市场需求总量、细分市场及目标市场的需求调研、市场份额及其变化情况调研。这项调研是企业开展新业务的重要切入点，例如，20世纪 90 年代初，台湾顶新公司的市场研究人员发现，在日本、韩国，以及中国台湾，随着人们收入水平的提高，方便面的人均消费量经历了一个高速增长的阶段，而当时中国大陆的方便面消费还处于极低的水平，因此，顶新公司的市场研究人员预计方便面的市场需求存在巨大的增长潜力。1991 年，顶新公司在天津建厂，推出"康师傅"牌方便面，取得了成功。

（3）消费者行为调研。消费者行为调研包括消费者购买心理、购买动机、购买行为以及影响消费者购买决策的主要因素，消费者满意度调查等内容。例如，可口可乐公司通过市场调查发现，人们在每杯水中平均放两三块冰，喜欢饮料机放出的饮料温度是 35℃；100 万人在早餐时喝可乐；每人每年会看到 69 次该公司的商业广告；美国每人每年消费156 个汉堡包、95 个热狗、283 个鸡蛋等。这些数据使公司了解了顾客买什么、在哪里买、为什么买和什么时候买等情况，是公司开展营销活动的基础。

（4）产品调研。产品调研包括新产品的设计、开发和试验，市场对新产品的认可和购买潜力，现有产品的改进、检验和包装设计，以及消费者对产品款式、性能、材料、质量等方面的偏好预测等。国际上许多知名公司在推出新产品之前，都要进行从产品概念测试、市场潜力预测到市场试销等一系列研究。2008 年，丰田公司在推出雅力士车型之前，对目标消费者的偏好进行了针对性研究，该车型的主打颜色分别按男女选择了黑色和紫色，特别是紫色，在汽车颜色中非常醒目，充分体现了该车型时尚和个性的市场定位。

（5）定价调研。定价调研包括对产品生产经营的成本费用进行调查，为合理定价提供依据；了解消费者可以接受的同类产品的各种差价；调查研究各种产品的供求曲线和供求弹性，为合理制定和调整价格策略提供依据；了解本企业产品与竞争者同类产品的价格差异及其对需求的影响；了解产品价格的合理性及价格策略的有效性；调查分析价格调整策略的可行性及预期效果等。例如企业可以使用实验的方法了解不同价格对消费者购买意愿的影响，从而确定一个最优价格。

（6）渠道调研。渠道调研包括对现有销售渠道的调查，了解本企业产品现有销售渠道的组成状况；渠道成员的作用及库存情况；各渠道环节上的价格折扣及促销情况。了解经销商的企业形象、规模、销售量、顾客类型以及所提供的服务等。了解渠道调整的成本及收益，为合理调整销售渠道提供依据。

（7）广告与促销调研。广告及促销调研包括了解各种广告媒体及各种促销媒体的特征、费用及效果，以便正确地选用促销媒体；了解目标消费者的媒体使用习惯及消费心理，以便有针对性地开展促销活动；运用定性和定量方法，分析各种促销手段的认知率、促销率及收益成本比，以便选择合理的促销决策等。

2. 市场调研过程

在市场调研的教学中，目前大部分教材基本按照调研过程来安排章节，主要包括确定调查问题、设计调研方案、收集数据、处理与分析数据、撰写调研报告等几大步骤。

（1）确定调查问题。确定调查问题是市场调研的第一步，也是相当重要的一个步骤。在这一步骤中，应当考虑调研目的、调研背景、所需信息及其在决策中的作用。调研问题一般来自企业实践中迫切需要解决的现实问题，或是具有潜在应用价值的问题。如不少传统老字号企业面临数字化转型，计划减少线下门店数量，建立线上销售平台，开展互联网营销，这时对互联网渠道开展调研就是企业需要进行研究的问题。确定调查问题需要与企业中的管理者进行沟通，向业内专家咨询，分析二手资料和数据，有时甚至需要进行专题访谈等定性研究。只有准确地定义了问题，才能正确地设计和开展调研。

确定市场调查问题包括经营管理决策问题和具体的市场调查问题这两个层面的内容。经营管理决策问题是指企业管理者在经营中所面临的问题，如近期企业的某个产品系列销量下滑，经营管理决策问题就是如何阻止这种下滑趋势，恢复市场份额。针对销量下滑可能有多个行动方案，如改进现在产品质量、推出新产品系列、改变营销策略、进一步细分市场等，如通过与管理者交流或专家咨询等工作，认为目前市场细分不恰当，那么可以将"针对该系列产品，为进行有效的市场细分提供信息"确定为具体的市场调查问题。

（2）设计调研方案。调研方案是完成市场调研所需要遵循的计划，要详细描述调研人员为了解决某一问题所制订的数据收集、处理、分析、解释与报告的预定计划和构想。调研方案相当于一项工程的设计图和施工方案，是市场调研的核心内容，也是内容比较繁杂的工作。调查方案设计应当全面、周到、翔实，兼顾各种可能出现的情况和问题，提出尽可能详细的解决办法，否则会给实际调研带来很大困难，一旦调研工作开始，修改方案几乎是不可能的，尤其是涉及面广、参与人员多的大型调查。

在制定调研设计时，除了调研目的和内容外，还需要考虑所需人员、经费、时间和技术上的可行性等客观条件。只有符合实际情况的调研方案，才能在实地调研中真正发挥作用。调研方案设计应尽量充分发挥调研活动所支配的人力、财力和物力的效用，平衡调研费用支出与研究精度之间的关系，争取用有限的投入获得最大的调研收益。

（3）收集数据。数据收集是按照调研设计的要求，对被选中的调查对象收集信息的过程。市场调研人员的数据有两种来源：一手数据和二手数据。一手数据的收集方法包括定性研究、问卷调查法、观察法、实验法等。调研人员可以选择入户访问、计算机辅助访问、电话调查、邮寄问卷、网络问卷等形式来获取一手调查数据，还可以使用实验、观察等方法获得相关数据。

二手数据源于那些出于其他目的而收集的资料和数据，可以来自企业内部，也可以来自企业外部。内部数据包括公司报表、销售工作报告、内部信息系统等，外部数据包括统计局数据、商业调查机构发布的行业分析报告、商业数据库等。二手数据获取成本较低，应尽量利用已有二手数据解决问题，只有在不能满足需要时才考虑收集一手原始数据。

（4）处理与分析数据。数据处理是指把调查中采集到的数据转换为适合汇总制表和数据分析的形式，这一阶段的工作包括数据的编辑、编码、录入和核实。将收集的问卷录入形成数据文件，对问卷的完整性、逻辑性进行审查，以剔除严重缺失和明显有误的数据。数据处理工作比较费时、费力，但对调查数据的最终质量和统计分析却有很大的影响。因此，对处理工作进行周密的计划以及对实施质量进行监控非常重要。

数据分析是指运用统计分析技术对采集到的原始数据进行运算，由此对调查对象进行定量的描述与推断，以揭示事物内部的数量关系与变化规律。数据分析通常包括对某个调查对象的特性描述、对不同调查对象的比较、对调查对象的分类以及对事物之间联系的分析，一般要用统计软件或专门的分析软件来完成，常用的数据分析软件包括 SPSS、SAS、EViews、社会网络分析软件等。

（5）撰写调研报告。撰写调研报告是市场调研的最后一个步骤。调研报告要将项目的最终成果用书面形式充分展示出来，对于企业了解市场情况、分析有关问题、制定管理和发展计划等有着重要作用，为管理决策提供必要依据。一份完整的书面报告内容包括具体调研问题、研究框架与设计、数据收集与分析、研究结果以及主要结论。

调研报告应尽量清晰明了，以便管理者能充分理解并在决策中使用这些调研成果。报告应适当使用图表清晰地描述问题，并结合口头报告，使研究过程、结果及建议一目了然。

本章小结

市场营销经历了四个发展阶段：萌芽阶段、形成阶段、发展阶段和完善阶段。

市场营销学是一门以经济科学、行为科学、现代管理理论和现代科学技术为基础的综合性应用科学。市场营销既是一门科学，又是一门艺术。市场营销既包括宏观市场营销，也包括微观市场营销。

市场营销课程的内容包括市场分析、目标市场营销、市场营销组合、市场营销管理、营销创新等。

市场调研是指运用科学的方法，系统地识别、收集、分析和使用各类信息，了解市场现状和趋势，为企业管理决策提供客观、准确的资料。

市场调研有利于企业制定正确的战略决策、有利于企业发现市场机会、有利于企业提高竞争力。

市场调研的主要内容包括市场基本环境调研、市场需求调研、消费者行为调研、产品调研、定价调研、分销调研，以及广告与促销调研。

市场调研包括确定调查问题、设计调研方案、收集数据、处理与分析数据、撰写调研报告五个步骤。

重要术语

市场营销　　4P　　4C　　4R　　市场调研

第七章

财务管理与会计学

【学习目标】

通过本章的学习，使学生了解财务管理和会计学的发展历史，掌握财务管理的主要内容体系，了解会计学的学习意义和基本内容。

【引导案例】

腾讯控股的财务管理活动

腾讯控股有限公司（以下简称"腾讯"）于1998年11月由马化腾、张志东、许晨晔、陈一丹、曾李青五位创始人在深圳市共同创立。腾讯的发展速度不容小觑，于2004年在香港上市，经历了20多年的发展，现在已成为中国最大的互联网企业之一，在中国互联网用户规模和综合服务提供方面占据领先优势。

腾讯主要经历了以下四个发展阶段。

1. 创业期（1998~2004年）

腾讯自主研发了基于即时通信的网络工具，如QQ等，并围绕这些工具进行研发关联产品和服务，为开拓数字内容业务奠定基础。

2. 生态构建期（2005~2011年）

提出"在线生活"战略新主张，构建数字内容生态闭环。从单一的社交平台向一站式生活平台转变。这一时期，腾讯孕育孵化了QQ音乐、QQ空间、腾讯游戏、腾讯视频等众多明星产品，形成了数字内容的泛娱乐生态圈。

3. 转型增长期（2012~2017年）

从PC互联网走向移动互联网，在时代风口上高速发展，开放扩张。腾讯影业、阅文集团、腾讯音乐相继成立。

4. 再次创业期（2018年至今）

2018年前后，中国移动互联网人口红利趋于见顶，腾讯由消费互联网转向产业互联网，深耕产业数字化和数字产业化。自此，腾讯从连接人、服务与设备，到连接企业和未来科技，努力实现对金融、教育、医疗、零售等产业领域的全覆盖。

投资是腾讯业务板块中最重要的一部分，截至2020年，腾讯已投资800多家公司，其中70多家已上市，超过160家成为市值或估值超10亿美元的独角兽企业。在生态构建期，腾讯根据当时的"泛娱乐战略"将投资对象定位于B站、猫眼电影、新丽传媒等公司，完善泛娱乐生态圈；2013年，腾讯在转型增长期提出"'互联网+'，连接一切"的开放战略，由内封闭的发展模式转型为开放性生态圈。投资是建立生态圈的有效方式，这一阶段腾讯的投资进入游戏、搜索、电商、杀毒等领域，如腾讯接连投资了易迅、好乐买、珂兰钻石、京东等垂直领域电商网站，采取合作方式来放大自身价值。

2018 年处于再次创业期的腾讯，提出了"扎根消费互联网，拥抱产业互联网"的口号，在投资方面腾讯提出更积极的战略，投资力度也开始加大，以增强其在互联网视频、支付相关服务、云服务和人工智能技术方面的竞争优势。腾讯的生态圈边界不断延伸，生态圈版图不断扩张，2019~2020 年为了巩固游戏霸主地位，进入直播行业，分别投资了斗鱼直播、虎牙直播。2022 年，腾讯的投资主要涉及三个领域：医疗、游戏和金融科技。腾讯通过参股、控股以及收购等各种投资手段将自身的业务版图无限延伸，几乎覆盖中国资本市场当前所有的业务板块，构建出具体多元主体且互利共赢的平台生态圈。

现阶段，对正启动战略升级的腾讯来说，财务部门在承担管理活动的职能部门当中已具有举足轻重的地位。财务部门参与决定企业未来战略的走向，从事前的目标制定到项目执行效果的评价，全方位参与业务活动。财务管理也由传统的融资职能转变为主动参与企业日常经营、为企业创造价值的管理职能。

资料来源：根据网络公开资料编写。

第一节 财务管理

一、财务管理的产生和发展

财务管理（financial management）是对企业经济活动中资金的管理。作为一门独立的学科，财务管理最早产生于 19 世纪末，发展于 20 世纪。特别是在 20 世纪中期，随着生产规模的不断扩大，金融市场的逐步完善，计算手段的迅速提高，财务管理的理论和方法也取得了令人瞩目的发展。财务管理发展至今，大体经历了以下几个阶段。

1. 财务管理的萌芽阶段

企业财务管理大约起源于 15 世纪末 16 世纪初。当时西方社会正处于资本主义萌芽时期，地中海沿岸一带城市的商业发展迅速，许多城市出现了由公众入股的商业组织，入股的股东有商人、王公、大臣以及一般市民等。这种股份经济往往由官方组织、监督其中的业务，股份不能转让，但是投资者可以收回其中的股份。商业股份经济的发展客观上要求企业合理预测资本需求量，并有效筹集资本。但由于此时企业对资本的需求量不是很大，筹资渠道和筹资方式比较单一，企业的筹资活动仅仅附属于商业经营管理范畴，并没有形成独立的财务管理职业，财务管理尚处于萌芽状态，这种情况一直持续到 19 世纪末 20 世纪初。

2. 财务管理的初期阶段

19 世纪末 20 世纪初，伴随着工业革命的蓬勃发展，生产规模的不断扩大，传统家庭手工业被现代化机器大工业取代，各种新兴的产业部门大量涌现，企业重组、兼并盛行，其结果是股份公司逐渐成为占据主导地位的企业组织形式。当时企业面临的主要问题是如何筹措资金以满足迅速扩充的需要，因此许多公司纷纷建立了财务管理部门，这也标志着财务管理成为一种独立的管理职业。此时财务管理的重点是研究企业的合并及重组、新企业的设立、企业证券发行等有关法律事务，适时、有效地为企业筹集资金以及合理安排资本结构成为财务管理的最初职能。在这种经济环境下，财务管理开始作为一门独立的管理学科，从经济学的领域中分离出来。

这一时期财务管理的研究重点是筹资，主要目标是实现资本成本最小化。主要财务研究成果有：1897 年，美国财务学者托马斯·格林（Thomas Greene）出版了《公司财务》，详细阐述了公司资本的筹集问题，该书被认为是最早的财务著作之一，标志着财务管理学科的诞生；1910 年，爱德华·米德（Edward Meade）出版了《公司财务》，主要研究企业如何最有效地筹集资本，该书为现代财务理论奠定了基础。

3. 财务管理的中期阶段

1929 年爆发的世界性的经济危机和 20 世纪 30 年代西方经济整体的不景气，迫使许多企业相继倒闭，投资者损失严重。这时，破产、改组以及处理残余资产成为许多企业面临的主要问题。此时处理企业破产、恢复和发展企业经济实力以保护投资者的利益成为财务管理的主要任务，其研究的重心不再是企业的扩张，而是企业的生存。同时，为了保护广大投资人和债权人的利益，各国政府纷纷加强了对证券交易和财务信息的披露立法，同时加强对企业的控制和干预。例如，美国在 1933 年、1934 年相继通过《联邦证券法》和《证券交易法》，要求公司发放证券前必须向证券交易委员会注册登记，还要向投资人提供说明书用以说明公司的财务状况和其他相关情况，企业也必须按照规定的模式向证券交易委员会定期报告财务状况。此举使得企业外部人员可根据公布的有关信息进行财务分析，从而使证券管理这一财务管理的主要职能得到了进一步发展。

20 世纪 30 年代后，财务管理的重点开始从扩张性的外部融资，向防御性的内部资金控制转移，这一时期财务管理的研究重点是法律法规和企业内部控制。因此西方财务管理学家将这一时期称为"依法财务管理时期"。各种财务目标和预算的确定、债务重组、资产评估、保持偿债能力等问题，开始成为这一时期财务管理研究的重要内容。

4. 财务管理的近期阶段

20 世纪 50 年代后期，随着新技术的开发与利用，以及激烈的市场竞争和买方市场趋势的出现，企业更加注重设备的更新换代。此时，大多数企业认为仅仅依靠扩大融资规模、增加产品产量已不能适应新形势的发展，企业财务面临的主要问题是如何进行资本支出预算，进而实现合理配置企业资源的目的。因此财务管理研究的重点由资金筹措转向资金运用。在这一时期，企业财务管理的重点由外部法律问题转移到加强企业内部管理和决策上。资金的时间价值引起财务经理的普遍关注，以固定资产投资决策为研究对象的资本预算方法日益成熟，财务管理的重心由重视外部融资转向注重资金在公司内部的合理配置，公司财务管理发生了质的飞跃。1951 年，美国财务学家乔尔·迪安（Joel Dean）出版著作《资本预算》，这本书对财务管理由融资财务管理转向资产财务管理的飞跃起到了决定性的影响。

20 世纪 60 年代，统计和优化理论的数学模型开始应用于企业流动资产和固定资产的管理与分析，使财务管理迅速朝着"严谨的数量分析"方向发展。这一时期，财务管理的重点包括最佳资本结构的组合、投资组合理论及其对企业财务决策的影响。1964 年，威廉·夏普（William Sharpe）等人在哈里·马克维茨（Harry Markowitz）理论的基础上，系统地阐述了资产组合中风险和收益的关系，从而提出了著名的资本资产定价模型（capital asset pricing model，CAPM），资本资产定价模型使得资产组合理论发生了革命性变革。该时期以研究财务决策为主要内容的"新财务论"已经形成，其实质是注重财务管理的事先控制，强调将公司与其所处的经济环境密切联系，以资产管理决策为中心，将财务管理理论向前推进了一大步。

5. 财务管理的现代阶段

20 世纪 70 年代，金融工具，特别是衍生金融工具的推陈出新，公司财务实践与资本市场的联系日益加强。认股权证、金融期货等风险管理工具广泛应用于公司筹资与对外投资活动，推动财务管理理论日益发展和完善。以期权定价理论为主的各种风险衡量模式的出现，使财务管理发展到一个崭新的水平。此时财务管理的重点是如何运用各种模式评估投资和筹资风险。

20 世纪 80 年代以后，随着世界范围内新技术革命浪潮的冲击，传统的财务管理正日益受到挑战。与此相适应，一些新的财务领域正逐渐被开辟出来，如通货膨胀财务、国际财务、电算化财务等。今后财务管理的发展方向将是在传统财务的基础上，吸收兼容一些宏观经济的理论与方法，使财务管理的空间进一步扩大，形式、内容和方法更加充实和完善。由此形成的企业财务管理，不仅从微观层次上讨论资金的筹措、使用和分配问题，而且还将从宏观的角度探索关于组织财务活动、处理财务关系等一系列问题，使其成为在更高层次上和更大范围内发挥作用的新型管理科学。

二、财务管理课程特点和学习意义

1. 财务管理课程的特点

财务管理课程的性质属于管理学范畴，是一门以微观经济学为理论基础、以资本市场为课程背景、以现代企业为研究对象，阐述财务管理的基本理论和方法的应用型学科，是工商管理本科专业的必修课程。

财务管理课程的教学目标是培养学生了解和掌握企业财务管理的基本理论、基本知识和基本技能。财务管理是一门理论性与务实性比较强的学科，如筹资决策、投资决策等内容，既要求学生理解和掌握其相关的理论知识、方法，又要求学生具备筹资决策分析、投资决策分析运用的能力，能根据实际情况灵活运用这些理论知识、方法，解决企业实践中存在的问题。

财务管理的课程内容体系包括理论教学和实践教学两部分。理论教学涉及融资决策、投资决策、利润分配决策、营运资金管理等方面，实践教学包括课堂实践、课外实践和校外实践，各部分相互联系，是一个完整的体系。除此之外，由于财务管理在企业运营中的重要作用，企业还要求财务管理人员必须恪守职业道德规范、提高自身的专业能力，提升对市场、风险的敏感性和树立大局意识。

2. 学习财务管理课程的重要意义

财务管理是企业管理工作的重要组成部分。财务管理是企业的重要职能之一，财务管理参与企业的投资决策、保证企业决策的实施以及控制管理企业的各项生产活动。通过给予完整准确的财务信息来为企业的领导决策提供重要依据。企业得以实现利润最大化目标是以良好的财务管理为基础的。以财务管理为中心，要求企业不仅重视资本的盈利性，即尽可能多地获得长期、稳定、实在的利润，而且要重视资本的流动性，即保持最佳的资本结构，提高资本利用率和资本利润率。学习财务管理，有利于工商管理专业的学生了解企业的财务活动，为企业进行科学的管理决策提供了坚实的基础。

工商管理专业的大学生通过学习和掌握财务管理，可以为将来从事财务管理的相关工作奠定基础。财务管理学是工商管理专业的一门必修课程。通过学习财务管理，学生将掌握组织财务活动的基本方法和基本技能，并尝试利用所学到的理论知识进行分析和研究，做到初步对财务管理工作入门，再加上其他相关专业知识，能够为将来顺利从事财务管理以及综合管理类工作奠定基础。

三、财务管理的内容框架

财务管理是企业组织财务活动、处理财务关系的一项经济管理工作。财务活动是指企业的资金收入和支出的总称，其中以现金的收支为主。财务关系是指企业在生产经营活动中与各方面利益相关者发生的经济关系，如所有者、债权人、投资者等。目前财务管理的内容主要包括筹资管理、投资管理、营运资金管理、收益与分配管理四个方面。

1. 筹资管理

资金是企业的血液，是企业设立、生存和发展的财务保障，也是企业开展生产经营业务活动的基本前提。任何一个企业，为了形成生产经营能力、保证生产经营正常运行，必须持有一定数量的资金。在正常情况下，企业资金的需求，来源于两个基本目的：满足经营运转的资金需要与满足投资发展的资金需要。企业在进行筹资活动时，要使筹资风险在掌控之中，这样才能避免在外部环境发生变化时企业因无力偿还债务导致的破产问题，因此筹资活动是企业重要的一项财务活动。

企业在创立时，要按照规划的生产经营规模，核定长期资本需要量和流动资金需要量；企业正常营运时，要根据年度经营计划和资金周转水平，核定维持营业活动的日常资金需求量；企业扩张发展时，要根据生产经营扩张规模和对外投资对大额资金的需求，安排专项资金。由此，就产生了筹资管理的概念。

筹资管理是指企业根据其生产经营、对外投资和调整资本结构的需要，通过筹资渠道和资本（金）市场，运用筹资方式，经济有效地筹集企业所需的资本（金）的财务行为。筹资管理需要解决企业为什么要筹资、要筹集多少资金，从什么渠道筹集资金、用什么方式筹集资金，以及如何协调财务风险和资本成本、合理安排资本结构等问题。筹资的方式主要有筹措股权资金和筹措债务资金，筹资的数量、质量和风险直接影响着企业的投资管理、营运资金管理和利润分配管理。筹资管理的目的是满足公司资金需求，降低资金成本，增加公司的利益，减少相关风险。

2. 投资管理

所谓投资，主要是指企业为了获得一定的经济利益，利用自身拥有的资金等资源，向目标对象进行一系列优化资源配置和组合的经济行为，其目的是在未来的一段时期内获得与风险相匹配的报酬。企业的投资必须以财务管理的目标为标准，遵循国家相关的财务管理规定，有效地配置资金，合理地使用资金，强化财务预算和财务监督，使资金的使用既合理又合法。

投资管理是企业进行生产的必要手段，是降低风险的重要途径，同时也是企业实现财务管理目标的根本前提。投资决策是企业通过科学的资本预算、决策，合理确定投资的流向和数量，以期获得最佳的投资效益。如果投资决策不科学、结构不合理，那么投资项目往往不能达到预期的效益。投资决策的正确与否，关系到企业的兴衰成败，因此企业要科学地做好投资管理。

3. 营运资金管理

营运资金管理是对企业流动资产及流动负债的管理。一个企业要维持正常的运转就必须要拥有适量的营运资金，因此，营运资金管理是企业财务管理的重要组成部分。营运资金管理以满足正常资金需求、提高资金使用率、节约资金成本以及维持短期偿债能力为原则。营运资金管理可以提高企业的经济效益、规范企业的财务管理以及降低企业的财务风险。

营运资金是指企业生产经营活动中占用在流动资产上的资金，从会计的角度看，是指流动资产与流动负债的净额。如果流动资产等于流动负债，则占用在流动资产上的资金是由流动负债融资；如果流动资产大于流动负债，则与此相对应的"净流动资产"要以长期负债或所有者权益的一定份额为其资金来源。从财务角度看营运资金应该是流动资产与流动负债关系的总和，在这里"总和"不是数额的加总，而是关系的反映，这有利于财务人员意识到，对营运资金的管理要注意流动资产与流动负债这两个方面的问题。

流动资产是指可以在一年以内或者超过一年的一个营业周期内实现变现或运用的资产，流动资产具有占用时间短、周转快、易变现等特点。企业拥有较多的流动资产，可在一定程度上降低财务风险。流动资产在资产负债表上主要包括以下项目：货币资金、短期投资、应收票据、应收账款和存货。

流动负债是指需要在一年或者超过一年的一个营业周期内偿还的债务。流动负债又称短期融资，具有成本低、偿还期短的特点，必须认真进行管理，否则将使企业承受较大的风险。流动负债主要包括以下项目：短期借款、应付票据、应付账款、应付工资、应付税金及未交利润等。

4. 收益与分配管理

收益是指会计期间内经济利益的增加，其重要特征为"能导致所有者权益的增加"。在财务管理中，收益主要是指企业收入和利润。收益与分配管理是对企业收益与分配的主要活动及其形成的财务关系的组织与调节，是企业将一定时期内所创造的经营成果合理地在企业内外部各利益相关者之间进行有效分配的过程。它可以确定合理的分配政策以及正确处理各项财务关系，集中体现了企业所有者、经营者与劳动者之间的利益关系。企业的收益分配有广义和狭义两种概念。广义的收益分配是指对企业的收入和净利润进行分配，包含两个层次的内容：第一层是对企业收入的分配；第二层是对企业净利润的分配。狭义的收益分配则仅仅是指对企业净利润的分配。

企业通过经营活动取得收入后，要按照补偿成本、缴纳所得税、提取公积金、向投资者分配利润等顺序进行收益分配。对于企业来说，收益分配不仅是资产保值、保证简单再生产的手段，同时也是资产增值、实现扩大再生产的工具，需要遵循依法分配、分配与积累并重、兼顾各方利益、合理分配与投资和收益对等的原则。收益分配可以满足国家政治职能与组织经济职能的需要，是处理所有者、经营者等各方面物质利益关系的基本手段。

➡ 第二节　会计学

一、会计的产生与发展

1. 会计的萌芽阶段

会计的萌芽阶段是指从旧石器时代中、晚期到奴隶社会这一时期。会计的产生经历了一个漫长的历史时期。在世界上一些文明古国中，如中国、埃及、巴比伦、印度和希腊等，都曾留下过对会计活动的相关记载。人类最基本的物质生活需要——衣食住行都离不开生产活动所创造的物质资料。在进行生产活动时，人类要进行物质资料的生产，必然要关心其生产成果，并力求在尽量少的劳动时间内创造出尽量丰富的物质财富。基于此，人类很早就意识到，在进行物质资料生产的同时需要记录、计算和汇总生产过程，并将劳动耗费和劳动成果加以比较和分析，借以掌握生产活动的过程和结果，更加合理地安排生产。因此，会计就应运而生了。

在社会生产力水平极其低下的情况下，人类的生产活动十分简单，劳动耗费和劳动成果仅凭人脑进行简单思考和记忆就能完成，无须专门地记录、计算，也就无须会计。随着生产力的发展，人类的生产活动日趋复杂，仅凭人脑的记忆和简单的计算已经不能满足当前的需要。于是出现了刻石、泥板、算板等简单的记数、记录行为。自旧石器时代中晚期开始到奴隶社会繁荣时期为止，产生了最原始的计量、记录行为，这些行为就是会计活动产生的萌芽。

2. 古代会计阶段

古代会计是指从奴隶社会到封建社会这一时期的会计。直到奴隶社会繁荣时期，真正意义的会计特征才显现出来。这一时期，生产力发展到一定水平，人类生产活动出现了大量的剩余产品，需要大量地记数、记录工作。此时，人们已经无法在"生产之余"去完成记数、记录工作，于是会计工作从生产职能中分离出来，成为一项独立、专门的管理工作。在这一时期，记账方法主要采用单式记账，计量上主要采用实物计量单位。

在中国，远古时代就出现了"结绳记事""刻木记事"等行为，这些可以看作最为原始的会计行为的代表。"会计"一词最早出现于西周，据《周礼》记载，周王朝设立了"司会"一职，专门掌管政府的钱粮收支。当时把每个月的零星计算称为"计"，把年终的综合计算称为"会"。这时的会计主要是对国库钱粮收支进行记录和计算，也包含监督的意思，以考核官吏的地方管理和财务收支情况。西汉时期，官府和民间都有了被称作"计簿"或"簿书"的账册，中式簿记开始逐步发展完善。唐宋两代，随着经济的发展，我国的会计方法又有了新的发展，创建和运用了"四柱结算法"，其中的四柱是指旧管、新收、开除、实在，分别表示为期初结存、本期收入、本期付出和期末结存。其平衡关系为：旧管 + 新收 - 开除 = 实在。四柱结算法是我国会计发展的一个杰出成就。这种方法的基本原理至今仍被现代会计所采纳。

明末清初，我国民间商业核算采用以四柱结算法为基础的"龙门账"。"龙门账"将经济业务系统分为"进"（收入）"缴"（费用）"存"（资产）"该"（负债及业主权益）四大类，分别设立账目进行核算，其关系为进 - 缴 = 存 - 该。该公式相等时，称为"合龙门"。在此基础上，清朝后期又创立了"天地合账"，即对每一笔经济业务都从"来源"和"去向"两个方面考查，全面反映经济业务的内容和来龙去脉。账簿采用垂直写法，分为上下两格，上格记收，称为"天方"，下格记付，称为"地方"，上下两格所记数额必须相等，这就是所谓的"天地合账"。"龙门账"和"天地合账"被认为是我国单式簿记到复式簿记的过渡。

3. 近代会计阶段

近代会计通常是指 15 世纪以后的会计，其主要标志是复式记账法的创建与传播。与单式记账相比，复式记账主要体现在记账方法发生了重大变化。我国宋代创建的"四柱结算法"和明清时期的"龙门账"等，都体现了复式记账的基本原理，但由于缺少总结，并未从理论高度加以推广。

1494 年，意大利数学家卢卡·帕乔利（Luca Pacioli）的著作《算数、几何、比及比例概要》问世，其中系统地介绍了复式账簿的内容，该书的公开出版是复式记账开始形成的重要标志。帕乔利因此被后人誉为"现代会计之父"。复式记账在意大利迅速得到普及并不断发展和完善。随着美洲大陆的发现和东西方贸易的进行，复式记账传遍整个欧洲，乃至世界各地，被誉为会计发展史上第一个里程碑。目前，会计记账仍采用复式记账的方法，并最终完成了复式记账的方法体系及理论体系的建设。

除了传承至今的复式记账法，近代会计阶段还出现了会计理论的发展。其中折旧的思想、成本会计以及独立报表审计至今对会计领域有着深远的影响。

4. 现代会计阶段

现代会计阶段是指从 20 世纪 30 年代至今的这段时间。随着社会生产力的进一步提高和科学技术的高速发展，会计作为一门适应性学科也发生了相应的变化，各国的会计准则也逐渐与国际准则相趋同，西方各国先后研究和制定了会计准则，把会计理论和方法推向了一个新的台阶，会计规范更加国际化。与此同时，会计学科随着现代管理理论和实践的需要，逐步形成了管理会计体系，为企业的经营管理提供有用的信息，管理会计和财务会计两大分支逐步形成。

随着生产力的不断发展，管理水平的逐步提高，计算机广泛应用于会计领域，出现会计电算化。会计理论在现代会计阶段逐步形成，会计成为一门学科，还创立了审计的基本理论。一系列的变化给会计的发展变化提供了新的历史契机，会计理论、方法、思想也开始向信息化、知识化、全球化方向发展。

在现代会计阶段，我国会计工作也有新的发展与突破。新中国成立后，我国进入会计理论与实践的探索时期。这个时期统一了记账方法与会计制度，明确了会计的社会科学属性，强化了会计管理工具职能的重要地位。1978 年改革开放后，我国确立了借贷记账法，颁布了一系列会计准则和制度，会计法规体系逐步形成。1992 年至今，我国逐步形成"会计诚信建设"与"会计准则国际趋同"的会计行业环境，会计理论与实践进入繁荣期。

随着"互联网＋"迅速普及，会计工作的许多方面与互联网开始深入融合。电子计算机开始替代手工核算，实现了会计信息化；网络代理记账、在线财务管理咨询、云会计与云审计服务等第三方会计服务模式开始涌现；以会计信息化应用为基础的财务一体化进程不断提速，财务共享服务中心模式逐渐成熟；联网管理、在线受理等基于互联网平台的管理模式逐渐成为会计管理的新手段。

二、会计学的特点及作用

1. 会计学的特点

会计是以货币为主要的计量单位，反映和监督一个单位经济活动的一种经济管理活动。其特点主要包括两方面：一是以货币计量为基本形式；二是连续、系统和完整地对经济活动进行核算和监督。

（1）以货币计量为基本形式。在商品经济条件下，一切商品都有价值。社会再生产过程中，商品的生产、交换、分配和消费等经济活动，都是通过货币计量来综合反映的。会计离不开计算，要计算就需要运用一定的计量尺度。计量尺度主要有三类，分别是实物量单位、劳动量单位和价值量单位，由于实物计量单位存在着较大的差异性，而劳动计量单位存在着复杂性的特点，这两种计量单位都不能对一定主体的经济活动进行综合的计量。以货币为计量单位，能克服实物量单位和劳动量单位的缺陷。货币作为一般等价物，能综合反映一定主体的经济活动。因此，现代会计的一个重要特征就是以货币计量为基本形式。

（2）对经济活动的核算监督具有连续性、系统性、完整性。也就是说，会计作为一种管理活动，不是时有时无的，它是连续、系统、完整地对经济活动进行核算和监督。连续性是指会计是对一定主体的经济活动进行不间断的确认、计量、记录和报告；系统性是指会计核算必须用科学的方法，对一定主体的经济活动既要进行相互联系的记录，又要进行科学的分类提供总括及详细的会计信息，以求得分门别类的经济指标；完整性是指在核算中凡是会计进行记录和计算的事项，都要毫无遗漏地加以记录和计算，不允许任意取舍，这样才能获得真实全面地反映经济活动的综合性指标。

2. 会计的作用

在我国，会计是按照国家的财经法规、会计准则和会计制度进行会计核算，提供以财务数据为主的经济信息，并利用取得的经济信息对会计主体的经济业务进行监督、控制，以提高经济效益，并服务于会计主体的内外部利益相关者。从不同的角度分析会计的作用，可以对会计的作用有更全面的认识。

从企业的角度分析，会计信息的形成可以加强经济核算，为企业经营者提供数据，保证投入资产的安全和完整；有助于融资战略、技术创新、市场营销等在内的企业发展战略的研究和制定；对于管理者绩效的反映及其报酬的取得、债务契约的签订、投资者的回报以及维护企业形象等多方面都有重要作用。

从社会公众的角度分析，投资者通过会计信息可以形成对企业的监督，为投资者提供财务报告，以便于其进行正确的投资决策。投资者最关注的莫过于该企业的财务状况，企业能否取得利润直接关系到其能否取得相应的投资回报；债权人通过会计信息能够进行信贷决策；企业的供货单位和客户通过会计信息，可以更好地进行商业决策，评价经营风险。

从政府的角度分析，政府可以根据会计报表的汇总信息进行有效的宏观调控，决定资源和利益的分配，使国家经济健康、有序地发展。同时，会计信息是国家税收管理的重要依据，国家以会计记录和会计信息为依据制定税法或征管税收，在会计信息的基础上进行必要调整。

3. 学习会计学的重要意义

学习会计学对于工商管理专业的学生具有重要的意义。会计学是工商管理专业学科的基础课程。工商管理是研究营利性组织经营活动规律以及企业管理的理论、方法与技术的学科。会计是对企业的经济活动进行记录、报告、核算和监督的重要工具，是经济管理工作的基础。会计学是工商管理专业的学科基础课程，同时它也是其他相关课程，如财务管理、财务分析等课程的基础。学好会计学，具备扎实的会计学基础，有利于培养学生的综合管理能力。另外，从学生毕业后的职业选择来看，许多学生会从事会计职业，或与会计工作相关的一些岗位。会计学的学科知识对于工商管理专业学生未来的职业发展也具有非常重要的作用。

三、会计学的主要内容

1. 会计学的内容结构

会计是经济管理中的重要组成部分，它是以货币计量为基本形式，对会计主体（企业、事业、机关、团体等单位）的经济活动进行核算和监督的一种管理活动。会计是一种管理活动，这说明了会计的本质；对经济活动进行核算和监督，是会计的职能。会计学主要包括以下两方面的内容：一是会计学基本概念，主要包括会计核算基础、会计要素与会计等式、账户设置等；二是会计核算过程，主要包括企业基本经济业务、会计凭证、会计账簿、成本计算、财产清查和财务会计报告。

2. 会计学的基本概念

（1）会计核算基础。会计核算基础主要包括会计基本假设、会计信息质量特征、收付实现制与权责发生制。

会计基本假设即会计核算的基本前提，是指为了保证会计工作的正常进行和会计信息的质量，对会计核算的范围、内容、基本程序和方法所作的合理设定。会计基本假设是人们在长期的会计实践中逐步认识和总结形成的。结合我国实际情况，企业在组织会计核算时，应遵循的会计基本假设包括会计主体假设、持续经营假设、会计分期假设和货币计量假设。

会计信息质量要求是使财务报告中所提供的会计信息对使用者决策有用所应具备的基本特征，包括可靠性、相关性、可理解性、可比性、实质重于形式、重要性、谨慎性和及时性。

由于会计分期的假设，产生了本期与非本期的区别，所以会计核算基础就有收付实现制和权责发生制的区别。收付实现制是指以实际收到或付出款项作为确认收入或费用的依据。在这种会计基础上，凡在本期实际收到的现金（或银行存款），不论款项是否属于本期，均作为本期收入处理；凡在本期实际以现金（或银行存款）付出的费用，不论其是否在本期收入中取到补偿，均作为本期费用处理。

权责发生制又称应收应付制或应计制，它与收付实现制相对应，在这种会计基础上，凡属于本期已经实现的收入和已经发生或应当负担的费用，无论款项是否收付，均应作为当期的收入与费用；凡不属于本期的收入和费用，即使款项已经收付也不应作为当期的收入与费用。

（2）会计要素与会计等式。会计要素是对会计对象的基本分类，是会计核算对象的具体化，是反映会计主体的财务状况和经营成果的基本单位。企业会计要素分为六大类，即资产、负债、所有者权益、收入、费用和利润。其中，资产、负债和所有者权益三类会计要素主要反映企业的财务状况，财务状况是指企业一定日期的资产及权益情况，是资金运动相对静止状态时的表现，所以资产、负债和所有者权益又称为静态会计要素；收入、费用和利润三类会计要素主要反映企业的经营成果，经营成果是指企业在一定时期内从事生产经营活动所取得的最终成果，是资金运动动态状态的体现，所以收入、费用和利润又称为动态会计要素。所有会计要素依据一定的计量属性登记入账，主要包括历史成本、重置成本、可变现净值、现值和公允价值等。

在企业的生产经营过程中，各项会计要素相互联系，它们之间客观上存在着一定的数量恒等关系。用数学方程式表示的会计要素之间的等量关系，称为会计等式。会计等式主要包括静态等式和动态等式。静态等式是指由三个静态会计要素形成的会计等式，即资产 = 负债 + 所有者权益，这是最基本的会计等式。动态等式是指由三个动态会计要素形成的会计等式，即收入 - 费用 = 利润。

（3）账户设置。账户设置主要包括会计科目、账户和复式记账法三个方面。会计科目是对会计要素按照经济内容所作的进一步分类。每一个会计科目都要明确反映特定的经济内容。例如，资产要素进一步划分为流动资产、固定资产等，因为它们具有不同的经济内容；流动资产各个组成部分也有不同的经济内容，相应的分为"库存现金""银行存款""应收账款""原材料""产成品"等，由此产生了相应的会计科目。设置会计科目，可以对会计对象的具体内容进行科学分类，便于分类别反映和监督企业的经济活动，为编制凭证、账簿和报表提供依据，从而有利于会计信息的收集、分析和汇总，提高会计工作的质量和效率。

设置会计科目解决了会计数据的分类，而会计数据的分类记录则需要通过设置账户来完成。账户是根据会计科目设置的，用以分类记录并初步加工有关数据的工具，例如，根据"库存现金""银行存款"科目，可以设置"库存现金"账户、"银行存款"账户，用以记录库存现金和银行存款的收款、付款和结存数据；根据"产成品"科目，可以设置"产成品"账户，用以记录产成品的收入、发出和结存数据。可见只有设置账户才能按照会计科目分门别类地记录有关分类数据，以便进一步加工处理，形成更全面、更系统的会计信息。可以说，账户是建立会计核算系统的基础。

企业将发生的各项经济业务记录在会计账户中，还必须采用一定的记账方法。任何一项经济活动都会引起资金的增减或财务收支的变动，如用银行存款购买原材料，一方面引起原材料的增加，另一方面引起银行存款的减少。目前采用的记账方法为复式记账法。复式记账法是以资产与权益平衡关系作为记账基础，对每一笔经济业务，都要以相等的金额在两个或两个以上相互联系的账户中进行登记的记账方法。这种方法可以系统地反映资金运动变化和结果，并掌握各项经济业务的来龙去脉。

借贷记账法是目前国际通用的复式记账方法，它用"借"和"贷"这两种记账符号来进行会计核算。我国的大多数企业与行政事业单位在记账时会选择使用借贷记账法。借贷记账法下，所有账户的左方称为借方，右方称为贷方，要按相反的方向记录增减变动数，如银行存款账户的借方登记增加额，贷方就登记减少额。账户的性质和所发生经济业务的实质是判断"借"表示增加（或减少）还是"贷"表示增加（或减少）的依据。例如，"借"表示增加，"贷"表示减少的账户包括资产类、成本类和费用类账户；"借"表示减少，"贷"表示增加的账户就包括负债类、所有者权益类和收入类账户。资产类和成本类账户结构用 T 型账户表示，如表 7-1 所示。

表 7-1   资产类和成本类账户结构

借方	资产类和成本类账户		贷方
期初余额	×××		
本期增加额	×××	本期减少额	×××
	×××		×××
	……		……
本期借方发生额合计	×××	本期贷方发生额合计	×××
期末余额	×××		

资料来源：李海波、蒋瑛，《新编会计学原理——基础会计》（第 20 版），立信出版社 2019 年版。

复式记账的原理，就是记账时对每项经济活动的金额一方面先记入一个或几个有关账户的借方，另一方面则记入一个或几个有关账户的贷方，并且记入借方与贷方账户的金额一定相等，所以借贷记账法的记账规则就是"有借必有贷，借贷必相等"。

3. 会计核算过程

会计核算过程是指企业根据发生的基本经济业务，填制或取得原始凭证，按照设置的会计科目和账户，运用复式记账法，填制记账凭证。根据填制的记账凭证，按照预先设置的账户，采用复式记账法对交易或事项登记账簿。在登记账簿的基础上，根据账簿和其他相关资料，对生产经营过程中发生的各项费用进行归集和分配，计算产品成本；并采用财产清查的方法对企业财产物资的实有数进行清查盘点，将清查盘点结果与账簿记录核对，以保证账实相符；最后根据账簿资料编制财务会计报告。会计核算过程如图 7-1 所示。

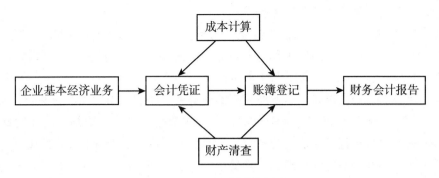

图 7-1　会计核算过程

资料来源：邱卫林、苏亚莉，《会计学原理》，北京理工大学出版社 2016 年版，作者整理绘制。

（1）企业基本经济业务。企业基本经济业务主要包括五种：筹资业务、采购业务、生产业务、销售业务、利润的形成与核算。

企业的生产经营过程是以生产过程为中心，实现供应过程、生产过程和销售过程三者的统一。首先，企业为了保证生产过程的进行，需要筹集资金购置生产经营必需的原材料、固定资产等，并将其投入生产过程。其次，通过生产过程，对劳动资料进行加工，把各项资产投入生产，制造出满足社会需要的各种产品。最后，在销售过程中，通过销售产品，以实现收入补偿生产耗费，收回货币资金或产生债权。另外，在销售过程中还会发生各种诸如包装、广告等销售费用，需要计算并及时缴纳各种销售税金，并结转销售成本。供应过程—生产过程—销售过程，构成了企业的生产经营活动，三个过程周而复始，循环往复。

对于企业利润的实现，一部分要以所得税的形式上缴国家，另一部分即税后利润，要按照规定的程序进行合理分配。通过利润分配，一部分资金要退出企业，另一部分直接以公积金等形式继续参与企业的资金周转。上述业务综合在一起，形成了企业的全部会计核算内容。

（2）会计凭证。会计凭证是记录经济业务事项发生或完成情况，明确经济责任的书面证明，是登记会计账簿的依据，是会计核算的基础工作，也是对经济业务活动进行核算和监督的基本环节。各单位每天都要发生大量的经济业务，为了正确、真实地记录和反映经济业务的发生和完成情况，保证会计核算资料的客观性、合法性，任何单位在处理任何经济业务时，都必须由执行和完成该项经济业务的有关人员，从单位外部取得或自行填制有关凭证，以书面形式记录和证明所发生的经济业务性质、内容、数量、金额等，并在凭证上签名或盖章。任何会计凭证都必须经过有关人员的严格审核、确认无误后，才能作为登记会计账簿的依据。

会计凭证按照编制的程序和用途不同，分为原始凭证和记账凭证两种。原始凭证又称单据，是在经济业务发生或完成时取得或填制的，用以记录或证明经济业务的发生或完成情况的原始凭据，是会计核算的重要原始资料。记账凭证又称记账凭单，是会计人员根据审核无误的原始凭证，对经济业务按其性质加以归类，并据以确定会计分录后所填制的会计凭证，记账凭证是按照登记账簿的要求确定账户名称记账方向（应借应贷）和金额的一种记录，是登记会计账簿的直接依据。

（3）会计账簿。登记账簿是以会计凭证为依据，运用复式记账的方法，对发生的交易、事项按照先后顺序，分门别类地记入有关账簿的一种专门方法。会计账簿简称账簿，是由具有一定格式、互相有联系的若干账页组成。

为了满足经营管理的需要，企业所使用的账簿种类较多，用途和形式各异，相互之间构成了严密的账簿体系。如按用途来分类，会计账簿包括总账、明细账、序时账和辅助账。会计账簿的设置包括确定账簿的种类，设计账页的格式、内容和规定账簿登记的方法等。各单位应根据经济业务的特点和管理要求，科学合理地设置账簿。在登记账簿时，要依据会计凭证进行登记，书写要规范，账页登记要完整，内容登记齐全，避免记账遗漏或重复登账。

（4）成本计算。成本计算是指在生产经营过程中，按照一定的成本计算对象归集和分配各种费用支出，以确定各成本计算对象的总成本和单位成本的一种专门方法。

成本计算要遵循真实性、政策性、及时性、权责发生制及受益原则，严格执行国家规定的成本开支范围和费用开支标准，正确划分各种支出及费用的界限，根据生产特点和管理要求，采用适当的成本计算方法和成本计算组织形式，按照确定成本计算对象，确定成本计算期，确定成本项目，设置有关费用、成本的明细账，收集成本计算资料，按成本项目归集、分配生产费用的一般程序进行成本计算，整个成本计算程序要健全成本计算原始记录，应设置登记生产费用成本的明细分类账户，编制成本计算表。

企业在生产过程中，要分别计算材料采购成本、产品生产成本和产品销售成本。在计算各种成本时，都要按照成本计算对象，在有关的成本项目中归集和分配费用；要分清直接费用和间接费用，直接费用应直接计入，间接费用应选择一个合理的分配标准，经计算分配计入各有关成本计算对象；要保持成本的真实性和计算口径的一致性，不可以随意改变成本费用的计量方法或确认标准，更不得虚列、多列、不列或者少列成本费用，要按规定的成本内容进行确认和计量。成本计算这个步骤的目的是确定实际成本与计划成本的差异。成本计算之后再分析成本升降原因寻找可以降低成本的项目，并为下期提供预测成本和价格的参考资料。

（5）财产清查。财产清查是指通过对实物、现金进行盘点，对银行存款和债权、债务进行核对，确定财产的实存数额，并查明实存数额与账存数额是否相符的一种专门的会计核算方法。

财产清查的盘存制度，是指通过对财产物资的实物盘查、核对，来确定其实际结存情况的一种制度。在会计实务中，盘存制度一般有永续盘存制和实地盘存制两种。永续盘存制，又称账面盘存制，是指以账簿记录为依据来确定财产物资账面结存数量的一种方法。这种制度的特点是平时对各项财产物资的增加数和减少数，都要根据会计凭证连续计入有关账簿，并随时结出账面结存数量。

实地盘存制是指在期末以具体盘点实物的结果为依据来确定财产物资结存数量的一种方法。采用这种方法，平时在账簿中只登记财产物资的增加数，不登记减少数。到了期末，对各项财产物资进行盘点，再根据"期初结存 + 本期增加 − 本期实存 = 本期减少"的公式来倒挤出本期的减少数，然后完成账面减少和结存的记录，使账实相符。

财产清查是一项涉及面广、业务量较大的会计工作，为了提高清查效率，保证清查工作质量，必须采取科学合理的方法对不同的清查内容采用不同的财产清查方法。运用财产清查手段，对各种财产物资进行定期或不定期的核对或盘点，能够保护财产的安全和完整，保证会计信息资料的真实性，挖掘财产物资潜力，提高物资使用效率，保证财经纪律和结算制度的执行，具有十分重要的意义。企业应当认真分析和研究通过财产清查发现的企业在财产管理或会计核算方面存在的问题，并制定相应的制度来进行处理。

（6）财务会计报告。财务会计报告是企业对外提供的反映企业某一特定日期财务状况和某一会计期间经营成果、现金流量等会计信息的文件，包括会计报表、会计报表附注以及其他应当在财务会计报告中披露的相关信息和资料。

会计报表又称财务报表，是根据日常核算资料编制的反映企事业单位一定时期财务状况和经营成果等情况的总结性表格文件。会计报表至少应当包括资产负债表、利润表、现金流量表、所有者权益变动表和附注。会计报表按编报的时期可分为中期报表和年度报表。中期会计报表一般包括资产负债表和利润表；而年度会计报表不仅包括资产负债表和利润表，还包括现金流量表、所有者权益变动表、附注及各种相关附表。

资产负债表是反映企业某一特定日期财务状况的会计报表。资产负债表一般采用账户式，根据"资产 = 负债 + 所有者权益"这一会计等式，依照一定的分类标准和顺序，将企业在一定日期的全部资产、负债和所有者权益项目进行适当分类、汇总、排列后编制而成。资产负债表中的数据主要来自会计账簿记录，有的可以根据相关账户的期末余额填列，有的应按有关账户合并分析或调整后填列。

利润表又称损益表，是反映企业在一定会计期间经营成果的报表。利润表的编制是依据"收入 − 费用 = 利润"这一公式。利润表的格式主要有多步式和单步式两种。按照我国会计准则的规定，我国企业的利润表采用多步式。

现金流量表是指反映企业在一定会计期间现金和现金等价物流入和流出的报表，在资产负债表和利润表已经反映企业财务状况和经营成果信息的基础上，现金流量表进一步说明企业现金进出的整体情况，属于动态报表。所有者权益变动表是指反映所有者权益（股份公司为股东权益）各组成部分当期增减变动情况的报表。

会计报表附注是对在资产负债表、利润表、现金流量表和所有者权益变动表等报表中列示项目的文字描述或明细资料，以及对未能在这些报表中列示项目的说明等。

本章小结

财务管理经历了五个发展阶段：萌芽阶段、初期阶段、中期阶段、近期阶段和现代阶段。

财务管理是企业组织财务活动、处理财务关系的一项经济管理工作。

财务管理的内容体系主要包括筹资管理、投资管理、营运资金管理、收益与分配管理。

会计是以货币为主要的计量单位，反映和监督一个单位经济活动的一种经济管理活动。其特点主要包括两方面：一是以货币计量为基本形式；二是连续、系统和完整地对经济活动进行核算和监督。

会计学包括以下两方面的内容：一是会计学基本概念，主要包括会计核算基础、会计要素与会计等式、账户设置；二是会计核算过程，主要包括企业基本经济业务、会计凭证、会计账簿、成本计算、财产清查和财务会计报告。

重要术语

财务管理　　投资　　筹资　　会计　　会计要素　　会计等式　　复式记账法
财务报表

第八章

人力资源管理与组织行为学

【学习目标】

通过本章的学习，了解人力资源管理与组织行为学课程在工商管理专业培养计划中的作用，掌握人力资源管理课程的主要结构体系，了解组织行为学的学习要求和内容。

【引导案例】

华为技术有限公司的用人之道

华为技术有限公司（以下简称"华为"）创立于1987年，是全球领先的信息通信基础设施和智能终端提供商。作为中国率先将人才作为战略资源的企业，华为践行"先有人才、后有业绩"的企业文化，构建了华为人才体系，采用"精准选配、有效激励、加速成长"三位一体的团队管理法则，为19万名华为员工聚集在一个目标上努力奋斗打下坚实基础。

人才选配之道。为提高人才识别能力，华为确定重点岗位的关键岗位职责和关键能力素质要求，并根据能力要求进行评估；随后设计每个不同岗位的面试问题，建立面试题库；与此同时，对公司所有可能担当面试官的人员（包括各级管理者和中高级专业人士）进行培训，考试通过后持证上岗。面试作为关键的人才甄别手段，华为采用STAR行为面试法，高效构建面试者个人能力模型。对面试者的价值观进行审核也至关重要，华为围绕"选取核心价值观和岗位能力要求中最重要的问题""具有矛盾或冲突性的问题""从细节处分析真实性"三个要点，筛选出与企业核心价值观一致的人才。在人才搭配方面，以管理者为例，华为从领导力和管理力两个维度进行区分，相对准确地分析出人才的优势和劣势所在，然后再根据他们的特点进行合理的班子搭配，达到彼此优势互补、合力最佳的目的。

全面激励之道。华为采用"四位一体"薪酬体系，包括四大组成部分：固定薪酬（工资、综合性补贴）、变动薪酬（绩效、奖金）、长效激励（股权、期权、分红权等）和福利。为避免出现食利者阶层，华为激励的数额和行权的资格与被激励对象职位、业绩、能力高度相关，离开公司一般也会终止权益，这样有效杜绝了一劳永逸，充分体现了"理念共识、风险共担、价值共创、收益共享"的价值准则。为激发高价值员工的长期动力，华为建立了一套员工职业发展的管理体系——任职资格管理体系，包括划分模块、提炼技能要项、设计关键区分点、设计各等级的详细标准四个方面，以任职资格等级认证结果作为员工定薪、调薪的主要维度，以绩效考核作为薪酬分配调节的次要维度，为人才能力的提升提供了清晰的指引，不断牵引员工树立自我学习与发展的意识。

健康成长之道。伴随着环境的变化、业务的转型、规模的扩大和年龄的增长，企业会不断遭遇新的挑战，转型成为企业成长的必然规律。华为深知人才是企业转型成功的首要因素，因此积极选用"牛人"作为新业务的领军人物，组建相对独立的战略突击队，给予新业务领军人物一个试错的期限，注重人才的内外结合。公司壮大后，任正非提出人与组织相互促进的思路，采取以奋斗者为本的价值评价与利益分配机制和"岗位轮换＋循环赋能"的人才动态发展机制，建立华为大学，构建市场体系、研发体系、供应链体系、财务体系、人力资源体系以及作为支撑的企业信息化体系，让组织长期充满活力，为客户创造价值。

　　资料来源：吴建国，《华为团队工作法》，中信出版社 2019 年版。

➡ 第一节　人力资源管理

一、人力资源管理的发展历程

1. 人事管理阶段

　　人事管理的起源可以追溯到较为久远的年代，对人和事的管理是伴随着组织的出现而产生的。而现代意义上的人事管理是伴随着工业革命的产生而出现，并基于美国的人事管理实践发展演变而来。19 世纪，工业革命使得蒸汽机代替手工劳动，大大提升了劳动生产率，同时也带来了劳动专业化水平的提升。此时工厂所有者和员工间的距离越来越远，专业化的劳动迫切需要对生产过程进行管理，尤其是需要对员工进行监督，工厂开始出现专门的管理人员，正是从这一时期开始，人事管理被组织、企业所接受。19 世纪末 20 世纪初，人事管理作为一种管理活动进入企业管理范畴，这一时期被众多学者认为是人事管理产生的时期。

　　20 世纪初，科学管理尝试通过工作方法、时间和动作研究以及专业化来解决劳动和管理的无效率，其中就涉及科学地挑选工人，对其进行培训和教育。人事管理实践中融合了科学管理的理念，反映了人事管理与生产力以及工作绩效之间的关系。之后，以德国心理学家雨果·芒斯特伯格（Hugo Munsterberg）等为代表的心理学家，进一步推动了人事管理工作的科学化进程。芒斯特伯格于 1913 年出版的《心理学与工业效率》一书标志着工业心理学的诞生。与泰勒执着于工作效率不同，工业心理学更关注工作和个体差异，提出把注意力放在如何选择合适的工人来适应工作，并设想通过特殊设计的心理测试了解一个人的性格能力特征，在此基础上评价这个人是否与岗位匹配。这个原则一直沿用至今。

　　这一阶段出现很多人事管理思想，如马斯洛的需求层次理论，霍桑实验中提到的社会人假设，非正式组织等。人事管理不仅关注科学管理的流程，还会对"人"这一生产过程中最活跃的要素进行关注。这一阶段人事管理工作的特征是照章办事，属于事务性的工作。人事、劳动部门定期或根据部门的需要，有时甚至是上级的指标分配，处理组织中与人有关的一系列事务和活动，最初的人事管理主要任务包括人员招聘、工资支付、工作记录、档案管理等，随后又纳入了更多的内容，如人员培训、考核、劳动关系咨询等。

2. 人力资源管理阶段

　　1954 年，德鲁克提出了人力资源管理的概念，他认为人事工作部分属于文员工作，部分属于操作性工作，部分属于"灭火器"作用的工作。1958 年，怀特·巴克（Wright Bake）出版了《人力资源职能》一书，首次将人力资源管理作为管理的普通职能来加以论述。德鲁克和巴克的人力资源管理理论都非常强调管理活动，认为管理活动是建立在企业中的每一个个体都是有价值的资源这一基础假设之上的，必须对他们进行全面的管理。这一阶段，劳资矛盾、人际关系、工作满意度等问题被正式提出。许多企业设立专职的人事部门，同时下设分支主管薪资、劳资矛盾、培训等。

20 世纪 70 年代以后，人力资源管理的概念开始广泛使用。相比人事管理阶段以事为中心，对人进行刚性化管理的做法，人力资源管理更注重对人的尊重、关怀及对人性的关怀，把人视为能够创造价值的资源，而不仅仅是工业时代所认为的"工具"。人事部门除了从事传统的事务以外，还增加了人力资源规划、政策制定、人力资源开发、职业生涯管理、工作分析与设计等职能。以人为中心，开发人内在的潜能，发挥人的积极性，这是人力资源阶段的指导思想。

在这一阶段，人从机器的附属品转变为组织中一种重要的资源。但是，人力资源管理仍强调以工作为核心，对员工工作绩效的考核取决于工作要求，工资分配的标准则取决于工作特征。通过培训、提升、轮岗、招聘等途径使员工工作达到企业要求；通过薪酬与考核设计调动员工工作积极性为企业服务。这种注重工作结果输出的管理方式，并未充分开发员工潜在能力。

3. 战略人力资源管理阶段

20 世纪 80 年代，随着经济全球化和知识经济的发展，人力资源的重要性日益凸显，同时由于人的需求与价值观趋向多元化，对人的管理变得更复杂了。人力资源管理领域的一个重要变化就是把人力资源看成是组织战略的贡献者，依靠核心人力资源建立竞争优势和依靠员工实现战略目标。1981 年，德瓦纳（M. A. Devanna）等在《人力资源管理：一个战略观》一书中深刻分析了企业战略和人力资源的关系，标志着战略人力资源管理（strategic human resource management，SHRM）研究领域的诞生。德瓦纳等将人力资源划分为三个层次：战略层、管理层、操作层，战略层人力资源管理围绕组织的长期目标制定相应管理政策和整体目标；管理层关注如何获取和分配人力资源以保证战略规划的落实；操作层人力资源管理根据管理层的计划开展日常工作。

相较于传统人力资源管理，战略人力资源管理一方面强调人力资源管理的目标导向，也就是通过组织设计将人力资源管理置于组织经营体系中，促进组织的绩效最大化；另一方面强调人力资源管理的契合性，即横向上人力资源各业务模块的契合以及纵向上人力资源管理和企业发展战略的契合。这时人力资源的吸引、保持和开发不再仅仅是人力资源部门的责任，它强调了企业的管理者对于人力资源的优化所需要承担的重任，强调系统地将人与组织关联起来形成统一的、匹配的人力资源管理以支持战略目标的实现。

在这个阶段人力资源管理与企业的目标、企业的战略紧密结合，人力资源的重要性日渐凸显出来。在充分认识到人力资源具有能动性和可激励性之后，人力资源开发及管理以人为中心，寻求人与工作相互适应的契合点，将人的发展与企业的发展有机地联系起来。人力资源部的工作范围被整合到企业的战略、运营等流程中，并承担起新的职责。这种新的角色定位使人力资源部能够为组织的战略和运营配备合适的人员，使整个组织的战略管理能力获得提升。

二、学习人力资源管理的意义

1. 人力资源管理是重要的管理职能

人力资源管理从人事管理蜕变升华而来，其战略重要性不断得到验证和提升。21 世纪的竞争归根到底是人才的竞争，因此，企业加强人才的开发和培训，完善人力资源管理，能帮助企业获得更强的竞争实力，拥有高素质、优秀的人才能够源源不断地给企业注入新鲜的活力和推动力。

通用电气公司总裁杰克·韦尔奇就非常重视人力资源的战略职能。在韦尔奇任职期间，通用电气确立了只做行业第一的战略方针，针对公司业务进行了一系列兼并重组，在人事结构上杰克·韦尔奇也不断进行调整，提升人力资源部的战略地位。最有代表性的事件是在通用洽谈收购事宜时，杰克·韦尔奇都会带人力资源部经理随行，就企业相关人事问题进行了解，评估是否具有收购可行性。

2. 人力资源是组织竞争力的重要来源

随着社会化大生产和知识经济的到来，人力资源的作用日益明显。企业要想在竞争中脱颖而出，人力资源管理的作用必须得到重视，其在创造公司持续竞争力方面具有十分重要的作用。现代社会信息化速度不断提升，企业的营销手段、商业模式、产品技术等很容易被模仿，而人力资源是一种无形资产，不像资本投资、专利技术等容易被模仿和抄袭，人力资源可以蕴含在组织中，以一种难以被对手模仿的方式为企业持续创造价值。

阿里巴巴是在互联网时代下成长起来的企业，其组织竞争力一直处于中国企业的领先水平，这离不开"阿里人"的支持和奋斗。阿里巴巴以企业文化为纽带，遵循"人才是最好的财富、平凡的人做不平凡的事、让员工快乐地工作"的人才观，不断激发员工内在驱动力；采用人性化管理方式，通过大规模的股权激励推动员工自我管理；构建系统化培训体系，满足员工成长和价值创造需求；实施情感关怀，尊重员工，提升员工归属感。

3. 学习人力资源管理有助于个人职业生涯的发展

大学生在毕业后往往要加入某个具体的组织来开始自己的职业生涯。学习人力资源管理，可以帮助个人学会从企业视角来看待招聘配置、培训开发、绩效评估、职业生涯设计以及薪酬福利等人力资源工作，将个人发展与企业要求匹配起来，为日后的职业发展奠定良好的基础。因此，学习人力资源管理可以为大学生提供新的视野和理解力，更好地管理自己的职业生涯。

三、人力资源管理的主要内容

1. 人力资源管理的内容结构

人力资源管理是指根据企业发展战略的要求，有计划地对人力资源进行合理配置，通过对企业中员工的招聘、培训、使用、考核、激励、调整等一系列过程，调动员工的积极性，发挥员工的潜能，为企业创造价值。人力资源管理主要包括人力资源规划、招募与配置、培训与开发、绩效评估、薪酬与激励、员工关系管理等内容，基本框架如图 8-1 所示。

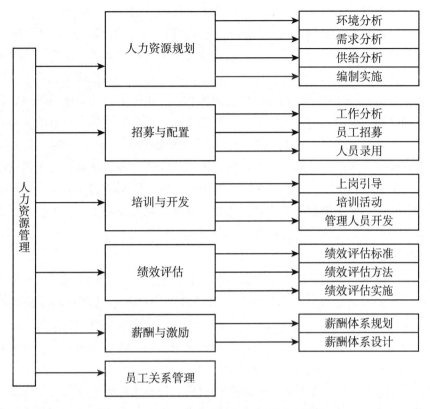

图 8-1　人力资源管理学基本框架

资料来源：陈维政、程文文、吴继红，《人力资源管理》，高等教育出版社 2020 年版，作者整理绘制。

2. 人力资源规划

人力资源规划是以企业发展战略为指导，根据企业现有人力资源及内外部环境的变化，科学预测企业未来的人力资源需求和供给状况，制定企业人力资源供需平衡计划，确保企业在需要的时间和需要的岗位上能够获得各种必需的人力资源。这一规划能避免料想不到的人员短缺或技能短缺，并且为招募活动、培训活动的有效开展和员工的个人职业发展提供指南，是保证企业人力资源的数量和质量，提高组织竞争力的重要管理实践。人力资源规划一般包括环境分析、人力资源需求预测、人力资源供给分析、人力资源规划的编制实施等内容。

环境分析是人力资源规划的第一个阶段，目的是厘清企业所面对的内外部环境，为后续人力资源规划的编制打下基础。社会化大生产和知识经济的到来，使得企业外部环境变化速度加快，进而对企业人力资源工作产生直接影响。例如，外部环境中快速变化的技术会迫使组织雇用那些拥有以前并不为组织所需要的技能的员工。

人力资源需求预测是指在环境分析的基础上，选择适当的预测技术，预测组织下一步需要多少员工，需要哪种类型的员工。人力资源需求预测受到许多因素的影响，与组织的整体战略目标、组织结构设置和职位设置、管理体制等密切相关，所以需要对组织战略规划等进行深入分析。需求预测一般需要调查了解包括组织结构设置及机构设置、现有员工工作情况及定额配置、未来生产计划及生产因素的可能变动情况等情况。

人力资源供给分析是指对现有员工进行供给分析，了解组织人员数量多少，质量如何，能否满足未来企业发展需求等。进行人力资源供给分析，首先要确定内部人力资源供给预测，对于内部人力资源，除了关注当下员工情况，更要预测在将来随着企业发展、外部环境变动等情况，经过升迁、内部流动、离职后，组织内人力资源能否满足企业需求。

人力资源规划的编制实施是指在人力资源需求和供给分析之后，进行的人力资源规划的具体方案。人力资源规划一般包括基础性的人力资源规划和业务性的人力资源行动计划，各个计划要充分考虑平衡问题，一旦偏离平衡就要进行相关调整，员工短缺就需要进行招募或者培训工作，员工过剩就要采取解除劳动合同、限制招聘、减少工作时间、提前退休等措施。在人力资源规划方案实施过程中，还要有相关控制措施，主要包括建立完善的人力资源管理系统、人力资源供应控制、降低人力资源成本等。

3. 招募与配置

招募与配置是指经过前期的人力资源规划，确定企业对员工的需求后，根据人力资源规划和工作分析要求，寻找和吸引足够的符合条件的应征者申请现有的或预期的空缺职位，并从中进行筛选和予以录用的过程。这一过程应当与企业自身的价值观、战略、支付报酬能力，以及企业对新员工的吸引力、外部劳动力市场的状况等因素相匹配。招募与配置一般包括工作分析、员工招募、人员录用等内容。

工作分析是对组织中某个特定工作职务的目的、任务或职责、权力、隶属关系、工作条件、任职资格等相关信息进行收集与分析，确定工作的任务和性质，以及哪些类型的人员适合此类工作。工作分析是人力资源管理工作的基础，分析质量对其他人力资源管理模块具有举足轻重的影响，工作分析的结果是形成工作描述和工作说明，可以运用于人力资源计划、人员聘用、选拔和配置、培训和员工职业发展、绩效测量和评定、职务分类系统、工资管理和劳动关系等具体实践中。

员工招募是根据人力资源规划和工作分析的结果，明确企业需要的人才类型以及制定相应的职位空缺计划，以及通过何种手段来完成人才的招聘。企业可以根据员工的可利用性、人力资源政策、工作要求、薪资待遇等情况决定该职级工作由组织内部人员承担还是进行外部招募。员工招募对企业意义重大，不仅可以弥补岗位空缺，保证组织发展所需的人力资源，还会为组织增添新生力量，注入新的管理思想，促进企业发展。招募一般包括招募计划的制定与审批、招聘信息的发布、应聘者申请、选拔审查等流程。

人员录用是在一系列面试及人员素质测评甄选后，作出录用决策，进行新员工入职引导。作出录用决策要保证信息准确可靠、资料分析方法正确、招聘程序科学、能力与岗位匹配。招聘过程中一系列甄选活动就是为了对应聘者作出判断，作出接受或者拒绝应聘者的决定。人员录用应当遵循公开原则、平等原则、竞争原则、全面原则、择优原则、量才原则。作出录用决定后，需要对新员工进行入职引导，让新员工尽快了解企业，融入团队，进入工作状态。

4. 培训与开发

培训与开发是企业给员工提供信息、技能、使员工理解组织及其目标，以及提升员工管理水平的过程。作为人力资源管理的重要职能，培训与开发能够使员工胜任工作并获得好的工作绩效，建立和增加员工对组织的承诺，掌握组织未来发展所需要的知识、技能或行为，更好地发挥自身潜能。培训与开发一般包括上岗引导、培训活动、管理人员开发等内容。

上岗引导是帮助新员工快速融入企业的必要环节，使新员工掌握企业基本背景信息、熟悉工作环境、了解工作要求，从而形成企业所期望的个人态度、工作规范、价值观和行为模式，是完成新员工企业化的过程。对新员工进行上岗引导，有助于熟悉公司环境，提升企业认同感，与同事之间相互熟悉，减少上岗初期的焦虑不安以及可能感受到的各类不适应，更快进入工作角色。上岗引导包括多种形式，如发放员工手册、举办入职培训、进行入职面谈、开展技能研讨会、组织以老带新活动等。

培训活动是向员工传授完成工作所需技能，使员工行为与企业价值观相融合的过程。培训具有很强的应用导向性，是为解决实际问题而建立的过程，可以说技能的提高是培训需要完成的，而行为方式、人际能力、认知能力等方面的提升是培训计划的更高目标。企业通过培训可以让员工尽快适应工作岗位，提高和改善员工绩效，提高员工价值，减少员工流动性，有助于提高员工对组织的认同感和归属感；还可以促进企业的变革和发展，使企业更具生命力和竞争力。一个完整的培训过程包括需求的确定、目标设置、计划拟订、活动进行及总结评价，培训方式包括案例研究、讨论交流、角色扮演、心理测试、小组活动等。

管理人员开发是指通过传授知识、转变观念或提高技能来改善当前管理工作绩效的活动。现代企业中，内部提升已成为管理人才的主要来源，因此，进行管理人员开发变得尤为重要。通过管理人员开发，一方面，使现有员工或者管理人员可以顺利胜任更高职位，增强企业的连续性；另一方面，使接受管理培训的人树立为企业工作的正确价值观和态度，更好地提升对组织的忠诚度，为组织作贡献。对管理人员进行开发的方法有很多种，包括企业内部培训，如工作轮换、集中授课、导师制等；企业外部培训，如大学开设的工商管理硕士（Master of Business Administration，MBA）项目等。

5. 绩效评估

绩效评估是企业根据员工的职位说明，通过科学的方法来考察和评估员工在岗位上的工作行为和工作成果。绩效评估是企业管理者与员工之间的一项管理沟通活动，其结果直接影响到薪酬调整、奖金发放及职务升降等诸多员工的切身利益。绩效评估一般包括绩效评估标准、绩效评估方法和绩效评估实施等内容。

绩效评估标准是对员工工作绩效的数量和质量进行检测的准则。评估标准的编制要科学合理，使得局部标准和整体标准一致，各要素、各环节保持协调配套。评估标准按不同角度有不同分类，如按照评估的手段可分为定性标准与定量标准。

绩效评估方法是对员工进行绩效评估所使用的工具手段。绩效评估方法多样，根据评估侧重点的不同可以选择不同的评估方法，如针对个人的客观性评估方法和与他人作对比的多人评估方法。经常使用的评估方法包括 360 度评估、关键绩效指标、排序法、配对比较法等。

绩效评估实施是对绩效方案进行实际执行的过程。绩效评估实施要明确绩效评估的实施者、评估的时间、评估的信度和效度等。影响绩效评估的因素很多，包括评估者的判断、与被评估者的关系、评估标准和方法以及组织环境等，所以绩效评估的实施要综合多种因素进行考量，保证实施效果。

6. 薪酬与激励

薪酬是员工为企业作出贡献而获得的直接或间接的货币收入，包括基本工资、奖金、津贴、福利、期权等。为了让薪酬成为提高员工工作积极性的激励，企业必须将金钱薪酬与非金钱薪酬结合起来，设计科学的薪酬体系，从而促进企业战略实现，改善企业经营绩效，塑造和强化企业文化。薪酬与激励一般包括薪酬体系的规划和薪酬体系的设计等内容。

薪酬体系的规划包括总体规划和分类计划，分类计划是总体计划的分解和细化，包括工资计划、奖金计划和福利计划等内容，对总体规划的执行起到细化作用。进行薪酬体系规划可以促使企业积极面向市场，适应外部环境变化，增强企业凝聚力，保证内部公平和分配的计划性，克服人力资源成本管理中的浪费和不经济行为，促进企业经济效益的提高。

薪酬体系的设计是针对不同的人员层次所进行的薪资方案的制定。薪酬体系设计需要根据企业的实际情况，结合企业战略和文化，全面考虑各项因素，并及时根据实际情况进行修正和调整，充分发挥薪酬的激励和引导作用，为企业的生存和发展起到关键的制度保障作用。薪酬体系设计一般包括普通管理人员薪酬设计、销售人员及其他人员薪酬设计、职务消费以及高级管理人员薪酬激励。各个方案设计的确定原则和侧重点不同，薪酬体系会呈现不同的形式。例如对销售人员会制定业务提成，高级管理人员会进行股权激励。薪酬可以说是人力资源管理活动中最受关注的部分，随着市场经济的发展，人们也在不断摸索薪酬制度的新方法，使薪酬体系设计可以符合劳动力市场价值规律，充分调动员工积极性。

7. 员工关系管理

员工关系是由于雇佣行为而产生的一种社会关系。因宏观环境的经济、政治、法律制度、社会文化以及微观层面行业、企业不同，员工关系会表现出顺从、竞争、冲突、合作等形式。员工关系一词源于西方人力资源管理体系，最初由于劳资矛盾激烈，影响企业正常运营，给企业带来了损失。在双方的交流博弈中，管理层认识到缓解劳资矛盾，让员工参与经营管理的重要性，随着社会法律制度等方面的不断完善，对员工关系的重视程度也越来越高。和谐的员工关系是上级与下级之间、平级同事之间、不同部门之间的润滑剂，它是建设和传达企业文化的重要手段，有利于激励员工，也有利于加强员工之间的沟通和理解，培养员工团队意识、平等合作精神的重要手段。一些知名企业，如 IBM、宝洁等，都设有员工关系经理，专门负责做好员工关系的管理工作。

员工关系管理，从广义上讲，是各级管理人员和人力资源职能管理人员，通过拟订和实施各项人力资源政策和管理行为，以及其他的管理沟通手段调节企业和员工、员工与员工之间的相互关系，从而实现组织的目标并确保为员工、社会增值。狭义上讲就是企业和员工之间的沟通管理，这种沟通多采用柔性的、非强制性的手段，以提高员工满意度，支持企业目标的实现。员工关系管理主要包括劳动关系管理、员工纪律管理、员工人际关系管理、沟通管理、员工绩效管理、员工情况管理、企业文化建设、服务与支持、员工关系管理培训等方面。

第二节　组织行为学

一、组织与组织行为学

1. 组织

试着回想你的一天，当你前往学校上课时，学校是一个组织；当你同小组成员一起做课业展示时，小组是一个组织；当你去食堂吃饭时，食堂是一个组织；当你参与社团活动时，社团是一个组织……组织在我们的生活中随处可见，它既是社会的基本单元，又是人们进行交往和互动的环境和框架。

组织是指人们为了实现共同的目标，运用技术、理念、知识等要素相互协作结合而成的、具有边界的集体或团体，如政府组织、军事组织、企业组织、宗教组织等。从管理学的角度来讲，组织是指一个具有明确的目标导向、精心设计的结构和有意识协调的活动系统的社会实体，同时它也与外部环境保持密切联系。

由此可见，组织具有以下特点。首先，组织是由多个人或群体组成的。组织的根本特征在于人，因为人的存在，组织才具有了生命的意义。废弃的、无人问津的办公楼不能被称作组织，而单个人也无法形成组织。其次，组织具有共同的目标。组织的存在是为了某个目标的实现，个人无法完成的目标，可以由多人形成的组织完成。如一个人难以制造一辆汽车，而一个汽车工厂的多个人，可以按照工序在短时间内制造多辆汽车。最后，组织通过专业分工和协作来实现目标。由于个人无法掌握所有技能，也无法完成所有工作，而这些技能和工作对于实现组织的目标却是必备的。所以，组织中的成员需要分工，个人或部分人需要承担实现复杂目标过程中的一部分工作，甚至是一道工序。但缺乏沟通与协调的组织，可能会出现重复工作、无效工作的情况，所以，组织也需要使用一定的方法实现成员的协调合作。组织中的每个人都有自己的专业分工，相互合作，进而实现组织的共同目标。

2. 组织行为学

组织行为指组织成员在组织内的工作行为。生理学、心理学、社会学、人类学、政治学等多种学科均从不同角度对人的行为进行研究。组织行为学主要以意识支配下的行为，如行为的原因、规律和模式为研究对象，并将这些规律运用于组织管理中。

因此，组织行为学被定义为对组织情境下人的思考、感受、活动的内容和方式的系统研究。其中，组织情境包括组织的制度、结构、文化等，人包括个人和群体。组织情境制约着人的行为，而人的不同特质，如热情或冷漠、积极或消极等，也影响着组织。组织行为学正是研究影响组织成员行为的各种因素，并通过管理引导员工表现出可实现组织目标的行为。

二、组织行为学的产生和发展

1. 组织行为学的萌芽阶段

组织行为学是一门研究组织系统内部的成员在相互作用过程中所表现出来的心理现象和行为规律的应用科学。组织行为学的产生是组织演变、管理理论发展的必然结果，与工业心理学、管理心理学、组织心理学等有着很深的历史渊源。

组织行为学的出现可以追溯到 20 世纪初，其产生主要是为了解决资本主义原始积累阶段激烈的劳资矛盾。从 20 世纪 20 年代起，人们逐步认识到心理学在工作环境中的作用，于是工业心理学开始兴起。工业心理学为组织行为学乃至整个行为科学学派的产生和发展奠定了基础。早期的工业心理学主要是以个体为研究对象，研究成果集中于工作中个体差异分析、改进工作方法、建立最佳工作条件等方面，目标是实现人岗匹配、工作产出最大化。这个时期的研究者们研究视角比较狭窄，缺少社会学和人类学的论点和论据，未能观察到工作的社会环境、人际关系、领导与被领导的关系，以及组织本身所具有的社会性。

从 1924 年开始，历经近十年的霍桑实验推动了组织行为学中人际关系的研究。实验起初只是想考察照明水平的变化对工人劳动生产率的影响，却令人意外地发现：无论灯光照明强度是增加还是降低，工人的劳动生产率都出现持续上升的结果。1933 年，梅奥归纳、总结并整理出霍桑实验的结果。他们认为：工资和金钱并非决定产出的首要因素，群体内的社会规范或标准却显著影响着员工的行为，决定着他们的产量。同年，梅奥出版了《工业文明中人的问题》一书，系统提出了人际关系理论，为组织行为学的形成与发展提供了实验和理论基础。从此，更多的专家学者致力于对人的行为的研究。

2. 组织行为学的形成阶段

自然科学和社会科学方面不断取得的成果推进了对组织中人的行为研究，从而使得这一新兴学科在 20 世纪 50 年代左右正式形成。1949 年在美国芝加哥大学召开的一次跨学科的学术会议上，提出了"行为科学"的概念。1953 年美国福特基金会邀请一些大学的著名学者研讨后，正式把这门综合性极强的学科命名为"行为科学"（Behavior Sciences）。行为科学是凭借心理学、社会学、人类学及其他一切与人的行为有关的科学（如政治学、历史学、教育学、生物学、宗教学等）的理论来研究人的各种行为，因而是一门综合性极强的科学。行为科学的产生和发展促成了行为科学学派的形成。

1958 年，美国斯坦福大学的哈罗德·莱维特（Harold Leavitt）正式开始使用"管理心理学"（management psychology）代替原来所用的工业心理学、工业社会心理学等术语。管理心理学是心理科学的一个分支，是通过运用包括心理学在内的各学科知识来提高管理水平的应用型科学。从 20 世纪 60 年代中期开始，随着该学科的研究重心从个体到群体，再到组织的转移，从事管理心理学研究和实验的机构也从高校的心理学部转入管理学部，而原来的"管理心理学"（或组织心理学、工业心理学、行为科学）逐渐改称为"组织行为学"。

3. 组织行为学的持续发展阶段

20 世纪 90 年代以来，组织行为学有了一些新的发展，主要表现为如下几个方面。

首先，组织变革已成为全球化经济竞争中组织行为学研究的首要问题。与组织变革密切相关的是领导行为研究。受权变理论的影响，先后出现了多种领导理论，如变革型领导、魅力型领导、整合型领导、跨文化领导力等。与组织变革密切相关的还有激励机制和企业文化，它们也成为组织行为学研究的热点。

其次，组织行为学研究除了强调一直以来的生产率外，更加关注工作生活质量。组织行为学认为强调生产率与强调工作生活质量并非互相排斥。如果工作生活质量不令人满意，则很难实现高生产率；高生产率是拥有改善工作生活质量所必须资源的前提条件，两者相辅相成，密不可分。组织行为学越来越重视工作满意度、员工安全与健康、组织文化、组织承诺、心理契约、压力管理、工作—家庭平衡等方面内容的研究。

伴随着知识经济时代的到来，组织如何适应知识经济环境，在快速变化的洪流中持续创新，把握核心竞争力，从而延长组织寿命，也成为组织行为学新的发展领域。与此相关的组织创新、创新行为、组织学习、知识共享等话题成为热点。

4. 组织行为学在中国的发展

虽然我国传统文化蕴含着丰富的管理心理学思想，但这些思想基本停留在经验和朴素的认识上。组织行为学作为一门独立的学科，在我国经历了从西方引进理论模型到提出和发展中国本土组织行为理论的过程。1980 年，中国心理学会工业心理专业委员会的成立，标志着我国组织行为学研究的起步。

从 20 世纪 80 年代开始，随着我国人力资源管理热的兴起，全国许多高校的管理学院开始教授组织行为学课程，并出版了管理心理学、组织行为学的教材和著作。同时开展了许多相关研究，包括激励、人员测评、岗位胜任特征、工作业绩评价、管理培训与发展、变革型领导、管理决策、跨文化研究、组织氛围和组织文化、组织公民行为等，取得了可喜的成绩。正如其他"舶来品"一样，组织行为学在中国的发展也经历了本土化的过程，在这一过程中深切贴合中国特殊的情境文化，在本土实践中为我国企业管理提供有力依据。

三、学习组织行为学的意义

1. 系统了解组织中人的行为特征和规律

对于个人来讲，学习组织行为学能够帮助我们更加了解自身特质及能力，对自我有更深层次的认知，从而厘清个人需求，更好地将其与组织目标相结合，在组织中游刃有余。同时，对自我的深刻认知也可以帮助我们在生活中扬长避短，克服困难。对于领导者来说，学习组织行为学能够充分将理论应用于实践，更加完善地处理组织中与人相关的问题，如知人善任，激发员工的积极性，提高员工的绩效表现，从而实现组织目标；营造良好的组织氛围，创造合理的组织文化，增强员工的认同感和忠诚度；在组织变革中引导员工更加高效地适应新环境，解决突发的矛盾等。

无论是对自己的认识，还是对他人的了解，以及对组织特征的把握，均可以从组织行为学中找到答案。

2. 运用组织行为学来指导管理实践

组织行为学自引入中国后经历了理论模型的学习与应用到发展本土理论的过程。组织行为学的研究对象是组织当中人的行为，这些会深受所在的社会文化的影响。在中国情境下，传统文化中的高权力距离、"中庸"思维和人情社会等特征都会对个人和群体行为产生影响。这就要求我们在运用组织行为学理论来指导中国企业管理实践时，应特别注意其适用的情境，以审辨和批判的思维将组织行为学与中国国情相结合，结合所在组织、所在部门的具体情况，融汇提炼，学习借鉴，不能照抄照搬。这样才能适合实际情况，真正做到为我所用。

四、组织行为学的主要内容

1. 组织行为学的内容结构

分工协作是组织运行的必要手段，组织运行的过程就是通过分工协作共同完成组织既定目标的过程。而组织成员的行为是个体、群体、组织系统交互影响的结果。组织行为学就是以组织系统内部个体、群体、组织及其关系作为主要研究对象的学科。

组织行为学主要研究三个层次的问题：个体行为、群体行为和组织系统，以及这三个层次之间的相互联系、相互作用。具体来说，第一，研究组织对其成员心理和工作行为的影响，如组织对于员工价值观的影响以及对员工工作绩效、流动率、工作态度等行为的影响；第二，研究组织成员的工作行为方式及其绩效对整个组织效能和绩效的影响；第三，研究组织对环境的适应性行为和持续发展问题。基本框架如图8-2所示。

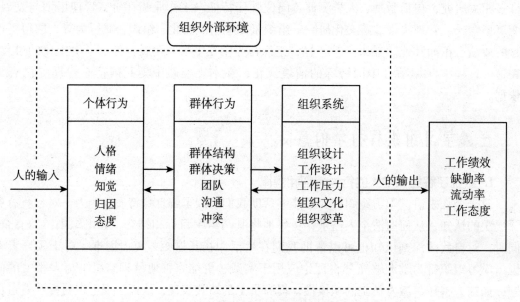

图8-2 组织行为学的内容体系

资料来源：赵慧军、肖霞，《组织行为学》，教育科学出版社2011年版。

2. 组织中个体行为的研究

对组织行为学的研究，一般都要从个体心理和行为的研究开始。个体的研究在组织行为学中占有重要地位。因为个体是群体的细胞，个体心理与行为是群体心理与行为、组织心理与行为的基础。个体进入组织时带有明显的差异性，即人与人之间存在不同的个性特征。个体差异可以是生理的、心理的和情感方面的。个体带着各自的特点，如性别、个性特征、年龄、基本能力、价值观等加入组织，形成独特的个体。这些个体之间的差异影响着员工在工作中的表现，如工作绩效、工作满意度、流动率和缺勤率等。同时，这些特点会在组织的长期工作和学习中得到改变和发展，进而对员工的行为和组织的有效性产生进一步的影响。因此，组织行为学中研究个体是为了让员工的个性朝着组织所期望的方向发展，同时达到个体工作的满意度。

行为是个体的外在表现，而认知则是发生在个体内部的、影响外在行为的内在加工过程。个体的社会知觉、归因、印象等认知活动会直接影响到个人决策和组织决策。个体在组织实践中会有选择性地将自我、他人、人际关系以及角色设定作为感知对象，并结合自身的知识和经验对感知对象所产生的刺激进行加工整合，理解并为他们的行为赋予意义，最终作出决策。此外，个体的态度和价值观是影响人的行为的深层因素。价值观作为人们的基本信念，如果与组织的核心价值观相互认同，便可以对个人的成就和组织的长远发展产生积极影响。我们要在分析个体心理特征的基础上，分析个人的心理过程，如认知、态度、价值观对个体行为和组织的影响。

人的行为模式是由以下过程形成的：由内外刺激引发需要，需要引起动机，动机产生目标导向，目标最终支配行为。组织管理的一个重要内容就是使员工产生和维持与组织目标相一致的工作积极性，而员工的工作积极性又源于其需求和目标的满足程度。因此，管理者要了解员工的需要和动机，借此来激励员工。激励的实质就是如何使个体为实现组织目标付出高水平的努力，且努力的结果又能满足个体的需要。如此循环往复，才能实现组织与员工的双赢，进而不断提高员工个人绩效和组织绩效，最终实现组织目标并使组织得到长远发展。

因此，我们要学习个体间差异的相关内容，包括人格和情绪、知觉、归因、态度和价值观等，并在学习激励理论的基础上研究激励的技术和方法。

3. 组织中群体行为的研究

组织行为学不是孤立地研究一个组织中的个体、群体和组织的心理和行为，而是按照系统的研究方法，基于系统理论的观点，将组织看作一个系统，其中存在着众多群体构成的各个子系统，各个子系统相互联系，密不可分。群体中每个成员的行为都可能影响群体中的其他成员，或是被其他成员所影响。换句话说，人在群体中的行为比个人单独活动要复杂得多。因此，研究群体形成、群体规范、群体决策等，对认识群体现象和群体心理规律及组织管理有着重要意义。

团队是指有特定目标和高度组织化的群体。工作团队的出现是对企业组织结构和员工工作方式的根本变革，是企业管理哲学的根本转向，即从控制、集权和个人分工转向自主、授权和协同。随着全球化的发展，企业的内外部环境急剧变化，传统层级控制的科层组织已经难以应对这些挑战，而工作团队具备灵活、高效的特征，能有效应对这些复杂多变的情况。此外，工作团队还在激励员工动机、提高员工满足感、促进对共同目标的承诺、增加团队沟通等方面发挥着重要作用。但是，工作团队在团队规模、团队类型、团队角色等方面的设定不同，所产生的结果也会截然不同。因此，研究工作团队的构成要素、基本类型、建立过程、运行方式等，对于企业的长远发展和变革异常重要。

任何群体的工作都不是由某个个体独立完成的，需要有若干个体分工合作才能达成目标。在这个过程中，涉及人员分配、资源配置、指挥协调等问题，需要有一个处于中心位置的领导者将这些无序的工作整合和统筹。领导者个人特质，领导风格和行为、对权力的理解和运用、对环境的应变和掌握都会在影响组织成员和提高绩效方面发挥重要作用。

沟通贯穿于组织的全过程，可以说沟通无处不在。组织成员之间的相互了解、上下级之间的反馈、部门之间的横向协调、与外部利益相关者的合作和博弈等，都以信息沟通为前提和基础，有效的沟通是实现组织目标的可靠保障。从某种意义上说，缺乏有效的沟通是抑制一个群体取得成功绩效的关键因素，因为沟通不畅会阻碍组织的正常运行，导致管理的混乱，甚至影响组织的生存与发展。因此，管理者必须掌握有效沟通的技巧，以便更好地作出决策和有效地实施决策。

然而，沟通和交往难免会造成冲突，这是组织运行过程中的常态。冲突也是任何组织必须面对的问题，是组织行为中一个重要研究领域。组织内外部存在着不同层次、不同类型、不同需求的交往，有同事之间、上下级之间、部门与部门之间、跨组织之间的交往，由于组织结构因素、个体差异、利益取向的存在，这种交往关系可能导致合作，也可能导致分歧、争论和对抗，后者就是通常所说的"冲突"。如何解决和利用冲突即冲突管理是管理者必须面对和解决的问题。

因此，在组织行为学中将会学习群体行为的基础，研究群体决策及影响群体绩效的因素，学习如何建设高效的工作团队，研究领导方式和领导工作的有效性，学习人际关系和沟通，研究群体冲突及其解决办法，从而帮助管理者和员工更好地理解和改进他们在其中发挥作用的群体。

4. 组织系统的研究

组织的运行离不开与之相匹配的框架和结构，越是庞大的组织对组织结构的要求就越高，人与人之间的关系就更加需要管理。这就要求组织结构能合理规划人员分工、职责和职权、层级、幅度，同时又能兼顾战略目标及外部环境稳定性等因素。可见组织结构的设计是一项复杂而关键的工程。不同的组织结构各有差异，不同的组织结构会对员工的工作态度和行为产生影响。

组织设计是指对组织结构进行规划、构建和变革，以便确保组织目标的有效实现。在设计组织结构时需要注意基础的理论和概念：专业化与部门化、职责与职权、层次与幅度、直线与参谋等。组织行为学中将学习这些影响组织结构设计的关键因素，不同的组织结构对员工行为有何影响，组织结构的基本类型和具体内容，以及如何进行组织结构设计，同时提出若干组织结构设计的方案。

每个组织都会经历变革，而且也必须变革，将大部分时间与资源用在维持现状上的企业，是不可能在如今这种不确定环境中获得成功的。只有进行持续不断的组织变革，完善自身结构及功能，改变员工态度和行为，提炼和维持核心竞争力，才能确保组织适应内外部环境的变化，延长生命周期，从而永续经营、生生不息。组织变革带来了新事物、新观点，组织必定会发生一定程度的震荡。这不仅要求人们改变原有的习惯和认知，还意味着要承担更多的风险，甚至某些人的权力和利益受到威胁。因此，组织变革往往会面对很多阻力，包括个体、群体和组织对变革的阻力。力场分析法、时机与匹配、提高成员参与度、正确运用群体动力、公平实施变革，成为克服变革阻力、为变革创造有利条件的方法。随着全球化经济竞争的加剧，组织变革与发展也成为组织行为学中的重要内容。

组织具有协调和控制的功能，又具有层次结构、权力关系等。同时，它们也有个性，有的组织灵活，有的组织呆板。当组织形成了某种"个性"以后，它就成为影响其成员态度与行为的重要因素。组织文化对于组织的生存和发展具有导向作用、规范作用、凝聚作用、激励作用、整合作用、辐射作用。它不仅可以引导员工的心理与行为，还可以解释和预测员工的心理与行为。因此，组织文化的构成、产生、维系和变革，员工对组织文化的学习等方面的内容，将帮助我们更好地认识组织系统。

本章小结

人力资源管理经历了三个发展阶段：人事管理阶段、人力资源管理阶段、战略人力资源管理阶段。

人力资源管理主要包括人力资源规划、招募与配置、培训与开发、绩效评估、薪酬与激励、员工关系管理等内容。

组织行为学经历了三个发展阶段：萌芽阶段、形成阶段、持续发展阶段。

组织行为学主要研究的是三个层次的问题，即个体行为、群体行为和组织系统，以及这三个层次之间的相互联系、相互作用。

重要术语

人力资源管理　　人力资源规划　　招募　　培训　　薪酬与激励　　组织行为学
个体行为　　群体行为　　组织系统

第九章

公司治理与战略管理

【学习目标】

通过本章的学习，了解公司治理学和战略管理课程在工商管理专业培养计划中的作用，掌握公司治理学课程的主要架构体系，了解战略管理课程的学习要求和内容。

【引导案例】

万科宝能控制权之争

2017 年 6 月 9 日，随着恒大集团宣布将手中持有的约 15.5 亿股的万科集团股权以协议方式全部转让给深圳地铁，这次历时近 2 年、涉及多家公司与监管部门、备受各方关注的控制权之争落幕。

此次控制权之争的主角是万科集团（以下简称"万科"）和宝能系。万科成立于 1984 年，1988 年进入地产领域以来，成为中国国内住宅房企的标杆。2016 年，万科首次进入《财富》杂志世界五百强榜单，列第 356 位。而宝能系则是以宝能集团为中心的资本集团，所涉产业从地产开发、物流、文旅到金融。

2015 年 7 月 10 日，宝能系的前海人寿公司首次举牌万科，通过二级市场买入万科 A 股 5.52 亿股，约占万科 A 股总股本的 5%。2015 年 7 月 24 日，宝能系的前海人寿及其一致行动人钜盛华公司对万科二次举牌，共计持有万科 A 股 11.05 亿股，占万科总股本的 10%。此后，这两家公司继续对万科 A 股实施增持，截至 8 月 26 日，加上此前的两次举牌，宝能系合计持有万科 A 股总股本的 15.04%，以 0.15% 的优势首次超过了 20 年来始终是万科第一大股东的华润集团。这时，华润集团斥资 4.97 亿元，分别于 8 月 31 日和 9 月 1 日两次增持，合计持有万科 A 股 15.29%，重新成为万科集团的第一大股东。而宝能系也没有停下脚步，继续增持万科的股份，截至 2015 年 12 月 18 日，宝能系累计持有万科 A 股 23.52% 的股份，再次成为万科的第一大股东。

此时，在北京万科的内部会议上，董事长王石高调宣称"不欢迎宝能系成为万科第一大股东"，"万宝之争"正式拉开序幕。在这一过程中，安邦保险于 12 月 17 日和 18 日两次增持了万科 A 股，其持有的万科 A 股股份升至 7.01%。面对安邦的增持行动，王石通过官方发表声明，欢迎安邦成为万科的重要股东，并计划共同在养老地产、健康社区、地产金融等领域展开全方位的合作，安邦保险成为万科集团的"白衣骑士"。与此同时，万科集团还积极计划开展重组，引入深圳地铁，旨在稀释宝能系所持有的万科 A 股股权。

2016 年 3 月，对于万科集团的重组方案，大股东华润集团明确表示反对。由于两大股东联合反对，且其合计持有万科 A 股 39.53% 的股权，所以即使这一重组方案在万科集团的董事会上通过了，也无法在股东大会上获得 2/3 的股东支持，最终无法实施。万科集团 2015 年度董事会报告和 2015 年度监事会报告也在股东大会上因 "宝能系" 和华润集团两大股东的反对而被否决。

就在这一系列事件发生的同时，2015 年 12 月 23 日，中国保监会发布了《保险公司资金运用信息披露准则第 3 号：举牌上市公司股票》，对保险机构披露举牌信息进行了重点规范。2016 年 7 月，证监会分别向万科集团和 "宝能系" 发出监管函，指出万科集团相关股东和管理层没有顾及中小投资者的利益，违背了公司治理的基本义务。

万科宝能之争可以说是我国资本市场中的一个标志性事件，引发了社会各界对公司治理问题越来越多的关注。

资料来源：根据网络公开资料编写。

第一节 公司治理

一、公司治理的产生和发展

1. 企业制度演进与公司治理问题的产生

公司治理是国内外理论界和实务界共同关注的问题。公司治理这一概念于 20 世纪 30 年代，由阿道夫·A. 伯利（Adolf A. Berle）和加德纳·C. 米恩斯（Gardiner C. Means）在《现代公司与私有产权》一书中首次提出。

这一时期，企业制度已经完成了由古典到现代的转变，公司制企业在业主制企业、合伙制企业的基础上发展而来，成为一种全新的企业制度形式。公司制企业的发展，对自由竞争的经济发展，尤其是市场效率的提升具有非常积极的意义。它在很大程度上克服了业主制企业、合伙制企业在经济和发展上的局限性，使企业的创办者和企业家们在资本的供给上摆脱了对个人财富、银行和金融机构的依赖，成为现代经济生活中主要的企业存在形式。随着公司制企业的发展，现代公司呈现出了规模越来越大、股东越来越多、股权越来越分散的特点，特别是出现了所有权与控制权的分离。

在业主制或合伙制这样的传统企业制度下，企业的所有权与控制权是合一的，因此不会产生所有者与经营者的利益分歧。而所有权与控制权的分离将直接带来两个利益主体之间的分割，从而产生了公司行为目标的冲突，形成了两种权利、两种利益之间的竞争。对这一问题进行较为充分论证的是伯利和米恩斯，他们通过对 200 家美国大公司进行实证研究，于 1933 年出版了《现代公司与私有产权》一书，指出到 20 世纪 20 年代末，经营者控制股份企业的财产经营已经成为一个普遍的事实，股份公司的发展已经实现了 "所有权与控制权的分离"（the separation between ownership and control）。第二次世界大战以后，主要资本主义国家的大公司股权进一步分散化，使更多的大公司需要由专职的经理人员来负责经营，拥有专业管理知识并垄断了专业经营信息的经理人员实际上掌握了对企业的控制权。

2. 公司治理学的形成阶段

20 世纪 50 年代，经理人员的高薪与公司绩效增长相对缓慢之间的矛盾引发了人们的普遍不满，随后大量公司的董事与经理人员卷入股东诉讼赔偿案中。60 年代以来，公司所有权与控制权的分离日趋严重。以美国为例，一些公司的首席执行官同时兼任董事长，受聘于公司所有者的经理人员反过来最终控制公司的现象越来越多，由此导致的公司经营偏离企业利润最大化目标所造成的各种弊端逐渐引起了人们的关注。在 70 年代中后期至 80 年代初期，美国开始了有关公司治理问题的讨论。这一背景下，学者们对于公司治理问题的观察和关注，主要就是围绕着如何控制和监督经理人员的行为，以保护股东的利益这一主题。

进入 20 世纪 80 年代，在并购浪潮席卷美国资本市场的过程中，利益相关者开始受到更多的关注，因为从恶意收购的结果来看，目标公司的股东和其他利益相关者相差很大。对于目标公司的股东而言，他们会从恶意收购中大获其利，相反，其他利益相关者的利益却受到了损害。因为在恶意收购发生以后，收购者往往会对目标公司的董事会和高层管理团队进行重组，造成目标公司的董事会成员和高层管理人员职位不保；同时，收购者还会对目标公司进行大量裁员，造成大量员工失业。除此之外，如果收购者关闭了目标公司相关的工厂，结束了相关的业务，那么不仅会对目标公司内部的管理层、员工造成影响，还会对目标公司所在地的居民、债权人、政府等外部利益相关者造成损失。因此，如何保护除股东以外的利益相关者的利益就成为这一时期公司治理学者和实务界人士关注的问题。应该说，公司治理理论发展到这一阶段，对于公司到底是谁的这一问题，也出现了更为深刻的认识，即公司不仅是股东出资形成法人财产而形成的，更是所有利益相关者投入了各自的专用性资产而形成的。

我国公司治理的研究是伴随着国有企业改革和证券市场兴起而开始的。始于 1978 年的国有企业改革，在经过扩大企业经营自主权、利改税、承包经营责任制和转换企业经营机制改革后，到 20 世纪 90 年代中期，企业经营管理人员尤其是经理人员获取了过大的甚至是不受约束和控制的权力，导致了严重的经理人腐败问题。许多学者认为，出现这种现象的原因主要是由于我国的公司治理结构尚不完善，而且企业内部缺乏对经营管理者有效的制衡机制。基于这样的背景，中国公司治理领域的研究，是从治理企业经营管理者腐败的视角开始的。

1993 年 11 月，党的十四届三中全会通过了《关于建立社会主义市场经济体制若干问题的决定》，指出国有企业改革的方向是建立产权清晰、权责明确、政企分开、管理科学的现代企业制度，于是国有企业开始了公司制改革的探索，希望以此为契机来带动现代企业制度的建立和健全。基于此，国内学者开展了更为广泛的公司治理研究，主要围绕着国有企业进行了公司制改革以后，如何实现股东大会、董事会、监事会和经理层的权力分配和有效制衡来开展。随着理论研究的不断深入，面对日益丰富和复杂化的企业治理实践，如何控制上市公司控股股东的道德风险、如何对家族企业进行有效治理等问题逐渐成为我国公司治理研究中的热点问题。

随着改革的持续深入，国有企业发展进入了新阶段。2012 年 11 月，党的十八大明确提出：要毫不动摇巩固和发展公有制经济，推行公有制多种实现形式，深化国有企业改革，完善各类国有资产管理体制，推动国有资本更多投向关系国家安全和国民经济命脉的重要行业和关键领域，不断增强国有经济活力、控制力、影响力。2013 年 11 月，《中共中央关于全面深化改革若干重大问题的决定》中提出要积极发展混合所有制经济，允许更多国有经济和其他所有制经济发展成为混合所有制经济；完善国有资产管理体制，以管资本为主加强国有资产监管，改革国有资本授权经营体制，组建若干国有资本运营公司，支持有条件的国有企业改组为国有资本投资公司。在这一背景下，混合所有制企业的公司治理问题成为新的研究热点，国内学者围绕混合所有制改革中的股权与控制权配置、路径选择、管理层持股与员工持股、企业创新等问题开展了广泛的研究，提出了众多有益的政策建议，为推动国有企业改革的不断深入奠定了理论基础。

3. 治理理念的新发展

随着科学技术的进步和社会经济的发展，组织在不断演进，面对新的组织形式，治理的内涵与外延也在不断深化和扩展，出现了网络治理、绿色治理、社会治理等新的概念和研究领域。

（1）网络治理。现代企业理论的权威代表罗纳德·科斯（Ronald Coase）在其著作《企业的本质》中指出，企业与市场是经济系统运行的两极。进入 21 世纪，随着技术的快速发展，企业间跨边界的技术经济合作日益频繁，协作经营成为经济实践的主流，组织间的竞争已经逐渐被竞合所取代，虚拟企业、战略联盟、企业集群、供应链等新的组织模式占据了主导地位。由于组织治理任务所依赖的路径较之以前的单个组织发生了改变，因此治理形式也随之变化，网络型合作组织的治理逐渐成为理论界与实务界共同关注的焦点。

网络组织的研究实际上就是对企业与企业间的关系进行研究，即关系治理研究。对网络治理及其模式的研究与应用，不仅有助于指导企业间网络、联盟网络、虚拟组织等新型组织的有效运作，而且能够提高企业加入联盟与网络的积极性，有效推动网络组织的发展，这对于在全球化、信息化、网络化环境下的企业组织提高核心竞争能力，实现多方共赢具有重要的现实意义。

（2）绿色治理。企业社会责任是企业在追求利润目标之上，应当承担的促进社会长期发展的责任。随着认知革命、农业革命和工业革命的先后出现，人类逐渐形成以自我为中心的主人心态。但近几十年来，随着环境问题的不断凸显，人们开始重新思考、认识人类在自然界中的地位，以及经济社会发展与环境之间的关系。

绿色治理是以建设生态文明、实现绿色可持续发展为目标，治理主体参与、治理手段实施和治理机制协同的"公共事务性活动"。治理主体包括形式、结构和成员各不相同的企业、政府、社会组织以及公众。绿色治理秉承"多元化治理"的秩序观，从系统观和全球观的角度出发，识别治理系统中各主体的关联性，综合考虑各方利益和诉求，建立多元治理主体协同的治理机制。

（3）社会治理。社会治理是指特定的治理主体对社会实施管理，以谋求或优化社会秩序。这是一个上下互动的管理过程，通过多元主体、协商合作、伙伴关系来确立认同、共识和共同目标，实施对社会事务的管理，也是政府与社会力量通过平等合作方式组成的治理体系。为了实现与增进公共利益，多元治理主体彼此合作，包括政府、市场、社会组织、公民等，发挥各自优势，通过良性互动和扬长避短，在相互依存的环境中分享公共权力、共同管理社会事务，避免和减少各自的失灵现象。

随着社会的发展与进步，特别是互联网和信息技术的高速发展，人类社会正在由高度的工业化时代迈向计算机网络时代。互联网以实时性、互动性、跨域性、连接性、认证性、个性化等特征，已经广泛渗透到国家的政治、经济、社会等各个领域。而且，以传播屏障的消除、信息的自由快速流动、媒体的跨地区和跨国界经营、传播手段的高度现代化、信息控制难度增大为特征的信息化社会，也给我国正在形成的多元化社会治理体系带来巨大的挑战。

二、公司治理学的特点与学习意义

1. 公司治理学的特点

公司治理学，从广义角度理解，是研究企业权力安排的一门科学。从狭义角度理解，是通过公司内部的治理结构和外部的机制来监督和控制经理人员的行为，以保护股东及所有利益相关者的利益。公司治理学具有以下特点。

（1）科学性和艺术性。公司治理学作为管理学科领域下的一门独立学科，既具有科学性又具有艺术性。公司治理学首先具有科学性的特征，公司治理的整套理论体系是基于公司的经营和实践活动，是对公司实践活动的归纳和总结，已经经过时间和实践的检验，是一个合乎逻辑，能够反映公司治理客观规律的知识体系。公司的治理行为是可以利用已有的理论和知识进行指导和解释的，有章可循，因此具有科学性的特征。公司治理学还是一门艺术，公司治理的艺术性是指公司在发展过程中，面对无法用现有理论来解释和指导的新的治理问题时，需要依靠公司经营者的直觉和判断，这样的直觉和判断所体现的正是公司治理的艺术性。公司治理的科学性和艺术性相互联系。治理的艺术性是治理科学性的来源之一，治理的科学性是对基于治理的艺术性所形成的治理的感性认识的明确化、条理化、规律化。

（2）技术性。对于公司而言，只有治理理论是不够的。在现实中，每个行业和公司的内外部环境都各有不同，治理理论在每个行业和公司中的应用也不尽相同，因此要有能够把治理理论付诸实践的治理方法、治理技巧和治理手段。因此，公司治理学的技术性是指把已经科学化的治理理论知识具体化，转化为可操作的规则或制度。公司治理学的技术性是治理的科学理论应用于公司治理实践的一个不可或缺的必要环节。

（3）文化性。任何一种公司治理理论都是在一定的文化背景下形成的。起源于美国的公司治理理论，是在美国的社会文化背景下形成的，是对美国社会文化的折射和反映。同样，在考虑中国的公司治理问题时，也必须要考虑中国的社会文化情境。因此，当我们探索某种公司治理理论时，必须和当时的社会文化背景结合起来，在学习借鉴国外的公司治理经验时，也要考虑到文化的差异，把理论和经验与中国的社会文化结合起来。

2. 学习公司治理学的重要意义

自 1911 年泰勒出版其代表作《科学管理原理》以来，围绕着管理的基本理论，逐步形成了财务管理、战略管理、生产管理、营销管理、人力资源管理等专业职能的管理学科。公司治理学作为近年来形成的新兴学科，与这些专业管理学科存在着明显区别：（1）公司治理学是战略导向的，关注的问题是"公司向何处去"，其他的专业管理学更多是任务导向型的，关注的问题是"公司如何能够到那里"；（2）公司治理学侧重的是对公司的决策与经营管理进行监督与控制，而专业管理学则侧重于具体的业务经营管理；（3）公司治理学的主要作用在于保证公司决策的科学化和具体管理的正当性与有效性，而专业管理学的作用体现在如何使专业经营管理更有效率和效力。

学习公司治理学可以使学生了解公司治理的一般原理，除此之外，公司治理学课程实践性强，学生可以了解中国的公司治理现状，对中国的公司治理情境和治理实践有透彻的理解，更深入地了解中国国情；学生通过公司治理的学习能够深刻意识到我国的公司治理模式不是对公司治理一般原则的背离，而是一般原则与我国基本国情和特定发展阶段相结合的产物，意识到我国的公司治理模式与我国国情的适应性；同时，学生还可以通过公司治理课程提前感受未来各类工作岗位可能面临的利益冲突，强化价值观的培养和塑造，树立崇高的职业理想和高尚的职业道德。

三、公司治理的主要内容

1. 公司治理的内容结构

公司治理是指通过一套正式或者非正式、内部或外部的制度或机制来协调公司与所有利益相关者之间的利益关系，以保证公司决策的科学化，从而最终维护公司各方面利益的一种制度安排。

在这一制度安排中，股东及其他利益相关者借助于公司的内部治理结构和外部治理机制来共同参与公司治理，公司治理的目标不仅仅局限于股东利益的最大化，还需要确保公司决策的科学化，从而保证包括股东在内的所有利益相关者的利益最大化。因此，公司治理的核心和目的是保证公司决策的科学化，而利益相关者之间的相互制衡仅仅是确保公司决策科学化的方式和途径。

公司治理的主要内容包括理论基础、内部治理、外部治理、治理模式与评价等几个方面，如图 9-1 所示。

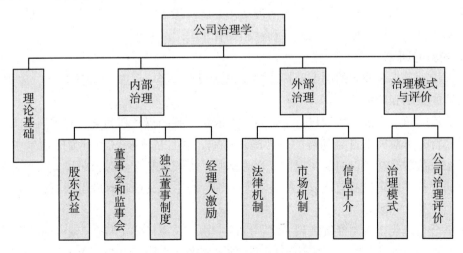

图 9-1　公司治理结构框架

资料来源：根据李维安《公司治理学（第 4 版）》（高等教育出版社 2020 年版）整理。

2. 公司治理的理论基础

在公司治理理论的产生和发展过程中，许多理论对其产生了深远的影响，主要包括古典管家理论、委托代理理论、现代管家理论、利益相关者理论等。

（1）古典管家理论。在这种理论下，企业被看作是具有完全理性的经济人，并认为所有者和经营者之间是一种无私的信托关系。主要观点包括：其一，在完全信息的假设下，经营者没有可能违背委托人的意愿去管理企业，因此不存在代理问题；其二，在完全信息的假设下，公司治理模式不再重要；其三，基于完全信息假设下的管理理论对于研究现代公司治理不具有任何意义。因为在完全竞争和完全信息的市场条件下，不存在委托者与经营者之间的利益冲突，公司治理表现为股东至上。

（2）委托代理理论。信息经济学是20世纪60年代以来经济学的一个重要研究领域，其对古典经济学的根本性突破表现在放弃对完全信息和无私性的假设。由此对新古典经济学产生了质疑：完全信息的假设背离了客观现实。在现代股份制企业所有权与经营权分离的情况下，股东并不直接经营企业，而是将资产的经营权授权给经营者，股东和经营者之间形成了一种委托代理关系。但是，由于人的自私性，经营者作为代理人具有机会主义倾向，他们可能会以股东权益为代价谋求自身利益的最大化，即出现了委托代理关系中的机会主义行为或者道德风险问题。因此建立一套完善的公司治理结构来规范委托代理关系各方的行为，并对经营者的机会主义行为进行控制，使其决策符合委托人的利益是非常必要的。

（3）现代管家理论。这一理论认为，基于完全信息假设下的古典管家理论显然不符合客观事实，不完全信息的存在使该理论无法解释现代企业中存在的两职分离与合一的现象。而代理理论对经营者内在机会主义和偷懒的假定也是不合适的，经营者对自身尊严、信仰以及内在工作满足的追求会促使他们努力经营公司，成为好的管家。在经营者自律的基础上，经营者与股东以及其他利益相关者之间的利益是一致的。

（4）利益相关者理论。上述三种理论都把利益相关者的利益排除在外。现代公司治理理论下的利益相关者理论认为公司治理结构不能只考虑委托人和代理人之间的关系，还应考虑企业员工、供应商、债权人等利益相关者。

3. 内部治理

内部治理是指企业内的制度安排，主要包括股东权益、董事会和监事会、独立董事、高层管理的激励和约束等内容。

从法律的角度来讲，所谓权益就是当事人依法享有的权利和利益，表示当事人由于付出某种代价，可对关系自身利益的行为施加影响，并且依法从该项行为的结果中取得利益。股东权益的存在要以向公司提供资产为基础，即股东基于其对公司投资的那部分财产而享有的权益。股东权益与债权人权益有所差别，股东因其所持有股份的权利不同，可以分为普通股和优先股。

董事会是现代企业制度发展到一定程度的产物。在现代公司制企业中，由于股东人数众多，受管理成本的制约，只能每年举行为数不多的几次股东大会，而无法对公司的日常经营作出决策，因此公司需要一个常设机构来执行股东大会的决议，并代表股东来选聘、监督和解聘经理人员。从各国公司治理结构的形式来看，大致分为两种：单层制和双层制。其中，单层制的结构中只设董事会而不设监事会，执行职能与监督职能合一；而双层制的结构中既设董事会又设监事会，执行职能和监督职能分开。董事会和监事会的设置和运行对公司治理效率具有直接的影响。

独立董事制度是现代公司制度的衍生物。所谓独立董事，是指不在公司担任除董事外的其他职务，并与所受聘的公司及其主要股东不存在可能妨碍其进行独立客观判断的关系的董事。引入独立董事的根本意义在于，通过独立董事对公司重大决策过程的参与，监督经理人员，促进科学决策，从而最大限度地保护投资者的利益，增加公司价值。独立性和决策参与是独立董事制度的两大基石。

高层管理者的激励和约束机制也是公司治理制度的核心内容之一。由于公司治理中的代理成本与道德风险问题仅依靠监督与制衡不可能彻底解决，因此需要设计有效的激励机制。激励机制从本质上来看，是关于所有者与高层管理者如何分享经营成果的一种契约。约束机制则是公司的利益相关者针对高层管理者的经营结果、行为或决策所进行的一系列客观而及时的审核、监察与督导行为。

4. 外部治理

外部治理是依靠市场自发或政府干预等行为实现降低代理成本的各种途径的统称，主要包括法律机制、市场机制和信息中介等内容。

法律机制主要是指一个国家或地区的法律制度的完善程度和执法的效率。公司治理中涉及的法律主要是指与投资者保护相关的法律和法规，包括立法和执法两个部分。立法的主要目的在于对不完备的契约关系的边界进行规范和界定，而执法则主要确保相关主体的行为在立法所确定的边界内来进行。法律机制对公司治理的产生和发展具有重要的影响作用。

在公司治理体系中，市场在外部治理中占有十分重要的地位。在证券市场中进行控制权配置是公司外部治理的重要方式之一，对于公司技术进步、产品结构调整、竞争能力提高以及生产要素的优化组合具有重要的意义，具体来说包括兼并收购和资产剥离两种形式。除此以外，经理人市场可以随时根据其表现和公司业绩来判断经理人的人力资本价值，形成经理人的个人声誉，对经理人员而言是一种无形的激励机制。而产品市场中的激烈竞争也会在一定程度上对经理人员的决策和行为形成约束，为了避免在产品市场上失败，从而影响其职业生涯，经理人员同样需要付出很大的努力来经营好公司。

信息不对称是产生代理问题的一个重要原因，也是公司治理需要解决的一个重要问题，而信息中介，包括审计师、证券分析师、信用评级机构和媒体等从事信息挖掘、鉴证、解读、传播等工作的专业机构，在公司治理中承担了重要的缓解公司内外部信息不对称的重要作用，也在一定程度上提升了公司治理水平。

5. 治理模式与评价

治理模式与评价主要是从宏观的角度，对现有的比较典型的治理模式及评价方式进行介绍。由于各国经济制度、历史传统、市场环境、法律观念及其他条件的不同，公司的治理模式，即制度安排形式也不尽相同。目前比较典型的公司治理模式有三种：外部控制主导型模式、内部控制主导型模式、家族控制主导型模式。

评价是人们对某个特定客体的判断，是主观对于客观的认知活动。公司治理评价实质上就是一种企业制度及运作效果的评价。公司治理评价对于缓解投资者的信息不对称程度、提升证券监管部门的监管效率、完善资本市场、提高上市公司竞争力水平具有重要的作用。

第二节　战略管理

一、战略管理的产生和发展

1. 战略管理的萌芽阶段

战略管理（strategic management）作为一个重要的管理学研究领域，萌芽于 20 世纪初。这一时期虽未出现系统的战略理论，但已经出现了不同的战略思想。最早的战略思想来自管理过程学派创始人法约尔，在 20 世纪初对企业内部的管理活动进行整合，提出六大类工业企业活动，即技术、商业、财务、安全、会计和管理活动，并提出了管理的五项职能：计划、组织、指挥、协调和控制，其中计划职能是企业管理的首要职能。这可以说是最早出现的企业战略思想。

1938 年，社会系统理论创始人巴纳德在《经理人员的职能》一书中，首次将组织理论从管理理论和战略理论中分离出来，认为管理和战略主要是与领导人有关的工作。此外，他还提出管理工作的重点在于创造组织的效率，其他的管理工作则应注重组织的效能，即如何使企业组织与环境相适应。这种关于组织与环境相"匹配"的主张成为现代战略分析方法的基础。

肯尼斯·安德鲁斯（Kenneth Andrews）的经典著作《公司战略概念》为战略提供了最初的分析框架。他将战略划分为四个构成要素，即市场机会、公司实力、个人价值观和渴望、社会责任。其中市场机会和社会责任是外部环境因素，公司实力与个人价值观和渴望则是企业内部因素。他还主张公司应通过更好的资源配置，形成独特的能力，以获取竞争优势。

2. 战略管理的形成阶段

20 世纪 60 年代初，美国著名管理学家钱德勒的《战略与结构：工业企业史的考证》一书出版，首次引入了企业战略问题的研究，并提出了"结构追随战略"的论点。他认为组织结构必须适应企业战略的变化，而企业战略又应当与外部环境相适应，从而确立了"环境—战略—结构"这一开创性的战略理论分析方法。此后，很多学者积极参与企业战略理论的研究，逐渐形成战略管理的十大学派，包括设计学派、计划学派、定位学派、企业家学派、认知学派、学习学派、权力学派、文化学派、环境学派、结构学派，这些学派从不同维度对战略管理提出自己的主张，推动了战略管理的形成和发展。其中，以设计学派和计划学派最具代表性。

设计学派以美国哈佛商学院的安德鲁斯教授为代表，将战略结构区分为两大部分：制定与实施。制定过程采用 SWOT 分析法，将企业的目标、方针、经营活动及环境结合起来。设计学派认为，在制定战略的过程中要分析企业的优势与劣势、环境所带来的机会与造成的威胁；主要的领导人员应是战略制定的设计师，并且必须督导战略的实施；战略应该是清晰的、易于理解和传达的。

计划学派几乎与设计学派同时产生，计划学派以安索夫为代表。安索夫在 1965 年出版的《公司战略》一书中首次提出了"企业战略"这一概念，"战略"一词随后在理论和实践中广泛运用。1979 年安索夫出版《战略管理》，系统提出战略管理八大要素：外部环境、战略预算、战略动力、管理能力、权力、权力结构、战略领导、战略行为。计划学派认为，战略形成应是一个有控制、有意识的正式计划过程；企业的高层管理者负责计划的全过程，而具体制订和实施计划的人员必须对高层负责；通过目标、项目和预算的分解来实施所制定的战略计划等。

3. 战略管理的发展阶段

20 世纪 80 年代，战略管理研究进入繁荣时期，以哈佛大学商学院的迈克尔·波特为代表的竞争战略理论取得了战略管理的主流地位。这一理论认为企业战略的核心是获取竞争优势，而影响竞争优势的因素有两个：一是企业所处行业的盈利能力，即产业的吸引力；二是企业在行业内的相对竞争地位。竞争战略理论将战略分析的重点第一次由企业转向了行业，强调了企业外部环境，尤其是行业特点和结构因素对企业投资收益率的影响，并提供了诸如五种竞争力模型（供应商、购买者、当前竞争对手、替代产品厂商和行业潜在进入者）、行业吸引力矩阵、价值链分析等一系列分析工具，帮助企业选择行业并制定符合行业特点的竞争战略。

随着信息技术迅猛发展，竞争环境日趋复杂，战略管理学者发现仅仅选择有利的外部环境已无法满足战略实践的需要，不少处于相同行业中的企业采取类似的竞争战略，但其绩效却迥然不同，这时从企业内部寻找竞争优势来源的资源基础观逐渐成为新的战略逻辑。伯格·沃纳菲尔特（Birger Wernerfelt）于 1984 年发表的《企业的资源基础论》一文标志着资源基础论的诞生。资源学派认为，企业战略的主要内容是如何培育企业独特的战略资源，以及如何培育最大限度地优化资源配置的能力，它强调要素市场的不完全性，认为有价值、稀缺、不可替代、难以复制的独特资源是企业获得持续竞争优势的源泉。

4. 战略管理的前沿

20 世纪 90 年代以前的企业战略管理理论，大多建立在竞争的基础上，侧重于讨论竞争及竞争优势。随着信息技术和网络技术的广泛使用，企业面临的竞争环境更加富于变化和难以预测。在新的形势下，企业逐渐认识到，企业战略的目的不是保持优势，而是不断地创造新优势，企业必须超越以竞争对手为中心的战略逻辑。在此背景下涌现出一系列新的战略理论。

集群竞争战略。20 世纪 90 年代以来，有关集群的研究成为经济学、地理学、管理学和社会学的焦点。波特于 1990 年在《国家竞争优势》中提出集群的概念后，在 1998 年又发表了《产业集群与竞争》，在该文中波特肯定了企业集群对维持企业竞争优势的重要性。他认为在一定的地理位置上集中的相互关联的企业以及相关机构可以使企业享受集群带来的规模经济和好处，也可以保持自身行动的敏捷性。

蓝海战略。2005 年由金伟灿（W. Chan Kim）和勒妮·莫博涅（Renee Mauborgne）合著的《蓝海战略》一书引起极大反响。蓝海战略要求企业突破传统的血腥竞争所形成的"红海"，拓展新的非竞争性的市场空间。与已有的通常呈收缩趋势的竞争市场需求不同，蓝海战略考虑的是如何创造需求、突破竞争。目标是在当前的已知市场空间的"红海"竞争之外，构筑系统性、可操作的蓝海战略，并加以执行。只有这样，企业才能实现机会的最大化和风险的最小化，赢得真正的竞争优势。

进入 21 世纪以来，战略管理有了诸多的新发展，推动了战略管理理论的不断创新，新领域、新概念不断涌现，主要有企业战略国际化、技术创新战略等主题。

二、战略管理的主要内容

1. 战略管理的内容结构

企业战略管理是确定企业使命，根据企业外部环境和内部经营要素确定企业目标，保证目标的正确落实并使企业使命最终得以实现的一个动态过程。一般来说，战略管理的内容结构如图 9 - 2 所示。

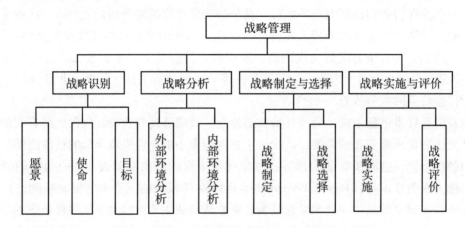

图 9 - 2 战略管理基本框架

资料来源：根据邹昭晞《企业战略管理》（中国人民大学出版社 2012 年版）整理。

2. 战略识别

战略管理的首要任务是确立战略方向，包括制定企业的企业愿景、使命与目标。企业愿景是对企业使命和未来理想状态的一种精简描述，它为企业战略的制定提供了背景框架，是企业自身的一种定位。企业愿景的陈述具有前瞻性、开创性特征，是就企业未来发展前景达成的共识，反映了企业的价值观和期望，是对"我们希望成为怎样的企业"的一种持续性回答。企业愿景具有指引战略实施、凝聚员工、提高组织绩效等作用。

企业使命是对企业在社会中的经济身份或角色的表示，它是对企业存在的价值和意义的概括说明。企业使命描述了企业的愿景、共享的价值观、信念以及存在的原因，通常会载入企业的政策手册和年度报告中。它是企业管理者确定企业发展的总方向、总目的、总特征和总的指导思想。它反映了企业的价值观和企业力图树立的形象，揭示出企业与其他企业总体上的差异。一般来说，绝大多数企业的使命是高度概括和抽象的，企业使命不是企业经营活动具体结果的表述，而是企业开展活动的方向、原则和哲学。

战略目标是指企业通过一段时期的战略行动而达到的具体结果，它是对企业使命的进一步细化和分解，是对企业生产经营管理活动全局的筹划和指导。战略目标是对企业战略的一种定位，是企业战略的核心，表明了企业战略的指向。根据层次不同，战略可以分为公司战略、经营战略和职能战略三种类型。

3. 战略分析

通过战略识别确定企业目标之后，要进一步展开对外部环境和内部环境的分析，以便及时对战略作出判断。

企业通过外部环境分析，对行业环境作出判断，预测行业未来的发展态势；对行业结构进行分析，掌握行业当前的竞争局势。外部环境分析主要包括：（1）宏观环境，其主要由政治法律（political & legal）、经济（economic）、社会文化（social & cultural）和技术（technological）因素相互影响而成，因此宏观环境分析又简称为 PEST 分析。宏观环境分析的意义，在于如何确认和评价政治法律、经济、科技及文化因素对企业战略目标和战略选择的影响。（2）行业环境分析是指对行业的性质、竞争者、供应商、消费者进行分析。行业环境分析的目的在于弄清行业的总体情况，把握行业中企业的竞争格局以及本行业和其他行业的关系，有效地发现行业环境中存在的威胁，努力寻找企业发展的机会，从而选择自己希望进入的行业以及在行业中所处的地位。（3）竞争者分析。竞争者分析包括竞争者的确定、竞争者的战略目标分析、竞争者的现行战略分析、竞争者的优劣势及能力分析。

企业内部环境是指企业能够控制的内部因素。内部环境是企业进行生产经营活动的基础，内部环境虽然包含很多内容，但是最根本的是企业的资源与能力，企业战略的制定和实施必须建立在现有的资源和能力上。资源是指企业所拥有或控制的、能够为顾客创造价值和实现企业自身战略目标的各种要素禀赋。进行企业资源分析就是系统地分析企业资源在数量和质量两个方面的构成及配置情况，其意义在于发现企业在资源获取和利用上的优势和劣势；相较于资源而言，企业能力是指企业通过整合资源实现企业价值增值的技能。进行企业能力分析旨在对企业关键性能力进行识别，以及对关键性能力在竞争表现上的分析，主要从生产能力、营销能力、研发能力、管理水平、业务能力等方面进行分析。

此外，在内部环境分析时，需要掌握一些基本的方法，主要有 SWOT 分析法、价值链分析法和投资组合分析法。这些方法帮助我们清晰地了解企业内部情况，从而为下一步战略制定打下基础。

4. 战略制定与选择

战略制定是战略活动的起点。企业战略制定是在分析企业内外部环境的基础上，认清企业面临的威胁与机遇，明确自身优势与劣势，根据企业发展要求和经营目标，依据机遇和机会，列出所有可能达到的战略方案；之后评价和比较战略方案。企业根据股东及相关利益团体的期望和要求，确定战略方案评价标准，并依据标准比较各种可行战略方案；在评价和比较的基础上，企业选择一个最为满意的方案作为正式方案。

战略决策者在面临多个可行方案时，往往难以作出决断。在这种情况下，影响战略选择的因素很多，其中较为重要的因素包括：（1）过去战略的影响；（2）企业对外界的依赖程度；（3）对待风险的态度；（4）竞争者的反应；（5）文化因素；（6）政治法律因素。

5. 战略实施与评价

战略实施是指将企业制定的战略方案付诸行动。企业在弄清了所处内部环境和外部环境之后，根据企业的使命和宗旨制定了实现战略目标的战略方案，然后专注于将战略方案转化为具体行动。战略的实施是一个自上而下的动态管理过程。自上而下主要指在公司高层制定了战略目标后，在各层级梯次传达的过程。在这个梯次传达执行的过程中，各部门分工和执行各自的工作内容。

战略评价主要是指评估企业经营计划的执行情况，监控企业内部环境和外部环境的变化，考察企业的战略基础，以保证企业可以快速应对环境的变化和防范风险的发生。战略评价主要包括以下三项基本活动。（1）考察企业的战略基础。企业的战略是在内部环境和外部环境分析的基础上做出的选择，战略基础是对企业内部环境和外部环境的界定。如果战略基础发生变化，那么在原有战略基础上制定的企业战略就会失去有效性。（2）比较预期业绩与实际业绩。企业比较预期业绩与实际业绩的差异，可以解决两个方面的问题：一是战略实施的实际业绩如何，是否发生偏差；二是发现战略基础发生变化造成的影响。（3）分析偏差的原因及应采取的对策。其重点在于判断偏差产生的原因。

本章小结

公司治理，从广义角度理解，是研究企业权力安排的一门科学。从狭义角度上理解，是通过公司内部的治理结构和外部的机制来监督和控制经理人员的行为，以保护股东及所有利益相关者的利益。

公司治理的主要内容包括理论基础、内部治理（包括股东权益、董事会和监事会、独立董事制度、高管的激励和约束）、外部治理（包括法律机制、市场机制、信息中介）和治理模式与评价。

企业战略管理是确定企业使命，根据企业外部环境和内部经营要素确定企业目标，保证目标的正确落实并使企业使命最终得以实现的一个动态过程。

战略管理的主要内容包括战略识别、战略分析、战略制定与选择、战略实施与评价。

重要术语

公司治理　　内部治理结构　　外部治理机制　　公司治理模式　　公司治理评价
战略管理　　战略分析　　战略实施

第三篇

实践篇

第十章

工商管理类专业的实践学习

【学习目标】

通过本章的学习，了解工商管理类专业的各项实践学习活动，包括课堂实践、第二课堂和社会实践，根据自身情况将理论学习与实践锻炼结合起来，学以致用，提高学习效果。

【引导案例】

"一乐票务"创业项目

"挑战杯"是由中国共产主义青年团中央委员会、中国科学技术学会、教育部和中华全国学生联合会共同主办的全国性的大学生课外学术实践竞赛。其中，"挑战杯"创业计划竞赛借用风险投资的运作模式，要求参赛者组成优势互补的竞赛小组，提出一项具有市场前景的技术、产品或者服务，并围绕这一技术、产品或服务，以获得风险投资为目的，完成一份完整、具体、深入的创业计划。

在2012年第八届"挑战杯"中国大学生创业计划竞赛决赛中，中央财经大学2010级学生杨宝通团队参赛的"一乐票务"项目备受瞩目。一乐票务，全称为"北京一乐中联数字科技有限公司"，2011年9月，公司诞生于中央财经大学，以代理销售演唱会门票起家。2012年4月，杨宝通与他的创业团队开始自主研发一乐电子票分销系统，实现技术转型，为商家提供电子票解决方案和高效规范的分销体系，为分销商提供便捷的一站式电子票采购通道。"一乐票务"项目先后获得大学生创新创业训练计划项目国家级立项，"挑战杯"大学生创业计划竞赛北京市金奖，并晋级2012年11月的挑战杯全国总决赛。该项目在参赛项目作品展及推介会上获得投资观摩团的广泛关注。最终，中央财经大学2010级学生杨宝通、韩向元以及带队老师陈妮娜组成的参赛团队凭借一乐票务项目脱颖而出，斩获银奖。

2012年5月，一乐票务凭借电子票系统的项目方案以250万元的估值获得15万元种子投资。同年8月，一乐电子票系统正式投入应用，并取得国家版权局软件著作权认证。系统上线半年就已突破百万元级别，知名客户有美团网、糯米网、拉手网等，一乐票务已经发展成为国内O2O行业领先的休闲娱乐电子票渠道供应商。

"挑战杯"竞赛已经成为促进优秀青年人才脱颖而出的创新摇篮，70%的学生获奖后继续攻读更高层次的学历，近30%的学生出国深造。另外，"挑战杯"竞赛成为引导高校学生推动现代化建设的重要渠道。成果展示、技术转让、科技创业，让"挑战杯"竞赛从"象牙塔"走向社会，推动了高校科技成果向现实生产力的转化，为经济社会发展做出了积极贡献。

资料来源：根据网络公开资料编写。

➡ 第一节 课堂实践

工商管理学科是一门实践性很强的应用型学科，理论与实务紧密相连。作为工商管理类专业的学生，应掌握管理学与经济学的相关理论，了解企业管理策略和决策技术方法，具有较强的分析和解决问题的能力、自主学习能力以及团队精神、创新精神等。为了使学生获得这些知识和能力，目前的专业教学主要包括理论教学和实践教学两个部分。理论教学是以获得间接经验为主要目的，主要形式是课堂讲授，教师通过口头语言向学生描绘情境、叙述事实、解释概念、论证原理和阐明规律。课堂讲授不是知识的简单传递和注入，而是由教师的理解转化为学生理解的过程。教师的讲授能使深奥、抽象的课本知识变成具体形象、浅显通俗的内容，从而排除学生对知识的神秘感和畏难情绪，使学习真正成为可能和轻松的事情。采取课堂讲授法向学生传递知识，避免了认识过程中许多不必要的曲折和困难，这比学生自己去搜索知识能少走不少弯路。所以，课堂讲授在知识传授过程中有无法取代的便捷和高效的优点。

与理论教学相对应的是实践教学，旨在获得直接经验或将间接经验转化为直接经验。工商管理类专业的学生通过实践教学可以进行多种技能、不同岗位的互动训练，使学生在灵活运用理论知识的能力、分析和解决问题的能力、实际动手的能力，以及团队精神、创业精神、创新能力等方面，得到全方位、多角度、深层次的培养和锻炼。实践教学是理论教学的深化，是本科生顺利过渡到社会的桥梁。

目前工商管理类专业的实践教学主要包括课堂实践、第二课堂、社会实践三种类型。课堂实践是指采取课程形式开展的实践教学活动，包括在各类专业理论课程教学中的实践环节，以及单独开设的实验课程。课堂实践主要有案例分析、专题调查、演讲展示、团队学习、经营模拟软件等形式。

一、案例分析

案例分析（case study）是工商管理类专业课程中常用的实践教学形式。它通过向学生提供素材，模拟或重现企业经营管理中的一些真实场景，在教师的引导下，通过学生的独立思考和师生间的互动交流，让学生分析、比较和讨论管理者所面临的现实管理问题，总结成功或失败的管理经验，提出解决问题的措施和方案。

案例教学是一种开放式、互动式的教学方式。管理类案例通常是为了达成明确的教学目的，基于一定的事实而编写的故事。它反映了现实企业中已经发生或正在发生的事例，可以把抽象的概念、原理具体化，为学习提供模拟的管理情境。来自企业实践的管理案例容易引发学生的兴趣，拓宽其视野，使学生愿意投入到课程学习中来，提高学习的主动性和自觉性。学生可以从典型案例中感悟管理理念，理解管理活动规律，从案例思考中激发学习兴趣，培养思辨能力，以及分析问题、解决问题的能力。

案例教学一般要结合一定理论，通过各种信息、知识、经验、观点的碰撞来达到启示理论和启迪思维的目的。通常，教师会在专业课程教学大纲中设计案例分析环节，以配合相应的理论教学，有针对性地选取特定的案例并指导学生提前阅读。课堂上教师要领导案例讨论过程，组织引导学生开展讨论或争论，形成互动与交流，帮助学生探索特定案例情景中的问题，获得经历和感悟。

从学生的角度来看，要做好案例分析，就必须积极参与，在阅读分析案例和课堂讨论中发挥主体作用。课前必须仔细阅读教师指定的案例材料，进行认真分析和思考，学会收集各方面的资料和信息，对已有的资料作多方面的分析，得出现实而有用的答案。课堂上，学生要积极发言，说出自己的思考和结论，并与他人展开辩论。这样学生不仅在寻找答案的过程中能够深入了解所学到的理论知识，培养和形成创造性思维，还可以从与他人的讨论中学习如何在管理情境中进行决策与选择，提高自身能力。同时，通过某门专业课程的案例分析，学生还可以对企业中的实际管理工作情境有所了解，依据专业课程所学的理论知识，对实际管理工作中出现的问题进行研究分析，作出决策、评价或提出解决问题的方法。

二、专题调查

专题调查（special survey）是指学生在教师的指导下，针对某个现象或问题，经过具体、深入的调查，收集被调查对象的各种资料，进行系统整理、分析、比较，以得出结论的学习活动。学生需要通过亲身实践获取直接经验，以类似科学研究的方式主动地获取并应用知识来解决问题。专题调查适用于管理类专业中不同的教学科目和教学目标，主要有访谈调查、问卷调查、直接观察、二手资料调查等多种形式。

管理类课程中的专题调查环节可以达到两个基本目标：一是学生通过主动探究式的学习，对通过调查访谈获得的知识会有更深入的了解，将课堂讲授获取的理论和知识应用于解决实际问题，有助于相关专业课程的学习。二是学生可以通过实地练习学习到调查访谈的技术，增长社会经验，提高调查能力，为今后的学年论文写作、企业实习、毕业求职等打下基础。专题调查是一种研究性学习活动，学生运用课余时间进行调查、分析等活动，最大限度地搜集各类资料并灵活地运用资料，这种探索性的学习方式可以培养训练学生的创新能力并树立创新意识。

专题调查一般包括调查准备、调查组织、资料分析、撰写报告和交流评价五个阶段。调查准备是由教师根据教学内容设计调查主题，向学生提出任务，说明要求。调查主题一般具有较强的情境性，这样能够提高学生的主动性和积极性。调查组织一般由学生分组自行完成，各小组要事先做好调查计划，提高调查工作质量。资料分析是对调查资料进行整理和总结，从中可以锻炼资料收集、材料分类取舍、统计方法应用、团队沟通合作等实践技能。撰写调查报告能综合地应用所学知识，培养学生的逻辑思维、分析、书面表达能力。调查报告需要通过交流展示来予以评价，一方面可以锻炼学生的沟通能力，另一方面也可以帮助学生了解工作成效，总结经验教训，提高技能。

三、演讲展示

演讲展示（presentation）是将课程内容合理划分为不同专题，让学生选择某个专题，在上课前事先准备演讲内容，且在课堂演讲后就其所发表的观点，与其他同学就演讲内容进行相互讨论的方法。这种方法要求学生结合实践调研过程中发现的现实问题，或某个企业管理案例，以课程所学知识与理论为支撑进行演讲，申明观点并阐述其结论。

演讲展示可以从演讲内容、语言表达、仪表风范、时间掌握等几个方面来锻炼学生的口头沟通能力，帮助教师了解学生对学习内容的理解程度；通过演讲展示，可以提高学生的思维、观察和应对能力。这种教学形式尤其适用于未来工作中需要学生掌握专业化知识并融会贯通，向他人传递信息的专业或课程，如管理、市场营销、法律等相关课程。

演讲展示经常与专题报告或案例分析相结合，任课教师事先结合教学大纲要求，将专题演讲安排到具体的教学日历中，明确每组演讲的具体时间与内容，并留给每组学生充分的课余时间去认真查阅相关资料，做好充分的课前准备。专题演讲可以作为学生平时成绩的组成部分，而且可以占有较大的比重，从而鼓励学生将精力放在平时学习中，而不是期末考试突击复习。评分可以从演讲内容、语言表达、仪表风范、时间掌控、整体效果、创新性六个方面来评判，示例如表 10-1 所示。

表 10-1 　　　　　　　　　　　专题演讲的评分标准

序号	考核指标	考核内容	成绩比例（%）
1	演讲内容	切合主题，能结合实际，观点鲜明，层次清晰，详略得当；要有个人特点、缜密的思维及逻辑性	40
2	语言表达	能脱稿演讲，表达流畅、生动，普通话标准，吐字清晰，语速控制合理，语调富有变化，饱含感情	30
3	仪表风范	仪表端庄，台风自然，形体动作合理协调、大方得体	10
4	时间掌控	规定时间为 10 分钟，每超过规定时间 10 秒扣掉 1 分	5
5	整体效果	演讲过程的整体效果良好，没有明显的念稿、"冷场"或重复等现象	5
6	创新性	演讲思路有创意，有新的可采纳的想法，即兴演讲有特点、有新意	10
合　　计			100

在课堂演讲与点评阶段，每个小组的演讲时间可以控制在 10 分钟左右，应借助幻灯片或实物材料等增强演讲效果。其他同学可以针对所提观点提出问题，由演讲小组给予解释。在每组讲解完之后，首先由教师进行讲评，并针对优点和不足提出建议；其次，学生可以自由发言，向作报告的小组提出问题等；最后，教师在此基础上对该组汇报的内容进行评分。为了使评分更加规范化，可以采用小组评分的方式，由教师和学生共同给分，可以赋予不同分数权重，或者采用去掉最高分和最低分等形式。

四、团队学习

团队学习（team learning）是让学生组成小组，采用合作学习方式进行的课堂实践环节。案例分析、专题调查、演讲展示、软件模拟等活动均可以采取团队学习的形式。每个团队的人数视班级规模而定，一般由 4~6 人构成，实施自我管理，并形成各团队的制度和文化。团队学习以发展学生的自主学习和知识建构能力为主要目的，能够改变教师单一授课的传统模式，适应管理类课程实践性较强的特点。

团队学习是包括团队成员面对面互动、个人责任、合作技能、信息沟通、相互依赖以及实践反思在内的一系列活动。通过团队学习，可以培养工商管理类专业所必需的一系列能力：首先，异质性团队的组建需要团队成员既要有清晰的自我认知、合作精神和主体意识，又能够多角度、多维度地看待问题；其次，团队共同承担某项具体的学习任务，需要处理任务分配中的激励、人际和沟通等问题，本身就是对团队管理技能的训练；最后，团队学习通过共享学习资源，取长补短，优化学习过程，提高学习效率，可以充分培养和锻炼学生的自我管理和团队管理能力。

在针对团队学习形式的考核中，团队运行绩效是一项重要的考核指标。教师除了考察团队作业最终的完成质量，还要通过课堂上即时的团队练习，直接观察各团队的组织情况与运转效率，是否每个人都在积极参与，特别要防止出现"搭便车"的现象。

五、企业经营模拟

企业经营模拟（business simulation practice）是运用计算机软件和网络技术，模拟真实企业的各类运营管理过程。学生可以在虚拟商业社会中完成企业设想、规划、注册、创建、运营、管理等所有决策，体验完整的企业经营过程。随着计算机信息技术的发展，教学经营模拟软件在管理类专业课程中使用较为普遍，单独设立的实验课程大多会使用某些综合性的教学模拟软件来辅助教学，使学生通过模拟体验式教学活动，实地体验商业竞争的激烈。

在经营模拟课程中，学生被分为多个团队，每个团队经营一个拥有一定资产、面临一定市场需求的企业，在仿真的竞争市场环境中，运用战略、运营、营销、人力资源和财务管理等管理专业相关知识经营该企业，一般要连续模拟若干年度的经营活动。团队成员分别扮演总经理、生产经理、营销经理、财务经理等不同的管理角色，根据市场环境的变化和运营规则的设定，制定企业的发展战略，并努力实现企业的经营目标。在企业运营中，管理团队将与其他企业展开激烈的市场竞争，为了取得良好的绩效并实现企业经营目标，需要团队的每位成员通力配合，精诚合作，共同制订有效的经营决策，包括企业战略、品牌规划、产品设计、市场营销、人力资源、生产制造、财务管理等各个方面的内容。

经营模拟软件构建了仿真的企业环境，学生以电脑游戏的方式扮演不同的角色，对企业经营的各个环节进行模拟。这种实训实践课程为学生提供了可供体验和观测的环境，帮助学生认识和理解现实商业社会的运作规律，可以有效地将所学知识转化为实际动手的能力。另外，经营模拟软件往往涉及多门课程，因此学生需要整合知识，融会贯通，将所学理论应用于企业的经营实践中，并且直接看到自己决策的结果，在模拟企业经营体验中完成从知识到技能的转化，达到提升综合素质、激发创新创业意识的目的。

➡ 第二节　第二课堂

第二课堂是针对第一课堂而言的。第一课堂是依据教学计划和教学大纲，在规定的教学时间里进行的课堂教学活动；而第二课堂是指在课堂教学之外的时间，引导和组织学生开展的各种有意义的课外教育活动，旨在扩大知识领域，开阔视野，培养独立工作能力和创造能力。大学校园的第二课堂活动内容广泛、形式多样，包括政治性、学术性、公益性、文化性、娱乐性的活动等。各类活动有不同的目标导向，如政治性活动可以坚定理想信念、树立正确的价值观；学术性活动可以树立创新意识、培养创新能力；公益性活动可以增加社会责任感、认识了解社会；文化性活动可以提升文化素养、增强文化底蕴；娱乐性活动可以起到放松身心、凝聚士气的作用。其中，学术类活动常常以竞赛或项目的形式开展，与课堂教学联系密切，可以全面提高学生的综合素质，为未来就业与升学打下良好基础。工商管理类专业学生在大学校园中能够参与多种形式的学术类第二课堂活动，这些活动可以分为科研学术与创新创业两大类。

2021 年，中国高等教育学会发布全国普通高校大学生竞赛排行榜，榜单中共有 57 项竞赛项目，包括综合类和学科类两种。综合类竞赛面向各个专业的学生，参与范围较广，如创新创业类竞赛、课外学术科技作品竞赛等；学科类竞赛需要有相关专业知识，如电子设计竞赛、智能汽车竞赛等。这些竞赛参与者多、组织规范、认可程度高，是大学生培养实践能力、提高综合素质的重要途径。

一、科研学术类实践活动

1. 大学生科研训练计划

大学生科研训练计划（Student Research Training，SRT）是针对在校本科生开展的科学研究训练项目。最早可以追溯到 20 世纪 60 年代的美国，麻省理工学院在 1969 年最先设立了"本科生研究机会项目"（Undergraduate Research Opportunities Program），即给本科生一个参与科学研究训练的机会。目前，国内已有众多高校开展了 SRT 计划。这一计划的主要形式是在教师指导下，以学生为主体开展课外科学研究活动，参加对象主要为本科生。与课堂教学相比，SRT 计划项目中涉及的知识领域更广泛。在这个过程中能充分发挥学生的独立工作能力和能动性，培养学生独立思考和敢于怀疑的批判精神。学生能做到"以我为主"，进行调查研究、查阅文献、分析论证、制定方案、设计或实验、分析总结等方面的独立的科研能力训练。指导教师则发挥其导师作用，通过与学生的交流合作，将教学和科研有机融合起来，促进教学相长，因材施教。

SRT 计划要求申报的主体为以本科生为主组成的小型研究团队，一般包括 3~5 名本科生、1 名指导老师以及 1 名研究生助研。考虑到相应的知识储备与完成项目所需要的时间，申报 SRT 项目的学生应为二、三年级的本科生，对科学研究有着浓厚兴趣，且具有全程参加项目所需的时间和精力。指导教师应治学严谨，有主持科研项目的经历，且对学生的培养工作一贯热心和认真；助研研究生具备一定的研究能力，热心于本科生科研辅助工作。学生可以通过双向选择确定指导教师及团队成员，组建研究团队。

SRT 通常采用科研项目式的管理办法，分为申报、立项、中期检查、结题等环节。项目申报具有特定的时间期限，在有限的时间内，研究团队需要确定研究题目，填写 SRT 项目申请书。好的项目选题是成功申报的基础，本科生缺乏专业知识积累，再加上项目申报有时间限制，多数本科生虽有参与愿望，但苦于找不到合适的研究主题，而被拒于 SRT 计划之外。要避免出现这种情况，需要有意愿参加的学生多观察、多思考，提前准备。

一般来说，SRT 的选题主要来源于以下两方面。一个是由学生自主确定的课题：自主选题可以培养学生的独立工作能力和自主创新意识，是值得鼓励的选题形式。但这种形式对学生的要求相应较高，学生应有相应的知识储备，加入相关社团，积极参与学术交流，如通过讲座、经验交流会、网上讨论区等获取多方面的信息，通过交流碰撞出思想的火花。如果学生要自主选题，一定注意提前与指导教师联系，请其对选题的科学性和可操作性进行把关，否则可能会造成选题不当，申报失利。另一个重要的选题来源是由指导教师从所从事的科研项目中，经细化或转化形成学生能够完成的研究课题。这种形式的选题质量有所保障，但容易造成本科生对选题缺乏兴趣和完成能力，不利于其主动参与和思考。本科生可以提前加入指导教师所领导的科研团队，从科研助手做起，充分了解研究主题和意义，同时可以借助团队中已有的人才梯队进行传、帮、带，积累科研经验，之后再担任项目负责人会有较好的效果。

学校组织评审专家对上报的 SRT 项目申请书进行审查，选择论证充分有据、切实可行、经费预算合理，且研究团队有能力按计划完成任务的项目予以立项，给予经费支持。研究课题原则上在 1 年内完成，如有特殊情况可延期至 2 年。中间会安排中期检查，目的在于及时了解项目执行进展情况，发现和解决项目实施中的问题，对项目能否完成预定任务目标作出判断。最后，项目研究结项时需要取得实质性研究成果，研究成果可采用调研报告、论文、软件、设计、硬件研制、专利等形式，鼓励学生利用研究成果公开发表论文或申请专利等。

论文既是对所学专业知识的综合运用，也是科研能力、创新能力的具体体现，能够为今后的求职、升学等职业发展打下良好的基础。大学生可以将所撰写的学术论文进一步修改，以寻求公开发表。公开发表论文需要学生根据自己论文的特点从中国知网（China National Knowledge Infrastructure，CNKI）数据库中寻找和选择合适的目标期刊，以确保期刊的收稿方向、风格与论文比较接近，以增加投稿的成功率，之后可以按照期刊对格式、内容的具体要求修改论文并投稿。

2. "挑战杯"全国大学生课外学术科技作品竞赛

"挑战杯"大学生系列科技学术竞赛是由共青团中央、中国科协、教育部和全国学联共同主办的全国性的大学生课外学术实践竞赛。首届"挑战杯"全国大学生课外学术科技作品竞赛于 1989 年由清华大学承办，每两年举办一届，成为大学生参与科技创新活动的重要平台。参与者由最初的 19 所高校发展到目前的 1000 多所高校，在大学生群体中的影响力和号召力显著增强。1999 年，"挑战杯"增设了中国大学生创业计划竞赛，与原有的"挑战杯"全国大学生课外学术科技作品竞赛形成了两个并列项目，这两个项目的全国竞赛交叉轮流开展，每个项目每两年举办一届。

目前挑战杯已形成了国家、省级、高校三级赛制，各高校自行组织为挑战杯竞赛做准备的校级竞赛。竞赛仅限举办终审决赛的当年 7 月 1 日以前正式注册的全日制高等院校在校的专科生、本科生、硕士研究生和博士研究生参与，可以个人参加（个人作品），也可以组队参加（集体作品）。申报参赛的作品必须是距竞赛终审决赛当年 7 月 1 日前两年内完成的学生课外学术科技或社会实践成果。

申报参赛作品分为自然科学类学术论文、哲学社会科学类社会调查报告和学术论文、科技发明制作三类。自然科学类学术论文作者限定在本专科学生。哲学社会科学类社会调查报告和学术论文则限定在哲学、经济、社会、法律、教育、管理六个学科内，其中可包含被采用的为党政领导部门、企事业单位所做的各类发展规划、改革方案和咨询报告。科技发明制作类分为 A、B 两类：A 类指科技含量较高、制作投入较大的作品；B 类指投入较少，且为生产技术或社会生活带来便利的小发明、小制作等。组委会聘请专家评定出具有较高学术理论水平、实际应用价值和创新意义的优秀作品，给予奖励，并组织学术交流和科技成果的展览、转让活动。

工商管理类大学生可以撰写社会调查报告和学术论文来参加"挑战杯"课外学术科技作品竞赛。大学生缺乏论文写作经验，通常需要在指导教师的帮助下来完成论文，由指导教师对论文的选题与内容进行严格把关，以保证论文质量。一般来说，一篇论文会经历提出问题、搜集阅读文献、形成假设、开展研究、写作修改等几个阶段。实践中，这些阶段可能存在反复，如提出问题后，通过搜集相关文献可能发现问题需要进一步精练或修改；开展研究中遇到困难，可能需要重新阅读文献，修改相关研究假设等。这决定了学术论文写作是一个较为长期的过程，很难一蹴而就，学生要具备严肃认真的态度和精益求精的精神，做好面对困难的心理准备。

在学术论文的写作过程中，大学生要特别注意树立学术诚信，避免出现学术不端行为。学术不端行为包括捏造数据、篡改数据、剽窃他人成果等行为，在实地调研中发现，多数大学生对于学术不端认知和界定不够清晰，仅局限于照抄照搬等比较明显的低级抄袭行为，而对于数据处理中存在的不端行为重视不足。学术不端文献检测系统是中国知网推出的针对学术论文进行学术不端检测的平台。系统将上传的论文与中国知网等数据库中所收录的期刊文章、报纸文章、本硕博学位论文等库存内容进行比对。全文比对结束后，系统会给出检测结果，即用百分数表示的文字复制比。这一指标可以反映上传的论文与他人成果之间存在文字重合的比例。如果这个指标超过规定的标准，论文可能会存在学术不端或不当引用等问题，需要进行修改。①

3. 全国大学生市场调查与分析大赛

全国大学生市场调查与分析大赛由中国商业统计学会于 2010 年创办，每年举办一届。

---

① 论文的文字复制比没有统一标准，各高校或杂志社对这一指标的要求从应低于 5%~20% 不等。

大赛的宗旨是引导大学生创新和实践，提高学生的组织、策划、调查实施和数据处理与分析等专业实战能力，培养学生的社会责任感、服务意识、市场敏锐度和团队协作精神。

市场调查大赛设置专科组、本科组和研究生组三个组别，不限制参赛同学专业，全日制在校专科、本科、硕士研究生均可报名。本科组设知识赛和实践赛两个竞赛环节。其中，知识赛为个人赛，采取在线网考方式；实践赛为团体赛形式，分为校赛、分区赛和全国总决赛。个人知识赛合格的选手自行组队参加实践赛，每个团队由 3~5 名选手组成。团体实践赛一般采用调查报告评审加上现场展示答辩的形式，评审组由高校老师、市场研究行业专家和大型企业市场研究部门资深人士构成。

市场调查大赛的选题可以来自学生自主选题或指导教师的研究课题，学生在寒暑假期间进行的社会调查或企业实习实践也是很好的论文选题素材。大赛提倡学生走出校园，直接面对社会中实际存在的各种问题，运用所学的知识进行调查，服务社会，因此鼓励来自社会实际部门的研究课题，包括政府、工商企业、社会委托的课题，学校老师承接的科研课题等。选题能够反映出大学生对社会实际问题的关注与了解程度，以及从实际中发现问题的能力。

工商管理类专业的选题应强调"问题导向"，切合社会生活实际，能够吸引读者兴趣。同时选题宜小不宜大，以便于组织调查和研究。大学生可以通过关注时政新闻、财经热点，结合在社会调查或企业实习中观察现实中的各类经济现象、管理问题或统计数据，尝试使用调查方法、统计分析等去解释分析现象背后的原因，总结提炼可能的规律，并根据研究结果提出相应的对策建议。

市场调查大赛需要组队参加，由于整个项目涉及选题、实地调查、数据分析、调查报告写作、图表设计、PPT 展示等多项工作，组队时可以考虑多学科交叉，邀请不同学科背景的同学加入团队。团队成员技能应该互补，一般来说，商科知识、数据分析、演讲能力、写作能力都是完成项目必要的技能；工商管理类学生了解企业运作规律，熟悉市场调查方法，在团队中可以发挥重要作用。

二、创新创业类实践活动

创新创业类实践活动包括大学生创业创新训练计划项目、"挑战杯"大学生创业计划竞赛和中国"互联网＋"大学生创新创业大赛等。多年来国内外的创业教育实践证明，创业计划竞赛是创业教育的一个重要途径，通过竞赛，学生可获得宝贵的模拟创业经历，学习积累创业知识，培养创业能力、团队精神，锻炼沟通交流和组织管理能力，树立自主创业的自信心，为未来的就业和创业打下扎实的基础。

1. 大学生创新创业训练计划项目

大学生创新创业训练计划项目是"十二五"期间由教育部开始实施的一项本科教学工程，可以分为校级、省级、国家级三个级别。每年 4 月左右，各高校自行组织大创项目申报，有意参与的学生可以个人申报，也可以组织团队申报，每个团队不超过 6 人。申请人需要填写项目申报书，简要介绍项目的目标、已有基础、实施方案以及预期成果等内容，由学校组织专家进行评审，通过校级筛选的项目可以继续参与省级以及国家级的大创项目评审。每年9月左右，教育部在其网站上公布入选国家级大学生创新创业训练计划立项项目的名单，并予以相应的经费资助。

大学生创新创业训练计划内容包括创新训练项目、创业训练项目和创业实践项目三类。创新训练项目是本科生个人或团队，在导师指导下，自主完成创新性研究项目的设计、研究条件的准备、项目实施、研究报告撰写、成果（学术）交流等工作。创新训练项目注重对学生科学思维方式和研究方法的训练，目的是转变学习方式、增强实践能力、培养创新思维。创新训练项目包括产品设计、学术论文、研究报告、发明制作、软件开发、社会调查等类别，项目应当具有一定的科学性、创新性和实用性。

创业训练项目是本科生团队，在导师指导下，团队中每个学生在项目实施过程中扮演一个或多个具体的角色，完成商业计划书编制、可行性研究、企业模拟运行、撰写创业报告等工作。通过创业训练项目，使学生掌握创业的基础知识和基本理论，熟悉创业的基本流程和基本方法，了解创业的法律法规和相关政策，达到激发创业意识、增强社会责任、提高创业能力的训练目的。创业训练项目倡导学生结合专业学习来开展创业训练，鼓励跨学院跨学科组建项目团队，团队成员应有明确的分工并相互协作。

创业实践项目是学生团队，在学校导师和企业导师共同指导下，采用前期创新训练项目或创新性实验等成果，提出具有市场前景的创新性产品或者服务，以此为基础开展创业实践活动。通过创业实践项目，学生可就一项具有市场前景的创新性产品或者服务进行创业实践，真实创办企业并实现有效运行。因此，创业实践项目要面向市场展开，按企业实际运营模式进行管理和实践。

2. "挑战杯"中国大学生创业计划竞赛

"挑战杯"中国大学生创业计划竞赛自1999年开始举办，每两年举办一届。根据参赛对象，分普通高校、职业院校两类。设科技创新和未来产业、乡村振兴和脱贫攻坚、城市治理和社会服务、生态环保和可持续发展、文化创意和区域合作五个组别。创业计划竞赛采取学校、省（自治区、直辖市）和全国三级赛制，分校级初赛、省级复赛、全国决赛三个赛段进行。竞赛决赛设置金奖、银奖、铜奖，各等次奖分别约占进入决赛作品总数的10%、20%、70%。

创业大赛是借用风险投资的实际运作模式，要求参赛者组成优势互补的竞赛小组。参赛作品应该是针对一项发明创造、技术专利或服务的创业（商业）计划。参赛作品具体来源包括：参赛小组成员参与的发明创造、专利技术或课外制作；经授权的发明创造或专利技术（此种情况下，参赛小组须向组委会提交具有法律效力的发明创造或专利技术所有人的书面授权许可），引用其产品；或是一项可能研究发现的概念产品或服务。参赛各小组要围绕这一产品或服务，以获得风险投资为目的，完成一份完整、具体、深入的商业计划，一般包括企业概述、业务展望、风险因素、投资回报、退出策略、组织管理、财务预测等方面的内容。商业计划书是目前创业过程中的纲领性文件，它不仅为创业者提供了自我评价的机会，也是创业项目争取获得资源支持的必备材料，因此，撰写规范的商业计划书是创业者的必修课。各类创业大赛也多以计划书来评判创业项目的优劣。

学生在这些实践中，从最初的计划拟订到后期的成果转化以及作为企业的运营都要考虑市场情况并接受各级评委的考验。这样尽量使学习者置身于创建企业、发展企业这样一个动态过程中，使学生有机会搜集真实创业情景的相关资料，获得关于创业各个环节的亲身体验，能够将课堂上的理论运用到现实世界中。

3. 中国"互联网＋"大学生创新创业大赛

中国"互联网＋"大学生创新创业大赛是由教育部 2015 年开始举办的创新创业大赛，每年举办一届。大赛的主要目的是激发大学生的创造力，推动赛事成果转化，促进"互联网＋"新业态形成，以创新引领创业、创业带动就业，推动高校毕业生更高质量创业就业。

大赛主要采用校级初赛、省级复赛、总决赛三级赛制。校级初赛由各院校负责组织，省级复赛由各地负责组织，总决赛由各地按照大赛组委会确定的配额择优遴选推荐项目。大赛包括高教主赛道、"青年红色筑梦之旅"赛道、职教赛道、萌芽赛道和产业命题赛道，参赛项目只能选择一个符合要求的赛道报名参赛。除了职教赛道和萌芽赛道分别是面向职业院校和高中学生的创新创业项目之外，其他三个赛道大学生均可参与。

高教主赛道包括新工科、新医科、新农科、新文科项目。其中，新工科类项目包括大数据、云计算、人工智能、区块链、虚拟现实、智能制造、网络空间安全、机器人工程、工业自动化、新材料等领域，符合新工科建设理念和要求的项目；新医科类项目包括现代医疗技术、智能医疗设备、新药研发、健康康养、食药保健、智能医学、生物技术、生物材料等领域，符合新医科建设理念和要求的项目；新农科类项目包括现代种业、智慧农业、智能农机装备、农业大数据、食品营养、休闲农业、森林康养、生态修复、农业碳汇等领域，符合新农科建设理念和要求的项目；新文科类项目包括文化教育、数字经济、金融科技、财经、法务、融媒体、翻译、旅游休闲、动漫、文创设计与开发、电子商务、物流、体育、非物质文化遗产保护、社会工作、家政服务、养老服务等领域，符合新文科建设理念和要求的项目。

"青年红色筑梦之旅"赛道的目标是助力精准扶贫、乡村振兴和社区治理，推进革命老区、贫困地区、城乡社区经济社会发展。该赛道分为公益组、创意组、创业组。其中，公益组参赛项目不以营利为目标，积极弘扬公益精神，在公益服务领域具有较好的创意、产品或服务模式的创业计划和实践；创意组参赛项目基于专业和学科背景或相关资源，解决农业农村和城乡社区发展面临的主要问题，助力乡村振兴和社区治理，推动经济价值和社会价值的共同发展；创业组参赛项目以商业手段解决农业农村和城乡社区发展面临的主要问题、助力乡村振兴和社区治理，实现经济价值和社会价值的共同发展，推动共同富裕。

产业命题赛道是面向产业代表性企业、行业龙头企业、专精特新企业以及入选国家"大众创业万众创新示范基地"的大型企业征集命题。企业可以将发展中所面临的技术、管理等现实问题作为命题，由项目团队揭榜答题。设置产业命题赛道，可以利用高校智力资源解决企业现实问题，拓展校企合作空间，促进学生了解产业发展状况，培养学生解决产业发展问题的能力，推动大学生更高质量创业就业。

➡ 第三节 社会实践

社会实践是指学生利用假期采用多种形式在学校之外开展的实习活动。企业是工商管理类专业大学生社会实践的重要场所，其中包括最基础的企业参观，增强了解认识，开展企业调查，争取机会在核心工作岗位实习等。通过社会实践尤其是校企联合的实习实践活动有助于形成企业为学生提供实践机会，学校为企业输送人才的双赢局面。

一、专业实习实践

1. 实践教学基地

实践教学基地是学校与企业、行业协会等协商共建的，可接纳学生进行专业实习的企事业单位。根据所处行业不同，企业一般具备行业运营所必需的研发、生产、销售等核心职能，能够与管理类专业核心课程，如生产运作管理、市场营销、人力资源管理等无缝对接，为管理专业本科生提供了良好的实践条件。作为高校实践教学基地的企业可以为学生提供多项实践活动，如接待学生参观、调查、实习等。

企业参观是组织大学生进行参观、调查，对企业实践进行一般性了解，建立感性认识，对于一年级本科生来说，可以了解企业运行情况以及各个职能管理部门，对专业学习增加感性认识；企业调研是由学生组成课题组对企业中存在的管理问题进行调研，建立抽象的专业知识与社会实践之间的联系，解决实践中存在的问题，为企业提出建设性的方案，适合于二、三年级处于专业课学习阶段的本科生；企业实习是实践教学基地接纳学生在企业真实的环境中顶岗实习，适合处于求职期的大学四年级本科生，通过实习可以促进学生实践能力的培养，提升就业能力，促成学校工商管理的人才培养与企业的人才招募对接。

学生通过校企共建的实践基地参与社会实践具有可靠、稳定的优点，但目前这一方式存在的主要问题在于实践基地的建设规模较小，质量参差不齐，学校希望寻找经营状况良好、符合专业实习要求、数量适中的企业以建设实践教学基地，但企业往往由于直接面对市场竞争压力、管理类岗位规模有限、担心增加成本等问题，对接收大学生实习实践的态度不积极。面对这种现实，需要从学校与学生两方面来解决：一方面，学校要努力做好实践教学基地建设，积极联系，充分调动社会力量，增大对实践基地建设投入；另一方面，学生也要用好已有资源，积极参与实习实践，同时还可以主动为自己创造实践机会，如积极申请各类社团、非营利组织、知名企业等发起组织的实习实践机会等。

2. 师生课题组

师生课题组（research group）是指学生积极参与指导教师所发起的，旨在完成其所承担的各类不同级别课题的研究组织中，开展与课题相关的创新实践活动。课题包括纵向课题和横向课题两大类。纵向课题是指由各级政府指定的科研行政单位代表政府立项的课题，如国家自然科学基金、国家社会科学基金等国家级课题，教育部、科技部等部委以及省部级科技主管部门下达的省部级课题，各省市教委以及其他厅局下达的各类局级项目，高校自设的各类教学科研等校级课题。横向课题则是指地方政府企事业单位委托高校教师完成的各类课题，这类课题往往没有级别之分。

师生课题组以科研课题或为企业服务的横向课题为依托，提供了师生交流、共享、合作、发展的坚实平台。本科生通过加入课题组，可以尽快熟悉本专业学习方向，提升查阅文献的能力，实地参与企业调研，同时还可以在了解课题组研究内容的基础上申请与课题相关的各类学生科研立项，锻炼自己的科研能力，培养综合素质，也为课题的细化完成提供了基础。课题组管理中常用的例会制度要求学生定期报告文献阅读和研究进展，有效促进了师生之间的交流，指导教师通过有针对性地对课题研究中出现的问题进行分析和指导，可以帮助学生养成良好的学习、工作习惯，提高其工作能力，为其深造、就业提供良好基础。

二、毕业实习

毕业实习（graduation internship）是本科教育的重要环节，是指学生在毕业之前，学完全部课程之后到企业参与一定的实际工作，通过综合运用全部专业知识解决企业实践中的问题，获取独立工作能力，从而得到全面锻炼，进一步掌握专业技术的实践教学形式。毕业实习往往与毕业论文相联系，在实践中获得企业管理问题的相关资料，为毕业论文的撰写做好准备。通过毕业实习，学生可以在现实的工作环境中学习和体会课本理论知识的实际运用，增加实际工作经验，为毕业后的顺利就业增加筹码。如果学生没有参与真正的社会实践，没有真正体会过企业的管理运行过程，往往无法完成有质量的毕业论文。

毕业实习是学生从学校走向社会的过渡性阶段。毕业生在实习前应清晰明了实习的要求和目的，明白实习的重要性和必要性，特别是职场中的人际关系、工作伦理和工作规则，尽快做好角色转换，适应职场环境。学生可以通过积极寻找毕业实习单位，以实习的方式进行试用，让毕业生的实习与就业充分结合，尽快完成从学习到工作状态的过渡和衔接。

大学生参与企业实习时往往有些困惑，面临诸多问题。例如，企业安排的工作岗位不符合实习生自己的兴趣，或与自己的专业不对口；不少企业出于业务保密等因素，不会安排实习生接触专业业务，仅仅将其放在辅助服务的岗位上；企业利用内部网络系统进行事务处理和业务管理，对系统数据的安全性和保密性有一定考虑，不愿意让实习生这类没有经验的人接触系统，因此实习生无法获得直接参与实际工作的机会；企业中各个岗位的工作人员任务饱满，工作压力大，无法给予实习生切实的指导等。

实习生面对这些情况时，可以从以下几个方面来予以解决。首先，实习生要端正心态。企业给实习生分配任务的时候，大多数情况下是哪里缺人，就把实习生分配到哪里，不会过多考虑本人兴趣。实习生应当知道，作为学生到企业实习，其根本任务是了解企业环境和生产服务流程。在这个过程中，从事的工作都是临时性工作，因此对具体工作内容不应过分计较。其次，实习生在工作中应尽量主动，不要总是被动地等待上级分配任务。如果感到不知道应该干什么，或没有活干，要主动请缨。同时，要保持和上级的积极沟通，让上级了解自己的工作情况。最后，实习生要处理好职场人际关系。遇到问题要大胆求教，这也是企业实习的重要目的，但要注意应尽量减少指导者的负担，如应在自己独立思考以后提问；整理问题后集中时间提问；用电子邮件等非即时方式提问；提问要简短扼要；对指导者的回答表示感谢等。

本章小结

工商管理类专业的实践教学主要包括课堂实践、第二课堂、社会实践三种类型。

课堂实践主要有案例分析、专题调查、演讲展示、团队学习、企业经营模拟等形式。

第二课堂是指在课堂教学之外的时间，引导和组织学生开展的各种有意义的课外活动，旨在扩大知识领域，开阔视野，培养独立工作能力和创造能力的教育活动。

学术类第二课堂活动可以分为科研学术与创新创业两大类实践活动。

科研学术类实践活动包括大学生科研训练计划（SRT）、"挑战杯"全国大学生课外学术科技作品竞赛、全国大学生市场调查与分析大赛等。

创新创业类实践活动包括大学生创新创业训练计划项目、"挑战杯"中国大学生创业计划竞赛、中国"互联网＋"大学生创新创业大赛等。

师生课题组是指学生积极参与指导教师所发起的，旨在完成其所承担的各类不同级别课题的研究组织中，开展创新实践活动。

毕业实习是指学生在毕业之前，学完全部课程之后到企业参与一定的实际工作，通过综合运用全部专业知识解决企业实践中的问题，获取独立工作能力，从而得到全面锻炼，进一步掌握专业技术的实践教学形式。

重要术语

案例分析　　专题调查　　演讲　　团队学习　　企业经营模拟

大学生科研训练计划　　师生课题组　　毕业实习

第十一章

学年论文与毕业论文

【学习目标】

通过本章学习，知晓工商管理专业的学年论文与毕业论文在专业培养方案中的重要作用，了解学年论文与毕业论文的写作方法与规范。

【引导案例】

秦奋的毕业论文

秦奋就读于某大学工商管理专业，是一名三年级的本科生。按照学校的要求，从暑假开始他就要写作学年论文了。虽然指导老师已经向大家介绍了学年论文以及毕业论文的基本框架与结构，可是他仍然感到很迷茫，不知道该从何下手，该如何去写。

一放暑假，秦奋就联系了一家实习单位，希望能够像老师说的那样，在实习的过程中发现一些管理问题，进而开展他的研究。

秦奋联系的实习单位是 HN 集团天津分公司。HN 集团是一家高新技术企业，主要业务涵盖航空维修支持、自动测试设备（Automatic Test Equipment, ATE）研制及系统集成、飞机加改装、机载设备研制等，是国内知名的从事航空部附件维修的航空工程服务企业之一。集团旗下有广州、深圳、上海、天津、北京五家子公司，并设有研发中心和制造中心。客户包括国航、东航、南航和海航等 30 余家国内航空公司，以及美国、法国、加拿大和阿联酋等国的 10 多家海外航空公司。HN 集团以航空电子产品维护为主营业务。集团的高层管理和技术人员大多来自主机厂所和航空重点院校，多年从事机载航空设备维修和检测设备的研制工作。

秦奋被安排到人力资源部门进行实习。开始他很兴奋，心想终于可以深入感受一下大公司的管理啦。但是没过多久，他发现了一个问题，那就是公司的人员变动很频繁。这是怎么回事儿呢？秦奋开始思考这个问题。

通过和部门内的老员工聊天，秦奋了解到：2008 年底，天津 HN 航空科技公司的总经理调至上海公司任总经理，其职位由 HN 集团的财务总监——同时也是集团董事长的亲弟弟担任。这位"空降兵"到任后，首先强化了考勤制度和奖惩管理，并实施严格的财务制度，对于员工反映的薪酬福利、考核晋升等方面的问题却一直视而不见。因此，当时一些对公司心存不满的员工就纷纷离职了，其中有很多人甚至直接流向了 HN 航空科技公司的竞争对手。然而，员工纷纷离职这一现象，并没有引起领导的重视。直到今年，公司人员的频繁流动，特别是技术人员的大量流失，已经影响到了部分工作的进度，导致公司与主要客户的合作出现破裂，全年公司营业收入同比下降 20.7%，利润率跌至 3.3%，同比下降80%。为了节约成本，公司开始削减支出，如辞退部分清洁工人、改自助餐为盒饭等，并进一步加强了财务报销审核，并暂时取消了加班费。

秦奋认为这简直就是一个恶性循环，如果再不对这个问题加以重视，可能真的会影响到公司未来的发展，甚至是生存。于是，在和部门领导进行沟通的基础上，秦奋决定将自己的学年论文，乃至毕业论文的选题确定为员工离职问题，在和指导老师沟通时，老师觉得这个问题很有现实意义，但为了使研究更具有针对性，指导老师又建议秦奋将研究对象进一步明确为技术人员，因为对于HN集团这样的公司，技术人员在其发展过程中具有非常重要的作用。于是，在老师的指导，以及部门领导的支持下，秦奋开始了他的研究。

秦奋首先利用公司人力资源部的相关档案信息，了解到最近几年技术员工流失的基本情况和联系方式。为了进一步了解他们离职的真实原因，秦奋设计了一个调查问卷，通过电子邮件的形式发送给部分已经离职的技术人员，从公司的管理体制、薪酬制度、培训制度、竞争机制、企业文化等方面来了解他们当初选择离职的主要原因。随后，秦奋又通过对公司相关运营数据的分析和研究，了解到技术人员流失对公司造成的影响。

在获取了这些宝贵的第一手资料以后，秦奋开始了他学年论文的写作。在老师的指导下，他从介绍公司技术人员流失的现状开始，利用问卷所得到的调查数据，进一步分析了其中的影响因素以及给公司带来的不利后果；最后，结合公司的具体情况，提出了一些对策建议。

对于这个研究结果，部门领导看后都觉得很不错，不仅有第一手的数据资料，而且还结合了理论分析，提出的对策建议也具有针对性和可操作性。于是部门领导诚邀秦奋在毕业后继续留在该部门工作，共同推进相关的改革。

与此同时，秦奋在学年论文的基础上，又对自己的研究进行了理论上的提升和完善，形成了最终的毕业论文。该篇毕业论文由于选题具有现实意义、基础调查翔实、分析思路清晰以及语言运用流畅等而获得优秀毕业论文奖。

资料来源：根据相关公开资料编写。

第一节　学年论文

一、学年论文概述

1. 学年论文的概念

学年论文是各类高等院校在校学生在大学二年级开始练习撰写的考查学习成绩和科研能力的论文。它是学生通过一段时间的专业课学习之后，在老师的指导下，运用自己掌握的基础理论、基础知识和基本技能，独立地开展研究，分析和解决学术或实践问题，了解论文写作的步骤和方法，培养和锻炼研究能力的一种尝试。

学年论文完成以后，一般由论文指导教师负责审核，并写出评语、评定成绩。学年论文是一种初级形态的学术论文，尽管在广度、深度、难度等方面都只是论文的雏形，但毕竟属于论文范畴，同样具备学术论文的一般特点（即科学性、学术性、创造性和规范性等），在专业培养中发挥着重要作用。

教育部在学位条例中规定在本科阶段要撰写学年论文，就是希望本科学生通过撰写学年论文，特别是在教师的指导下，结合学科基础课、专业课的学习，基于现实问题进行选题，收集、整理和运用数据资料，掌握论文写作的程序和基本规范等，获得从事科学研究的初步训练，为进一步进行专业学习、科学研究和实践活动创造条件。

2. 学年论文的基本要求

学年论文是工商管理专业学生必须完成的，理论研究、实践探索相结合的环节，是考查学生对专业知识的掌握、理解与运用的能力，评估学生知识水平的一个重要手段。学年论文应遵循理论结合实际的原则，反映运用所学的学科基础理论与知识解决实际问题和分析问题的能力。通过撰写学年论文，可以培养学生的科研创新能力、锻炼思维组织能力、训练语言运用能力、激活知识的输入与输出。

学年论文通常会从选题、文献资料、知识运用、写作水平、学术水平和格式规范几个方面来进行评价，要求达到主题明确、观点正确、材料翔实、论证有力、层次清楚、文字通顺。学年论文的字数一般不少于 5000 字。为了规范学年论文的撰写，使学生按时、按质、按量地完成论文的写作，评分标准具体如表 11 - 1 所示。

表 11 - 1　　　　　　　　　　学年论文评分标准

评分标准	优	良	中	及格	不及格
论文选题	论文选题角度新颖，富于创造性，具有较高的理论水平和现实意义	中心论题明确，有一定的理论水平和应用价值	中心论题基本明确，能结合专业理论和社会实践	论文选题与专业基本相关，但理论水平和应用性较差	论文选题无理论和现实意义，与专业无关
文献资料	使用材料翔实、恰当，掌握大量的背景资料和数据	有比较丰富的文献材料和较充足的理论依据	持论有据	理论根据及客观材料有少部分欠缺	缺乏理论根据，客观材料空泛
知识运用	在问题研究中综合运用专业知识以及计算机等各方面的能力强	能运用专业理论以及计算机等各方面知识，有较好的理论基础和专业知识	基础知识和综合能力一般，但能独立完成论文	基础知识和综合能力较差，经过努力可在教师指导下完成论文	缺乏应有的专业基础知识和综合能力，不能独立完成论文
写作水平	理论分析准确，逻辑严密，层次清楚，结构合理，语言流畅	理论分析恰当，条理清楚，层次比较清楚，语言通顺	条理清楚，有一定的分析能力和说服力，有少许语病	材料陈述较为清楚，但分析力不强，个别地方语言不通顺	分析能力差，论证不准确，材料简单堆砌，语言不准确
学术水平	论文有独到的见解，富有新意或对某些问题有较深刻的分析，有较高的学术水平或较大的实用价值	有一定的个人见解和学术性	能从个人角度分析和解决问题	无明显的个人见解	结论观点有错误
格式规范化	论文格式符合要求，打印清晰美观，无错别字	格式基本符合要求，有个别错误，打印清楚	格式基本符合要求，个别地方有问题，打印基本清楚	行文基本规范，但与学校规定的要求有一定的差距	格式不规范、打印不清晰

二、学年论文撰写

1. 学年论文的选题来源

与毕业论文相比，学年论文更注重对现实问题的观察、调查和分析。工商管理专业学生要特别注重理论与实践相结合，同时培养自己的实践能力。一般来说，学年论文的选题可以来源于以下几个方面。

（1）指导教师指定。目前，有不少的本科生选择在低年级阶段就跟随专业课教师，就其感兴趣的问题进行一些基础性的研究，部分学校还专门设立了"本科生科研训练计划"项目，用于激励学生参与科研训练，提升学术素养。指导教师可以结合自身的研究课题，为本科生设计难度适中的论文选题。因此，这部分学生在学年论文的选题中，可以跟随指导教师的研究方向继续开展相关问题研究，使研究具有一定的连贯性。

（2）课程调研案例。案例教学是工商管理专业常用的教学方法。在专业课学习中，本科生经常会根据课程内容调研相关企业，这类调研密切结合课程内容，为本科生提供了来自实践的企业案例。还有一些学校会采用师生课题组等形式，来带领学生深入企业，通过实地调查和分析，灵活地将课程中所学的理论知识加以应用，帮助本科生更好地借助案例来观察现实企业，发现问题、分析问题，进而解决问题。对于在企业调研中发现的问题，学生可以将之作为学年论文的选题。

（3）学生实习经历。工商管理本科生在学校除了课堂实践外，还有第二课堂、实习实践等环节。学生通过各类实习和实训，综合利用所学习的理论知识，去发现现实组织中存在的问题。特别是在毕业实习中，通过深入企业参与实际工作，很多学生能够发现其中存在的一些问题，并借助企业实际运营活动的数据资料，进行分析和研究，这也是一个很好的选题方向。通过学年论文和毕业论文的研究，可以使学生对所在的实习企业有一个更深入的认识和了解，有助于入职后工作的开展。

2. 学年论文中的数据调查

在工商管理专业学年论文的撰写过程中，要特别重视对于研究对象的调查和分析。目前在本科生学年论文的写作中，最为常用的调查方法包括问卷调查法和访谈法。

问卷调查法是目前国内外社会调查中较为广泛使用的一种方法。问卷是指为统计和调查所用的、以设问的方式表述问题的表格。问卷法就是研究者用这种控制式的测量对所研究的问题进行度量，从而收集到可靠资料的一种方法。问卷法大多用邮寄、个别分送或集体分发等多种方式发送问卷。由被调查者按照表格所问来填写答案。问卷法的主要优点在于标准化和成本低，由于使用设计好的问卷工具进行调查，一般来讲，问卷法较之访谈法要更详细、完整和易于控制。

访谈法是指通过访问者和受访人面对面的交谈来了解受访人的心理和行为的基本研究方法。因研究问题的性质、目的或对象的不同，访谈法具有不同的形式。根据访谈进程的标准化程度，可将它分为结构型访谈和非结构型访谈。访谈法适用范围广泛，能够简单而迅速地收集多方面的工作分析资料，因而备受调查者青睐。

在对调查方法进行选择的过程中，要根据具体的研究问题和内容来进行具体的分析。对于一些关于消费者、用户、员工等方面的研究，大多可以采用问卷调查法，而对于一些关于企业运营状况、发展战略等的研究，往往更适合采用访谈法。无论采用哪一种方法，都需要围绕研究课题来进行问卷和访谈提纲的设计，这一环节不仅决定了能否收集到研究所需要的数据资料，更是对学生专业学习效果的检验，可以检验学生能否运用大学期间所学习的理论框架和分析思路来解决现实问题。

3. 学年论文中的分析研究

很多学生在撰写学年论文的过程中出现的共性问题是缺少理论基础与分析过程，即学生在分析解决企业现实问题的过程中缺乏必要的理论分析框架与方法。对于组织中的一些管理问题，一般人即使不通过大学四年系统的专业学习，也能得到一些感性的认识。但是如果在学年论文的写作过程中，学生仅仅基于自身的感触，而没有利用理论分析框架，那么这样的学年论文往往停留在就事论事的层面，质量不高，没有达到学年论文的训练目的。

学年论文作为毕业论文的基础，不仅要为毕业论文收集必要的数据资料，进行初步的数据分析，而且还要找到恰当的分析方法和理论框架，将理论与实践进行有机结合。为此，找到恰当的理论框架，应用已有的理论来分析问题、解决问题，这是学年论文训练中的关键。

第二节　毕业论文

一、毕业论文概述

1. 撰写毕业论文的意义

毕业论文，泛指专科毕业论文、本科毕业论文（学士学位毕业论文）、硕士研究生毕业论文（硕士学位论文）、博士研究生毕业论文（博士学位论文）等，即需要在学业完成前写作并提交的论文，是教学或科研活动的重要组成部分之一。撰写毕业论文的目的是培养学生综合运用所学知识和技能，理论联系实际，独立分析，解决实际问题的能力，使学生得到从事本专业工作和进行相关的基本训练，具有重要的意义。

（1）撰写毕业论文是对业已完成的学业的梳理和总结。毕业论文是学生在校学习期间的最后一次作业，是全方位、综合地展示和检验学生掌握所学知识的程度和运用所学知识解决实际问题的能力的一次重要机会。在撰写毕业论文的过程中，学生需要对大学四年所学习的专业知识进行系统的梳理、消化和巩固；与此同时，在调查研究、搜集材料、深入实际的过程中，学生还可以学到许多课堂和书本里学不到的常识和经验，从而起到温故知新、融会贯通的作用。

（2）撰写毕业论文可以促进知识向能力的转化。拥有知识不代表拥有能力，知识只是获得能力的前提与基础，只有积极参与实践，知识才能不断转化为能力。大学阶段的课程考试大多偏重于知识的记忆，以教学内容为主导，学生自主选择的空间相对较小，无法全面体现学生实际操作能力的提高。论文写作可以弥补这一缺陷，使学生能够利用课堂所学知识、理论，结合实际开展创新性研究，提出自己的新观点、新见解等，对培养和提高学生的研究能力，包括分析问题、理论计算、实验研究、计算机使用、社会调查、资料查询与文献检索、文字表述等能力都会有所帮助，是促进知识向能力转化的重要措施，为学生日后从事相关工作和学术研究打下必要的基础。

（3）毕业论文可以为教学工作提供问题反馈。学生在毕业论文的写作中往往会暴露出一些问题，这些问题或多或少是对教学工作的反映。从学校和教师方面来看，如果大多数学生的论文写得好，内容和格式符合要求，且能发挥自己的见解，那么说明现有的教学工作很好地践行了专业的人才培养方案，学生的素质、能力基本达到了要求。相反，如果学生论文中出现的问题比较多，就意味着教学中存在一定的问题，需要有针对性地加以改进和调整。

（4）撰写毕业论文能够提高学生的写作水平和书面语言表达能力。现代社会是一个信息社会，各行各业都离不开信息，而信息的提供、收集、储存、整理和传播都离不开写作。对于高校学生来说，不论学习什么专业，都应当具有一定的书面表达能力。无论将来从事哪个职业，未来的主要工作都是与写作密不可分的。撰写毕业论文的过程就是训练写作思维和能力的过程。在毕业论文从构思到调查、分析，再到最后成稿的过程中，学生将学会如何收集、整理和鉴别材料，如何进行社会调查、如何分析和整理调查结果，如何写提纲和起草，如何修改和完善，如何将理论与实际进行有机结合等多方面的常识、方法、技能。从这个意义上说，毕业论文是提高学生写作水平和书面语言表达能力的重要工具。

（5）撰写毕业论文使学生为未来工作、研究做好准备。毕业论文是一个同时具有总结性质和习作性质的文章，具有承前启后的作用。对于大学生而言，大学毕业后或走上社会从事实践工作，或继续学习和深造，而毕业论文的写作，既是对以前学习的总结，又是对未来的思考。因此，在大学四年级撰写毕业论文，意味着在两个阶段之间进行过渡，每个毕业生都应当以积极的态度、正确的方法投入到这项工作中，用实际行动为前一段的学习画上句号，为未来的工作和学习开创新的序曲。

2. 毕业论文的基本要求

毕业论文是需要在学业完成前写作并提交的论文，是专业教学计划规定的一个综合性实践教学环节。毕业论文是培养学生综合运用大学阶段所学习的基础理论、基础知识和基本技能，提高学生分析、解决实际问题和进行科学研究的初步能力的有效手段，也是培养学生实事求是、理论联系实际的学风的重要途径。

毕业论文要求作者能够准确地掌握所学的专业基础知识，基本学会综合运用所学知识进行科学研究的方法，对所研究的题目有一定的认识和理解。论文题目的范围不宜过宽，一般选择本专业某一方面的一个具体问题。毕业论文的基本教学要求是：（1）培养学生综合运用、巩固与扩展所学的基础理论和专业知识，培养学生独立分析、解决实际问题能力、培养学生处理数据和信息的能力；（2）培养学生正确的理论联系实际的工作作风，严肃认真的科学态度；（3）培养学生进行社会调查研究，文献资料收集、阅读和整理、使用，提出论点、综合论证、总结写作等基本技能。

3. 毕业论文种类

毕业论文是学术论文的一种形式，由于毕业论文本身的内容和性质不同，研究领域、对象、方法、表现方式不同，因此，对于毕业论文有不同的分类方法。

按内容性质和研究方法的不同，可以把毕业论文分为理论性论文、实验性论文、描述性论文和设计性论文。后三种论文主要是理工科学生可以选择的论文形式，这里不作介绍。文科学生一般撰写的是理论性论文。

理论性论文具体又可分成两种：一种是以纯粹的抽象理论为研究对象，研究方法是严密的理论推导和数学运算，有的也涉及实验与观测，用以验证论点的正确性；另一种是以对客观事物和现象的调查、考察所得观测资料以及有关文献资料数据为研究对象，研究方法是对有关资料进行分析、综合、概括、抽象，通过归纳、演绎、类比，提出某种新的理论和新的见解。

按研究问题的大小不同，可以把毕业论文分为宏观论文和微观论文。凡属国家全局性、带有普遍性并对工作有一定指导意义的论文，称为宏观论文。它研究的面比较宽广，具有较大范围的影响。反之，研究局部性、具体问题的论文，是微观论文。它对具体工作有指导意义，影响面较窄。对于工商管理专业的学生而言，最后撰写的毕业论文应是微观性的调查类论文。

二、工商管理专业毕业论文

工商管理专业的毕业论文在撰写的过程中，需要经过选题、阅读文献和参考资料、收集和分析数据资料、开题报告、撰写论文、论文评阅、论文答辩、论文检测等环节。

1. 选题

选题是撰写毕业论文的首要环节，也是关键环节。工商管理专业的毕业论文选题，应该做到"顶天立地"，"顶天"是指论文要根植于理论研究，"立地"是指论文选题要紧密结合社会发展的需要，结合企业管理实践，能够解决现实问题。除此以外，选题还要符合科学研究的正确方向，要具有新颖性，有创新、有理论价值和现实的指导意义。具体地说，可以从以下三个方面来选题：（1）要从现实的弊端中选题，学习了专业知识，不能仅停留在书本上和理论上，还要下一番功夫，理论联系实际，用已掌握的专业知识，去寻找和解决工作实践中亟待解决的问题；（2）要紧跟时代发展的脉络，不断发现管理学研究中的新问题和与其他学科交叉的边缘领域，开展一些创新的研究；（3）在广泛阅读现有文献的基础上，发现前人研究的不足，然后结合我国具体的管理实践和管理情境，丰富和发展现有的研究。

一般来说，以下题目不适合作为毕业论文的选题：不符合本专业教学基本要求、偏离专业方向的题目；范围过于狭窄、工作量不饱满、不利于学生全面训练的题目；学生难以胜任的题目；学生在毕业论文期间无法完成或不能取得阶段成果的题目；不适应时代要求，内容陈旧的题目等。

2. 阅读文献和参考资料

认真阅读文献资料是写好毕业论文的重要基础。文献资料具有提供写作背景、作为立论依据和启迪写作思路等作用。因此，收集数量足够、质量合格的参考资料，是完成毕业论文写作的必备条件。在收集、阅读和使用文献资料的过程中，首先，一定要注意多收集文献和资料，而且要收集具有权威性和代表性的文献；其次，要认真阅读，充分对文献资料的使用价值进行挖掘；最后，要规范使用文献资料。

文献资料的收集，最简便的方法就是利用网络，登录所在高校的图书馆网页，找到中文数据库中的中国学术期刊全文数据库，然后在"检索项"中选择主题或者关键词，再在检索栏内输入想要搜索的主题或者是关键词，检索后，可以点击下载所需要的论文。倘若需要纸质版的文献资料，可以根据期刊名称、年度、期数、页码等信息，到图书馆的期刊阅览室去查阅。对于图书资源，既可以在图书馆中查找借阅，对于重要的书籍也可以购买来进行学习。

一般来说，在进行毕业论文的写作过程中，需要查阅最少20~30篇学术论文、5~10本相关著作。对于期刊，首先考虑参考各类管理类核心学术期刊，如中文社会科学引文索引（CSSCI）中的管理学期刊，或者国家自然科学基金委员会管理科学部认定的管理类30种重要期刊，包括《管理世界》《中国工业经济》《南开管理评论》等；其次，还可以参考全国重点大学的学报等。

3. 收集和分析数据资料

在工商管理专业的论文中，案例研究和实证研究是两种主流的范式。无论应用哪一种研究方法，都需要在确定选题后，参考已有的研究来收集相关的数据资料，并对资料开展初步的分析。

工商管理专业中所涉及的数据资料主要包括一手资料和二手资料。所谓一手资料，又称为原始数据，是指从亲自实践或调查中直接获得的材料，是未经过任何修饰的信息，经由本人调查验证，具有针对性强、准确性高等优点。二手资料则是指通过查阅企业内部既有档案资料及企业外部各种相关档案、研究报告等现成的资料获得的数据，属于间接调查的方式，它们不是为了本次调查而专门收集和整理的，但与本次调查有一定的相关性。常用的二手资料有统计年鉴、市场研究报告、文件、期刊、文集、数据库、报表等。它与实地调查法、观察法等收集一手资料的方法相互依存、相互补充。

在完成资料收集后，学生要对所收集的资料进行全面浏览，并对不同资料采用通读、选读、研读等方法来进行阅读，再对照参考文献中的书或者论文中的论点、论据、论证方法等来触发二次思考，为后续的开题和论文写作奠定基础。

4. 开题报告

在充分查阅资料后，学生应准备填写开题报告。开题报告是向指导教师或其他评审人汇报论文总体构想的一种文字说明材料，可以看作毕业论文的工作计划。一般包括题目、立论依据（选题目的和意义）、国内外研究现状、研究方案（研究目标、研究内容、研究方法、研究过程、拟解决的关键问题及创新点）、进度安排、参考文献等内容。

其中，立论依据中要在选题目的和意义部分阐明为什么要研究这个问题，即研究背景，以及研究这个问题的价值，包括理论意义和实践意义。国内外研究现状，即文献综述，既包括"综"，即对与研究主题相关的国内外研究进行回顾；又包括"述"，即对现有研究进行评述，体现作者对研究主题的独到见解。研究方案中的研究内容是评审的重点，是对毕业论文主题思想和内容范围的总体设计，具体表现为论文的结构安排，即一、二级标题的组合。拟定论文提纲前应明了文章的总论点，以及从几个方面、以什么顺序来论述总论点，应特别注意各章节之间的逻辑关系。评审者通过学生上交的开题报告书来判断毕业论文选题是否得当，是否阅读了充足的资料，以及是否能够按照计划完成论文写作工作。

5. 撰写论文

在开题报告书评审通过以后，就可以按照研究方案来进行论文的写作了。写作的过程中，学生需要经常与指导教师进行沟通，并按照指导教师的意见来进行反复修改。

毕业论文在写作过程中要注意如下的问题：观点要明确，能够清楚明白地表达对所论事项的看法和意见，做到言之成理、前后一致、观点正确；资料翔实，撰写毕业论文所依据的各种参考资料要内容齐全、真实可靠，具有代表性和权威性等；结构合理，论文的篇章布局、段落划分要安排得当，具有逻辑性，主题突出，层次清楚，各段落之间关系协调，互相衔接，浑然一体；文字通顺，没有语法和逻辑上的毛病，具体来说就是概念准确、文风朴实、用字规范、正确使用标点符号等。

一篇完整的毕业论文应该包括以下七个部分。

（1）题目。题目应简洁、明确、有概括性，字数不宜超过 20 个字（不同院校可能要求不同）。本科毕业论文一般无须单独的题目页，硕士、博士毕业论文一般需要单独的题目页，展示院校、指导教师、答辩时间等信息。英文部分一般需要使用"Times New Roman"字体。

（2）中英文摘要。要有高度的概括力，语言精练、明确，本科论文的中文摘要一般包括两个自然段，第一个自然段主要概括研究背景和意义，第二个自然段主要概括研究内容，一般 300~500 字。

（3）关键词。从论文标题或正文中挑选 3~5 个最能表达主要内容且有助于读者检索相关主题论文的词作为关键词。关键词之间需要用分号或逗号分开。

（4）目录。列出目录，标明页码。正文一般应在目录中列出一级、二级标题（根据实际情况，也可以标注更低一级标题）、参考文献、附录、致谢等。

（5）正文。本科毕业论文正文字数一般应在 8000 字以上（不同院校可能要求不同），包括绪论、理论基础、论文主体（提出问题、分析问题、解决问题）、结论四个部分。

（6）参考文献。在毕业论文末尾要列出在论文中参考过的所有专著、论文及其他资料，所列参考文献可以按文中参考或引证的先后顺序排列，也可以按照音序排列。

（7）附录。对于一些不宜放在正文中但具有参考价值的内容，可编入附录中，如调查问卷、访谈提纲、调查企业名录等。

6. 论文评阅

在论文的初稿完成以后，学生需要将论文交予指导教师进行审阅，指导教师会根据论文评分标准提出修改意见，本科毕业论文的评判标准主要包括选题质量、文献资料、学术水平和表现能力四个方面。

选题质量要求有一定新意，选择具体问题进行研究，有理论意义和实际应用价值。文献资料则考核学生在论文写作期间是否广泛阅读了相关文献，是否理解并恰当地运用于自己的写作中，是否对文献进行了分析和评述。论文的学术水平主要考查学生是否具备相关的理论知识，是否有自己独到的见解。表现能力考核学生的写作能力以及论文独立完成的情况，评判学生是否具备较好的逻辑分析能力，数据资料的使用是否正确，论文的文笔与格式等是否符合要求。

一般而言，毕业论文要经过数次的修改和调整以后才可以最终定稿，提交答辩小组进行评阅和答辩。对于问题相对比较多的论文，评阅教师有权退回论文进行修改，合格后方可获得答辩资格。

修改意见一般包括以下几方面。

（1）斟酌主题。主题是文章的价值所在。主题要正确、鲜明、集中、新颖。主题如果有问题，如选题过大或与专业方向不符，就需要进行修改。

（2）掂掇材料。论文的材料，特别是调研数据资料不够丰富则需要修改。材料翔实，论据充分，论文才有说服力。材料太少，文章就会显得内容空洞；相反，如果材料过多，也会掩盖观点，显得理论性不足。

（3）调整结构。要检查文章结构是否合理。所谓结构不合理，表现在头绪繁多而杂乱，层次不清晰，重点不突出或有误，内部逻辑次序颠倒，首尾缺乏照应等。要通过调整，使文章层次清楚，结构严谨。

（4）锤炼语言。有些学生在撰写毕业论文的过程中态度不认真，出现文字粗糙、语言杂乱、句式单调无变化、空话套话等问题。对于这种问题，要求学生端正态度，对文字进行认真修改。

7. 论文答辩

毕业论文答辩是一种有组织、有准备、有计划、有鉴定的比较正规的审查论文的重要形式。毕业论文答辩的目的是进一步审查论文，即进一步考查和验证毕业论文作者对所著论文的研究主题的认识程度和当场论证的能力，考察毕业论文作者对专业知识掌握的深度和广度，以及审查毕业论文是否独立完成等情况。

学生要参加论文答辩，需要具备以下条件：（1）必须是已修完高等学校规定的全部课程的应届毕业生和符合有关规定并经过校方批准同意的上一届学生；（2）学生所学课程必须是全部考试、考查及格，实行学分制的学校，学生必须获得学校准许毕业的学分；（3）学生所撰写的毕业论文必须经过指导教师指导并签署同意参加答辩的意见。

在论文答辩环节，首先，学生对自己的毕业论文进行主述，向答辩小组的老师介绍论文的研究内容、研究过程和研究结论等；其次，答辩小组的老师将针对论文提出相关问题；最后，由学生结合自己的论文来进行论述。答辩小组老师会依据学生的答辩情况，给出答辩成绩，一般答辩成绩评定标准如表 11 – 2 所示。

表 11 – 2　　　　　　　　　毕业论文答辩成绩评定标准

答辩考核内容	参考标准 I	参考标准 II	参考标准 III	参考标准 IV
基础理论与专业知识	具有坚实的理论基础和系统的专业知识	较好地掌握了基础理论和系统的专业知识	一般地掌握了基础理论和专业知识	基础理论和专业知识较差

答辩考核内容	参考标准Ⅰ	参考标准Ⅱ	参考标准Ⅲ	参考标准Ⅳ
分析论证能力	资料翔实，综合分析能力强	资料较翔实，综合分析能力较强	资料运用基本正确，能综合分析问题	资料少，综合分析能力差
实践和应用价值	有重要的实践和应用价值	有较好的实践和应用价值	有一定的实践和应用价值	缺乏实践和应用价值
答辩提纲与语言表达能力	答辩提纲准备充分，语言表达能力强，逻辑严密	答辩提纲较充分，语言表达能力较好，条理性好	答辩提纲尚可，能表述和回答问题	答辩提纲不完整，表达能力差

8. 论文检测

2020 年 12 月 24 日，教育部印发的《本科毕业论文（设计）抽检办法（试行）》明确要求，本科毕业论文抽检每年进行一次，抽检对象为上一学年度授予学士学位的论文，抽检比例原则上应不低于 2%。对涉嫌存在抄袭、剽窃、伪造、篡改、买卖、代写等学术不端行为的毕业论文，高校应按照相关程序进行调查核实，对查实的应依法撤销已授予学位，并注销学位证书。本科论文抽检的目的是加强监督，保证本科人才培养质量，同时也要求大学生专注学业、打牢基础、端正态度，完成高质量的毕业论文。

三、论文写作要点提示

1. 选题部分

毕业论文的选题一般与学年论文有一定的联系，学年论文为毕业论文做好前期调研与数据分析，毕业论文在学年论文的基础上结合专业理论进行深入探讨。毕业论文选题可以参考学年论文选题来源，同时还应注意以下问题。

（1）从感兴趣和喜爱的课程中选题。无论做什么事情，只要感兴趣和喜欢，做起来就会有劲头、有动力，就更容易把事情做好。在大学阶段众多的课程中，学生总有一两门喜爱的课程。只要学生对某一学科、课程有兴趣，就会自觉地去学习，涉猎更多相关的参考书和辅助材料，这样一来也会对现实中的相关问题比较敏感，加上指导教师的点拨，就会冒出智慧的火花。

（2）从熟悉的学科或课程中选题。这样做至少有如下好处：一是有话可说；二是搜集的资料齐全；三是心里有底，答辩时能够从容应对。如果对某一事物不了解或不熟悉，却将之作为论文选题，即使写出论文来，也会质量不高，或是无中生有，或者观点偏颇，以偏概全，甚至闹出笑话来。只有写熟悉的东西才会心中有数，不至于诚惶诚恐。

（3）从有争议的问题中选题。有争议的问题意味着没有达成共识，选择这样的题目可以提供具有独特视角的观点，容易引起评阅者的兴趣，获得其深刻的印象和良好的评价。

2. 拟订论文提纲

以工商管理专业的毕业论文为例，如果针对具体企业的管理实践问题开展研究，那么论文的提纲一般包括以下六个方面：

（1）研究背景与意义；

（2）相关理论；

（3）××企业××管理现状；

（4）××企业××管理存在的问题及其原因分析；

（5）××企业××管理的对策及建议；

（6）总结。

如果是开展实证研究，那么可以按照实证研究范式，进行论文提纲的编写。格式如下：

（1）研究背景与意义；

（2）相关文献综述；

（3）研究假设的提出；

（4）样本的选择与筛选；

（5）实证研究及结果分析；

（6）总结。

3. 进度安排

第1阶段：选题。完成时间应在大学四年级第一学期第6周左右。

第2阶段：根据选题收集有关资料，并仔细、反复阅读资料。完成时间应在大学四年级第一学期第12周左右。

第3阶段：撰写开题报告并由指导教师审阅。完成时间应在大学四年级第一学期第16周左右。

第4阶段：根据修改好的提纲撰写论文初稿，经自己反复修改后把初稿交指导教师。完成时间应在大学四年级第一学期寒假。

第5阶段：根据指导教师提出的修改意见进行修改，改好后再发给指导教师。完成时间应在大学四年级第二学期开学前1～2周。

第6阶段：论文审定后查重，由指导教师确定是否可以参加答辩。完成时间应在大学四年级第二学期第6周左右。

4. 论文正文部分

（1）绪论。绪论部分应引出本篇论文所要研究的问题，包括为什么研究这个问题、研究的意义、方法以及具体的研究内容。提出问题的方法是多种多样的，有直接式（又称开门见山式）、综合比较式（提出几种具有代表性、权威性的观点，肯定赞同其中一种，然后在正文中详加论证）、举例式（列举几种观点，分别对其正确与偏颇进行甄别）等。

学生可以结合文献及现实问题，通过对现状的描述，选择一种方式引出所要研究的具体问题，然后论述研究的意义，不仅要有助于这一管理问题的解决，而且应该对同类问题有一定的参考意义。除此之外，绪论中还应该对论文研究中所要采用的方法进行简单的介绍，不仅要介绍方法本身，还要对其在论文中的具体应用加以描述。最后，应该在说明各部分研究内容的基础上形成一个论文的内容框架图，有助于读者以及评阅和答辩老师从总体上把握论文的内容结构。

（2）相关理论。这部分是对与论文研究相关的基本理论进行回顾，进而帮助学生借鉴或者形成自己的理论分析框架。这一部分在写作的时候一定注意篇幅不要过长，而且选择回顾的理论一定要与所研究的主题有较强的相关性。

除了对相关理论的回顾以外，这一部分还可以对现有研究文献进行综述，要紧扣研究主题，回顾有密切联系的相关文献，总结其中的方法、结论等，为论文的撰写提供依据。

（3）论文主体。这是整篇毕业论文的核心部分。一般对于工商管理专业的学生来说，这一部分主要是对某一具体企业管理实践问题的调查、分析，呈现给读者的是一个发现问题、分析问题和解决问题的完整框架。在这一部分的写作中，不仅需要有良好的调查和分析能力，能够对现实问题进行清晰地描述、分析、判断，还需要有扎实的理论功底，能够运用大学阶段所学习的相关专业理论对现实问题进行分析和解决。本部分可以说是对于一个大学本科毕业生科研能力和学术水平的综合考量。

（4）结论。这是毕业论文的收尾部分，是对整篇文章的一个总结，即在什么样的背景下研究了什么问题；借助于什么样的研究方法与工具；通过怎样的研究和分析；提出了什么样的对策建议，等等。这部分的写作要点就是总结全文，加深题意。

毕业论文是工商管理专业人才培养方案中的重要组成部分，是整个本科学习过程中的最后一个实践教学环节。通过毕业论文环节，可以使学生在就业前能够认识社会和企业现状，提高对未来工作的适应能力。本科生应充分利用这一机会，通过长达数月的选题、收集资料、写作、修改等过程，帮助自己升华所学的理论知识并提高综合素质和能力。

本章小结

学年论文是各类高等院校在校学生在大学二、三年级开始练习撰写的考查学习成绩和科研能力的论文。

学年论文的选题可以来源于指导教师指定、课程调研案例、学生实习经历。

毕业论文是需要在学业完成前写作并提交的论文，是专业教学计划规定的一个综合性实践教学环节。

毕业论文是培养学生综合运用经济学、管理学基本知识和基本技能，提高学生分析、解决实际问题和进行科学研究的初步能力的有效手段，也是培养学生实事求是、理论联系实际的学风的重要途径。

工商管理专业毕业论文需要经过选题、阅读文献和参考资料、收集和分析数据资料、开题报告、撰写论文、论文评阅、论文答辩、论文检测等环节。

一篇完整的毕业论文应该包括题目、中英文摘要、关键词、目录、正文、参考文献、附录等部分。

重要术语

学年论文　　毕业论文　　论文选题　　开题报告　　论文答辩

第十二章

学习方法与学习资料

【学习目标】

通过本章的学习，了解工商管理类专业的学习方法和学习资料，使学生能够根据需要自主搜集文献资料，应用方法指导专业学习，更好地安排自己的大学生活。

【引导案例】

李想的困惑

经过高中三年的努力学习，李想终于考进了自己理想的大学，而且是心仪已久的工商管理专业。满怀着喜悦和对未来的憧憬，李想摩拳擦掌，希望能够通过大学阶段的学习，成为未来的商业精英，实现自己的人生理想。

进入大学以后，由于没有了高中阶段的升学压力，李想感觉很是自由和惬意。一年级的课程还是比较多的，李想每天穿梭于各个不同的教室，但也还是乐在其中。特别是刚开始接触专业课时，李想被老师们的博学所吸引，老师们引经据典的同时，不乏对当下最热点的商业新闻，以及国内、国外最新的管理理论与实践的讲解，让李想很是兴奋，每节课都有种意犹未尽的感觉。课余时间，李想则穿梭于各种学生社团，体验丰富多彩的校园生活。

一个学期很快就过去了，要期末复习考试了，李想才发现自己学习了很多，但又好像没学多少。老师们的课堂固然很是精彩，但厚厚的课本对于他而言又略显陌生，这就是我期盼已久的大学生活吗？如果这样下去的话，我是不是会距离自己要成为商业精英的目标越来越远？要实现我的目标，我接下来应该怎么样学习呢？带着这些困惑和问题，李想敲开了系主任办公室的门……

➡ 第一节 专业学习方法

学习方法是通过学习实践总结出的快速掌握知识的方法，因其与学习掌握知识的效率有关，越来越受到人们的重视。作为进入社会前最后一个集中学习的阶段，大学的课程设置、教学方式、学习内容与中学阶段存在明显差异，学习方法自然也大不相同。大学生应尽快了解认识大学阶段学习的特点和规律，完成自我管理，制订有效的学习计划，适应大学生活，最终达成自己的人生目标。

学习方法没有统一的规定，个人条件不同、时代不同、环境不同，选取的方法也有差异。为此，在大学阶段工商管理类专业的学习开始之际，同学们应该对大学阶段的学习特点和工商管理类专业自身的特征有所了解，才能更好地找到适合自己的学习方法，应对未来四年的学习生活。

一、大学的学习特点

1. 大学学习具有明显的专业性

大学专业是响应社会和企业的人才需求，依托相关学科体系来设置的。工商管理类专业根据社会专业化分工的要求，要培养能胜任各类经营管理工作岗位的人才。大学阶段的学习是一种高层次的专业学习，这种专业性随着社会对本专业从业人员要求的变化和发展而不断深入，专业知识不断更新，知识面也越来越宽。为适应当代科技发展既高度分化又高度综合的特点，大学专业通常提供了未来大致的职业发展方向，而更具体、更细致的专业目标是在大学四年的学习过程中或是在将来走向社会后，才能最终确定下来。因此，大学生在接受专业教育的同时，还要兼顾适应科技发展和社会对复合型人才需求的特点，尽可能扩大综合性，以增强毕业后对社会工作的适应能力。

2. 大学学习注重综合能力培养

德、智、体、美、劳全面发展是学校教育对学生提出的基本要求。人才的五要素是一个统一的有机体，五个方面对人才的成长互相促进、相互制约，缺一不可。除此之外，能力的培养是现代社会对大学教育提出的又一个重大任务，个人综合能力的全面发展，既要有良好的科学文化素质、身体素质、思想道德素质，还要有妥善处理人际关系和适应社会变化的能力。为此，除了课堂学习之外，大学会利用第二课堂等多种形式，多角度提升学生的综合素质和能力。

3. 大学学习内容广、课程多、难度大

从专业培养方案来看，大学本科阶段开设的课程会在40门左右，且每一个学期学习的课程基本都不相同，内容量大；除此之外，很多专业课程对于同学们来说都是全新的领域，要形成对专业的认知，逐渐构建起自己的知识体系，难度是比较大的。

4. 教学方式灵活多样

与中学相比，大学的课堂讲授相对减少，老师更多是从思路上加以引导，讲授中不再面面俱到，而以课程的重点、难点为主。课堂教学会采用多种形式，例如案例研讨、角色扮演、互动小组等。近年来，慕课、翻转课堂等新的教学形式越来越多地在教学实践中被采用，给同学们提供了更为多样化的学习方式，同时也对学生的自主学习能力提出了更高的要求。

5. 关注创造性的培养

创造性是个体运用创造性思维认识问题和解决问题的能力。大学的主要任务是为社会培养人才，而现代社会需要的是具有创新精神的人才。创新型人才既需要具有广博的知识基础、实际的动手能力，又要有独特的眼光和创新的精神。目前，在课程设置、教学方式、第二课堂以及环境氛围等各方面，学校努力营造有利于培养创造性的环境，提供创

性训练的机会，来促进大学生创造性的培养。

二、工商管理类专业的特点

1. 学科综合性

工商管理类专业主要研究管理学、经济学和现代企业管理等方面的基本知识和技能，包括企业的经营战略制定和内部行为管理等，运用现代管理的方法和手段进行有效的企业管理和经营决策，制定企业的战略性目标，以保证企业的生存和发展。工商管理类专业所依托的工商管理学科是以管理学、经济学为基础的研究企业经济行为和管理行为的交叉学科，因此具有综合性的特征。此外，工商管理下设的二级学科在研究方法和学科基础上存在较大差异，各专业方向之间彼此关联交叉，在本科阶段的学习过程中不仅需要深入掌握本专业的知识，还需要了解与工商管理专业相关的其他学科知识。

2. 就业宽泛性

工商管理类专业的研究对象复杂宽泛，从企业整体到具体部门、从企业规划到部门计划都包括在内。因此，从就业上看，工商管理是一个相对宽泛的专业，涵盖多个不同的就业方向。工商管理类专业旨在培养具备管理、经济、法律及企业管理方面的基本理论和基本知识，受过管理方法与技巧方面的基本训练，具有分析和解决管理问题的基本能力，能在企事业单位及政府部门从事各类管理工作的商业人才。

3. 实践性

工商管理是一门从企业历史实践中总结经验与方法，并且在管理实践中开拓新的理论与政策的专业。它既是管理实践活动的产物，又是对管理实践经验的总结，是从管理实践中来，到指导未来企业管理活动中去的专业。因此，工商管理专业的学习不能只局限于课本，应通过多种形式参与实践，积累经验和能力，在实践中形成对理论的感性认识。

三、适合工商管理专业的学习方法

学习方法是提高学习效率、达到学习目的的手段。大学学习要结合专业特点，有目的地研究学习方法，选择适合自己特点的学习方法以提高获取知识的能力。对于工商管理专业的学生而言，可以参考如下方法。

1. 制定科学的发展规划和学习计划

大学学习单凭勤奋和刻苦是远远不够的，只有树立了较为明确的学习目标，制定出发展规划和具体计划，才有可能逐步完成预定目标。

首先，要根据本专业的培养方案，结合自己的实际情况，从战略角度作出整体规划，尽早确定自己未来的毕业发展方向，如考研、就业或者出国，然后明确相对应的选择应具备哪些知识和能力，以及如何获取这些知识和能力。大学新生自己来制定整体规划是比较困难的，可以请教本专业的老师和高年级的同学。也可以先制订一年级的学习计划，经过一年的探索实践，待熟悉了大学和专业的特点后，再完善四年的整体规划。

其次，要将规划分解为阶段性的具体计划，如一个学期、一个月或一周的安排，这种计划主要是根据入学后自己的学习情况、适应程度，从学习重点、学习时间的分配、选择和使用什么样的教科书和参考书等方面来予以安排。这种计划要遵照符合实际、切实可行、不断总结、适当调整的原则。

2. 科学安排和利用时间

大学期间，除了上课以及各类社团和集体活动之外，其余的时间都是相对自由的。因此，是否能科学地安排和利用时间就成为在大学能否有所收获的关键影响因素。

首先，要安排好每日的作息时间表。可以利用时间管理的一般方法，从记录自己的一天开始，坚持一周左右，然后对每天的时间消耗进行分析，发现其中存在的问题，同时摸索自己的生物钟特征，如大脑在哪个时间段最兴奋，哪个时间段比较疲惫，并以此为基础，结合现有的课程安排，规划好自己每天的作息时间表。一旦安排好时间表，就要严格执行，切忌拖拉和随意改变，养成今日事今日毕的好习惯。

其次，要合理利用零散时间。大学生活越丰富多彩，时间切割得就越细，零散时间就越多。可以选择利用这些零散时间来处理学习中的琐事，比如阅读一些小短文或者是感兴趣的报刊，拓宽自己的知识面；也可以用来对日常的学习资料进行处理和整理，完善自己的知识积累；还可以根据第二天的课程来收拾教科书、笔记本，清理文具等。

3. 完善知识结构，注重能力培养

合理的知识结构是指既有精深的专业知识，又有广博的知识面，具有从事商业和管理类活动所必需的知识体系。大学生建立合理的知识结构是一个长期复杂的过程，应注意如下原则：(1) 整体性原则，即专博相济，一专多通，广采百家，为我所用，要防止仅关心专业，知识面过窄；(2) 层次性原则，即合理知识结构的建立，必须从低到高，在纵向联系中，划分基础层次、中间层次和最高层次，没有基础层次和中间层次就会成为空中楼阁，没有最高层次，则显示不出水平；(3) 比例性原则，即各种知识在数量和质量之间合理配比，比例性原则应结合同学们各自的长期目标来制定，目标不同，知识结构自然不同；(4) 动态性原则，即在知识结构的构建过程中，要能够随着科学技术的发展，进行动态调整和更新，跟上飞速发展的时代步伐。

除此之外，大学生还要注重培养自己多方面的能力，包括自学能力、动手操作能力、研究能力、表达能力、组织能力、社交能力、资料查找能力等。特别是对于对实践性要求比较高的工商管理专业，更要注重实践能力的培养，同学们可以多参加社会实践、大学生创新创业竞赛以及科研训练项目等，在实践中培养能力，为将来走入社会做好充分的准备。

4. 注重培养批判性思维

批判性思维（critical thinking）是一个心理学术语，是指通过一定的标准评价思维，进而改善思维，即通过评估想法与事实，来决定应该相信什么、做些什么的过程。作为一种思维训练，批判性思维对于大学生在大学阶段以至将来走向社会，能够形成自己独立的判断，是非常重要的，因此，批判性思维需要在大学阶段予以培养。

大学的学习不只是完成课堂教学的任务，还需要广泛地摄取与专业相关的各种学科知识。对于工商管理类专业的学生而言，仅仅满足于书本知识是不够的，需要广泛地关注社会经济的最新动态，应用所学的管理理论来加以分析和判断。面对众多的知识、理论和社会现象，形成自己独立的判断，就需要同学们在学习的过程中，遵循提出问题、收集证据、评估证据、产生好奇、得出结论的程序，不断提升自己的批判性思维能力。

➡ 第二节　专业学习资源

一、专业期刊

1. 学术期刊

学术期刊（academic journal）是发表学术论文和学术研究成果的载体，是一种经过同行评审、遵守一定的学术规范的公共学术产品。这类期刊区别于大众化的通俗杂志，专门发表学术论文或学术研究成果，有特定的标准和刊发形式；其学术性是经过同行评议和学术界认可的，有一定的社会公信力；遵守一定的学术规范。本科生可以通过阅读学术论文了解研究前沿，扩充专业知识，为后续的论文写作或开展科研打下基础。

目前，国内外学术期刊数目众多，其学术研究水平和社会评价相差较为悬殊。对于某个学科来说，大量的被引用论文集中分布在少数期刊中，这些期刊就形成了对该学科最有贡献的核心区，即存在"核心效应"，从而衍生出"核心期刊"的概念。核心期刊是指与同学科的期刊相比，专业情报信息量大、代表学科领域最新发展水平、所载论文的文献寿命长、利用率和被引率都较高的期刊。

核心学术期刊的评价体系可以用来衡量学术成果的价值，帮助读者鉴别期刊质量，为学术机构的评价排名等工作提供参考依据。国际常用的权威学术期刊评价工具是科学引文索引（Science Citation Index，SCI），由美国科学信息研究所创建，根据论文的被引用频次、影响因子等对期刊进行评价，SCI 来源期刊主要是自然科学的基础研究领域，如数、理、化、农、林、医、生物等自然科学。美国科学信息研究所还创建了社会科学引文索引（Social Sciences Citation Index，SSCI），来源期刊包括经济、管理、法律、历史、人类、心理学等社会学科。

管理类学术期刊展示管理学领域学术研究的成果并起到公示和交流的作用，其内容以原创性的学术论文为主。入选 SSCI 的管理学领域英文学术期刊数目众多，国际上经常用于商学院排名的期刊目录包括美国得克萨斯大学达拉斯分校管理学院所选出的 24 种管理学期刊目录，以及英国《金融时报》（*Financial Times*）所选出的 50 种商学院重要学术期刊目录。这些管理类学术期刊是国际高质量的学术期刊，影响力大，广泛地应用于衡量全球各商学院的研究质量，其中《美国管理学会期刊》（*Academy of Management Journal*）、《美国管理学会评论》（*Academy of Management Review*）、《管理科学季刊》（*Administrative Science Quarterly*）、《组织科学》（*Organization Science*）等被认为是管理学综合类顶级学术期刊。

国内对人文社会科学学术期刊的评价，主要有三大标准：南京大学中国社会科学研究评价中心研制的"中文社会科学引文索引（CSSCI）"来源期刊；北京大学图书馆研制的《中文核心期刊要目总览》；中国社会科学评价研究院研制的《中国人文社会科学期刊

AMI 综合评价报告》，其中 CSSCI 学术期刊在科研评价中应用较为广泛。CSSCI 两年评定一次，从全国 2700 余种中文人文社会科学学术性期刊中选出学术性强、编辑规范的期刊作为来源期刊。目前收录包括法学、管理学、经济学、历史学、政治学等在内的 25 大类的 500 多种学术期刊。CSSCI 管理类学术期刊共有 36 种，包括《管理世界》《南开管理评论》《经济管理》等，是管理学科的高质量学术期刊。

2. 商业期刊

商业期刊面向企业界人士，介绍工商管理领域中前沿的思想理论、财经评论、行业动态、企业经营案例等内容。商业期刊种类众多，各自定位也有差异，但大多贴近企业实践，结合当下时政，内容实用、行文生动。工商管理类专业的大学生可以借助这类杂志了解企业实践、感受社会生活，是很好的商科入门学习资料。

《哈佛商业评论》是哈佛商学院的标志性刊物，内容侧重于领导力、组织变革、谈判、战略、运营、营销、财务和管理人员等商业领域。这本杂志的定位是面向经理人，传播工商管理领域中最前沿的思想理论，以改进管理实践。在近百年的发展历程中，许多管理学者将在实践中发现的先进管理理论率先在《哈佛商业评论》上发表，并得到关注和扩散，如核心竞争力、平衡计分卡、流程再造等管理理念。这本杂志的不少作者来自学术界和管理咨询行业，因此期刊的特点是理论内容严谨，企业案例新颖。

国内的《中欧商业评论》和《清华管理评论》分别由中欧商学院与清华大学管理学院主办，与《哈佛商业评论》定位相似。这两本杂志主要面向活跃在中国经济领域的企业高层管理人员、高校教师等群体，关注企业管理前瞻性和实效性问题，贴近中国企业实践，总结本土企业的管理和商业经验，对有中国特色的企业管理难题深入剖析，帮助企业家和管理人士应对变化的经营环境，实现企业的创新发展。

《中外管理》《企业管理》等杂志均是面向企业管理者，定位于传播企业管理新理论、新知识、新方法的商业期刊。杂志关注最新时政要闻、热点财经事件；或讲述某一个影响企业发展的重大事件；或对企业理论进行批判性、建设性的思考和评论；或梳理企业发展脉络，介绍企业在实践中探索和总结出的管理方法；或关注企业家和管理者，对话行业精英，挖掘他们的管理思想，并进行相应的点评与分析。

二、专 业 书 籍

1. 学术著作

学术著作是指作者总结整理在某一学科领域内科学研究的成果撰写而成的理论著作，一般来说，应该对该学科的知识有所贡献，在观点或方法上有创新。管理学发展历程中涌现出众多管理学者，形成纷繁的理论学派，也留下很多经典著作，如泰罗的《科学管理原理》、法约尔的《工业管理与一般管理》、韦伯的《社会组织和经济组织理论》、巴纳德的《经理人员的职能》、德鲁克的《管理的实践》等。管理本身是实践性很强的学科，管理学科早期发展阶段的理论，大多由管理实践者作出，如泰罗、法约尔、巴纳德等均是拥有丰富企业工作经验的管理实践者，他们总结自己在企业实践中丰富的管理和经营经验，并整理撰写成具有较强的创新性和理论性，以及实用价值较高的管理学理论著作。这些管理学著作之所以成为经典，是因为在近百年的管理实践中，不管外界环境如何变迁，科学技术生产力如何发展，它们提出的管理问题依然存在，它们总结的管理经验依然有益，它们研究的管理逻辑依然普遍，它们创造的管理方法依然有效。

这些不同时期的管理学名著，经历了时间的检验，体现出理性的科学精神，凝结着管理大师面对现实问题的智慧结晶，在管理学科发展进程中具有重要的历史地位和学术价值。阅读经典著作，可以帮助学生了解管理学科特点，形成管理思维方式，为未来学习深造和从事管理实践工作打下基础。

2. 管理类畅销书

管理类畅销书往往是由管理咨询者或管理实践者撰写，用以记录优秀企业管理实践，或是依据理论去解读实际企业案例。这类书籍一般紧跟时代热点，概念新鲜，案例生动，能够引发读者思考，拓宽视野，对于工商管理类学生是很好的课外阅读资料。

管理学的理论与方法要应用到管理实践中，用理论指导实践。管理研究者、管理实践者与管理咨询者在管理学科中扮演着不同的角色，管理研究者对管理实践背后的规律进行分析，总结形成管理理论；管理咨询者则是管理理论到管理实践的桥梁，将管理理论转换为可以指导企业实践的具体管理处方；管理实践者一方面将各类管理理论和方法应用于实践，另一方面又不断出现成功或失败的管理实践，为管理研究提供着源源不断的素材。现实中，不少人同时扮演着三重角色，管理研究者同时扮演着管理咨询或管理实践的角色，因此有时管理类畅销书与管理学学术类著作界限并不分明，不少著作既提出了具有创新性的管理理论，同时也得到了实践界人士的广泛认可，成为畅销书。

管理类畅销书中，还有一类书籍很适合本科生阅读，即知名企业或企业家的传记。这些书籍往往记录企业家几十年的工作历程，包括在企业工作中成功的经验与失败的教训，以及面对企业发展中重大事件的决策过程等，这些经历涉及商业企业经营的方方面面，可以帮助本科生了解商业活动的基本运作过程，同时企业家面对困难的勇气、创新进取的人格魅力也能够给读者以借鉴，使读者能够站在巨人的肩膀上，学习他们面对问题时所做的努力和应对方法。

《我在通用汽车的岁月》是通用汽车公司总裁阿尔弗雷德·斯隆的自传，记录了通用汽车公司的成长历史、重大事件和发展策略。作者阿尔弗雷德·斯隆在1918年加盟通用汽车公司，1923年成为公司总裁。在他的领导下，通用由风雨飘摇走向成功，超越福特汽车公司成为世界上最大的汽车制造商，他也被誉为20世纪最伟大的企业家。这本书讲述了通用汽车发展经营的故事，对分权管理和事业部、产品政策、计划和战略、财务控制、财务成长、持续经营、领导等方面进行了详尽的描述和研究；并叙述了设计、分销、海外业务、非汽车产业、人事和劳工关系、激励、管理如何发挥作用以及对企业改革与发展的展望。这本书上市之后一直畅销，管理大师德鲁克曾不止一次地向身边的人推荐这本书，比尔·盖茨也曾说，"如果你只想选一本商业著作来读的话"，本书"可能是你所能读到的最好的商业著作"。

《杰克·韦尔奇自传》是通用电气公司总裁杰克·韦尔奇的自传，他是20世纪末期世界上最伟大的CEO之一，几乎成了当时美国企业界的符号。在这本传记中，韦尔奇回顾了他的青年岁月、成长经历、在企业任职中的管理经验以及心路历程。其中包括他在通用电气公司进行的一系列改革，帮助这个庞大多元的商业帝国摆脱"大企业病"，壮士断腕，合并业务部门，压缩管理层次，裁减冗余人员，走上灵活主动的道路。传记中详细地记录了通用电气公司的一系列兼并、收购、剥离、谈判等活动，有助于读者了解美国的资本市场，了解各种商业活动流程。在韦尔奇的带领下，通用电气公司在 20 年时间里市场资本增长 30 多倍，排名从世界第十提升到第一，从一家制造业巨头转变为以服务业和电子商务为导向的企业巨人，成为真正的业界领袖级企业。

《史蒂夫·乔布斯传》是苹果公司创始人史蒂夫·乔布斯唯一授权的官方个人传记。乔布斯本人个性鲜明，经历传奇，人生几多沉浮却又最终东山再起。他在大学时退学，白手起家创立苹果公司，五年之内该公司就成功上市，并成为世界 500 强企业。巨大的成功使乔布斯轻狂傲慢，在公司中树敌无数，以至于被赶出自己亲自创立的苹果公司。离开苹果后乔布斯投资了 NeXT 和皮克斯两家公司，他在艺术和科技方面的创造力让皮克斯的动画制作业务从无到有，越做越大，皮克斯公开上市后，乔布斯持有的股票价值相比他当初投资时已经增加了二十几倍。经历了这两个真正把他历练到成熟的公司，乔布斯重返濒临破产的苹果公司，展开了美国商业史上绝无仅有的复兴行动。这时他依靠自身的领袖魅力和四溢的激情，充分发挥自己优势，鞭策和激励团队，引导他们孵化出一个又一个颠覆性的科技产品。随着 iMac、iPod、iTunes、iPhone、iPad 等创新性产品的问世，乔布斯一步步带领原本没落的苹果公司缓慢复苏并最终引领市场，成为一家改变世界的伟大公司，最终实现了王者归来。这本书展现了 30 余年来信息科技产业的发展历程，苹果公司创业成长中的重要商业事件，关键时刻领袖人物对于企业发展的影响力以及乔布斯跌宕起伏的人生经历。

《华为传》记录了华为公司 30 年来从小作坊到世界巨头的全历程。华为公司成立于 1987 年，创业之初的主营业务是代理销售香港公司生产的交换机，之后开始自主研发之路，经历了 30 年坚持不懈地自主研发和创新，华为公司现在已经成为全球领先的信息与通信技术解决方案供应商。2021 年华为在《财富》世界 500 强中排名第 44 位，在中国民营企业 500 强中排名第 1 位。这本书详尽地讲述了华为创立 30 年来奋斗、变革、壮大、超越的成长历史，展现其间的艰苦细节和丰富内幕，梳理了华为独特的管理经验、企业文化、运营模式、企业战略等，华为在管理体制上的不断创新是自主研发取得成功的重要保障。穿越时间的长河，经历时代的变迁，华为走出了一条独特的奋进之路，为中国企业的成长提供了可供借鉴的经验和智慧。

三、数字资源

1. 学术类数字资源

大学图书馆会购买、租用或试用国内外出版商发行的数字文献资源，如电子图书、电子期刊、学位论文数据库、文摘索引数据库、数值型资料数据库、多媒体资源及年鉴等。本科生可以根据个人的学习需要，登录图书馆网站，合理地检索、浏览和下载这些数字资源。本科生经常使用的学术类数字资源主要包括中国知网、超星等中文数据库，EBSCO 电子期刊数据库、Elsevier ScienceDirect 数据库等英文数据库。

中国知网的全称为中国国家知识基础设施（China National Knowledge Infrastructure，CNKI），是集学术期刊、学位论文、会议论文、工具书、报纸、年鉴、专利、标准、科技成果、古籍、学术图片等多种中外文文献资源的数字出版平台。中国知网与全球多个国家和地区的 600 多个专业出版社和科研机构建立长期战略合作关系，数字资源内容丰富，全面覆盖基础科学、信息科学、农学科学等 10 大专辑、168 个专题。

中国知网提供数据库检索服务，其中综合性数据库包括中国期刊全文数据库、中国博士学位论文数据库、中国优秀硕士学位论文全文数据库、中国重要报纸全文数据库和中国重要会议论文全文数据库。读者可以通过检索功能来快速、精准、个性化地找到相关主题的优质论文。同时还可以使用可视化分析了解某个研究主题的分布比例、数量和趋势，通过智能检索找到主题、作者、基金或文献来源的结果，可以通过个性化功能跟踪所关注研究主题或研究者的最新成果。

超星数据库包括超星数字图书馆、超星电子期刊、超星发现系统、超星学术视频等系列数据库，分别提供图书、期刊、文献搜索、视频等数字资源服务。超星数字图书馆是全球最大的中文在线数字图书馆，电子图书的资源和种类非常丰富，总量超过百万册，涉及经济管理 、文学艺术 、历史地理、生物科学、医药卫生、工业技术等各个学科领域。读者可按书名、作者、主题词、学科类别、全文检索等多种方式检索，也可以在线阅读各种电子图书。

2. 商业类数字资源

互联网时代，微信、微博、短视频、直播等新型信息传播方式层出不穷。某些学术团体、商业组织或从事管理工作的专业人士通过这些网络途径对外提供与分享经济管理类知识或信息，这些向大众传递信息的新媒体就构成了经济管理类自媒体。微信公众号是常见的自媒体平台，不少知名期刊、学术组织均开通了微信公众号，如《哈佛商业评论》《管理世界》《管理学季刊》等杂志公众号。

经济管理类自媒体面向大众，或传播管理类原创文章及资料，或分享管理实践中的心得体会。为了获得用户的稳定增长，自媒体需要围绕自己最擅长的领域，用丰富多样的呈现形式，不断输出高质量且持续更新的内容，这样才能够吸引读者，扩大影响力。高质量的自媒体确实丰富了读者获取信息的渠道，充实了获取信息的内容，但应当注意的是，在自媒体上所发布的信息内容是由发布人自行决定的，没有统一的标准和规范，在接收和使用这些信息时应特别注意鉴别其质量和真伪，避免出现肤浅信息、虚假信息或不安全信息等问题。

本 章 小 结

大学的课程设置、教学方式、学习内容与中学阶段存在明显差异，大学生应尽快了解认识大学阶段学习的特点和规律，找到适合自己的学习方法。

学术期刊是发表学术论文和学术研究成果的载体，是一种经过同行评审、遵守一定的学术规范的公共学术产品。

国际常用的权威学术期刊评价工具是科学引文索引（SCI），由美国科学信息研究所创建，根据论文的被引用频次、影响因子等对期刊进行评价。

《美国管理学会期刊》《美国管理学会评论》《管理科学季刊》《组织科学》等被认为是管理学综合类顶级学术期刊。

中文社会科学引文索引（CSSCI）管理类学术期刊共有 36 种，包括《管理世界》《南开管理评论》《经济管理》等，是管理学科的高质量学术期刊。

本科生经常使用的学术类数字资源主要包括中国知网、超星等中文数据库，EBSCO 电子期刊数据库、Elsevier ScienceDirect 数据库等英文数据库。

重要术语

批判性思维　　　学术期刊　　　科学引文索引　　　商业期刊　　　学术著作
数字资源

附录　十位管理大师

一、大师中的大师：彼得·德鲁克

被尊为"现代管理之父"和"大师中的大师"的彼得·德鲁克（Peter F. Drucker，1909—2005），出生在奥地利的维也纳，是一位作家、管理顾问、大学教授，他专注于写作有关管理学范畴的文章。彼得·德鲁克催生了管理这门学科，同时预测到知识经济时代的到来。他的著作和思想成为管理者与企业家取之不尽、用之不竭的思想源泉。

德鲁克最大的贡献就是创建了管理这门学科，他如此阐述管理的本质："管理是一种实践，其本质不在于'知'而在于'行'；其验证不在于逻辑，而在于成果；其唯一权威就是成就。"① 德鲁克管理思想的核心是以顾客为中心。在其标志性著作《公司的概念》中，德鲁克将通用汽车的成功归因于董事长对顾客的独特掌握，而不是其所使用的管理方法。德鲁克在他发表于《华尔街日报》上的《CEO的角色》一文中，再次提出"一切都要从了解顾客开始"。在1954年出版的《管理实践》中，德鲁克明确提出："关于企业的目的，只有一个正确而有效的定义：创造顾客。"德鲁克认为市场是由企业家创造的，而不是由上帝或大自然创造的。顾客付钱购买商品或服务，所以顾客决定了企业是什么，企业必须设法满足顾客的需要。德鲁克在该书中提出了一系列极具前瞻性的管理见解，又从实践出发阐明了应用的途径，构建了管理学的架构。德鲁克认为，能提出管理实践中出现的问题并解决这些问题，是管理学进步的标志。② 《管理的实践》奠定了管理学作为一门学科的存在，从而也奠定了德鲁克管理大师的地位。

德鲁克一生共出版了三十多本书，在管理领域的各个方面都做出了开拓性的贡献，德鲁克首次提出"组织"的概念，奠定了组织学的基础。德鲁克的其他管理著作包括：《创新和企业家精神》《后资本主义社会》《新社会：工业秩序》《九十年代的管理》《大变革时代的管理》《管理的前沿》及自传《旁观者》等。为了表彰德鲁克对世界所做出的杰出贡献，2002年6月20日，美国总统布什宣布彼得·德鲁克成为"总统自由勋章"的获得者，这是美国公民所能获得的最高荣誉。布什总统的颁奖词说："彼得·德鲁克大量的著述，使我们的国家极大地获益，并且深刻地影响和改变了我们的社会以及现代商业世界。美国上下将共同庆祝他的卓越成就。"还有一件值得一提的事情，1950年德鲁克和他的父亲一起去拜访熊彼特，熊彼特告诉他："仅凭著作和理论不足以流芳百世，除非能改变人们的生活。"后来这句话使德鲁克坚定地选择以实践为基础，研究管理对社会、组织和个人三者之间合理联结的作用，以促进经济、社会、组织和个人的健康、合理发展，这也成

---

① 陈春花、陈鸿志：《德鲁克管理经典著作的价值贡献》，载于《管理学报》2013年第12期。
② 罗珉：《实践——德鲁克管理思想的灵魂》，载于《外国经济与管理》2007年第8期。

为德鲁克衡量自己一生成败的基本标准。国际权威媒体《经济学人》评论说："假如世界上果真有所谓大师中的大师，那个人的名字，必定是彼得·德鲁克。"《哈佛商业评论》评论说："只要一提到彼得·德鲁克的名字，在企业的丛林中就会有无数双耳朵竖起来倾听！"《商业周刊》相信"德鲁克是当代最经久不衰的管理思想家"。德鲁克的贡献不仅在于他的思想，更多的是他的思想对于企业实践的指引，这也是他的思想被众多大企业追随的原因所在。

二、管理战略家：亨利·明茨伯格

亨利·明茨伯格（Henry Mintzberg）是当今杰出的管理思想家之一，1939 年出生于加拿大多伦多市。他是经理角色学派的创建人，美国战略管理协会的创始人和前任主席。他于 1968 年获得美国麻省理工学院斯隆管理学院博士学位，长期在加拿大麦吉尔大学任教，现为该校管理学教授，并在欧洲工商管理学院、伦敦商学院、埃克斯·马赛大学、卡内基·梅隆大学和蒙特利尔高等商学院等学校担任访问学者。明茨伯格是最具原创性的管理大师，对管理领域常提出打破传统及迷信的独到见解，是经理角色学派的主要代表人物。

明茨伯格等之所以被称为经理角色学派，是由于他们以经理所担任的角色为中心来分析经理的职务和工作，以求提高管理效率。他们所讲的"经理"，是指一个正式组织或组织单位的主要负责人，拥有正式的权力和职位；① 至于"角色"，则是指处于一定职责或地位上的领导者的一套有条理的行为。1973 年出版的《经理工作的性质》是明茨伯格的主要代表作，也是经理角色学派最早出版的经典著作。明茨伯格认为，一切经理级的决策行为都可以用高级程序的语言加以描述。他认为提高经理工作效率的要点包括：与下属共享信息，在共享信息的基础上，由两三个人分担经理的职务；尽可能利用各种职责为组织目标服务；摆脱非必要的工作，腾出时间规划未来；以适应于当时具体情况的角色为重点；既要掌握具体情节，又要有全局观念；充分认识自己在组织中的影响。明茨伯格提出了组织构型（configuration of organization）的组织整体认知观点。他发表在《哈佛商业评论》上的《画一张组织运作图》一文中，再次强调了这一观点。明茨伯格创造了一种新方法——组织运作图，它能揭示企业真正运作的方式，描绘出员工、产品以及其他信息之间的互动关系。高层经理们可以利用组织运作图激发讨论，探讨最佳经营以及战略选择的方式。

明茨伯格首次对经理人角色从实证角度进行了分析，形成了经理角色学派。明茨伯格一共出版了 10 多本著作，发表了 120 多篇文章，其中最具影响力的包括《经理工作的性质》《组织的结构》《组织内外的权力斗争》《明茨伯格谈管理：我们的奇妙组织世界》《战略规划兴亡录》《战略历程：纵览战略管理学派》《战略过程》《组织设计——时髦还是适应》等。明茨伯格对战略思想提出了独特的见解，他认为在现实世界中，战略制定是临时性的，没有固定的形式和计划，是根据需要而不断调整变化的。明茨伯格对传统工商管理教育模式提出了批评，他认为对于没有任何经营经验的人，无法通过工商管理硕士

---

① 李乾文：《伟大的离经叛道者——亨利·明茨伯格的代表作及其贡献》，载于《企业管理》2004 年第 3 期。

课程把他们塑造成经理人。你所能做的，是把经理人集合在一起，帮助他们互相学习，来提高经理人的素质，而不是在教室里制造经理人。明茨伯格1980年成为加拿大皇家协会会员，1995年获得管理学会的乔治·泰瑞奖，1998年被授予加拿大国家勋章与魁北克勋章，2000年获得美国管理科学院杰出学者奖。由于明茨伯格对管理本质、组织和战略的见解在管理学界独树一帜，英国《金融时报》称其为"伟大的离经叛道者"。

三、质量管理宗师：约瑟夫·朱兰

约瑟夫·朱兰（Joseph Juran，1904—2008）是世界著名的质量管理专家，举世公认的现代质量管理的领军人物。他出生于罗马尼亚，1912年随家庭移民美国，1917年加入美国国籍，曾获得电气工程和法学学位。在其职业生涯中，他做过工程师、企业主管、政府官员、大学教授、劳工调解人、公司董事、管理顾问等。1979年，朱兰成立了"朱兰研究院"和"朱兰基金会"，从事质量管理的培训、咨询和推广工作，帮助创立了美国"玛尔科姆·鲍德里奇国家质量奖"。

朱兰首次将质量列入了管理范畴，倡导质量文化。朱兰认为目标向成果的转化（使质量得以实现）是通过管理过程来进行的，质量管理是对一个公司实现其质量目标所需进行的活动的确定和实施过程。他还倡导大质量、战略质量的概念。过去，质量目标在性质上几乎都是战术的，这些战术质量目标是由企业的中下层或工厂一级的职能部门设定的。而朱兰把质量目标分为战术质量目标和战略质量目标，其中战略质量目标是把质量列为企业目标中最优先考虑的目标，它是由企业高层设定的，并作为整个经营计划的一部分。战略质量目标影响质量计划，为战术质量目标的制定和实施提供了导向。朱兰一直关注如何通过对过程的管理和控制来提高质量。质量计划、质量控制和质量改进这三个管理过程被称为朱兰三部曲，是其质量体系中最基本的概念。朱兰还认为，产品质量是在市场调查、开发、设计、计划、采购、生产、控制、检验、销售、服务、反馈等全过程中形成的，同时又在这个全过程的不断循环中螺旋式提高，这就是所谓的"质量环"，也称为质量进展螺旋[①]。他所倡导的过程影响质量、持续的质量改进及所提出的管理突破历程对今天的管理产生了巨大的影响。

朱兰长期在管理领域中从事各种工作，在他所发表的20余本著作中，《管理突破》及《朱兰质量手册》两本书是他的经典之著。其中《朱兰质量手册》阐述了朱兰博士关于质量体系计划和实施的基本观念和方法，包括对质量基本概念的认识、质量管理的基本过程、从产品构思开始到转化为可销售的产品和服务为止的一系列活动，即质量职能活动的组织、质量控制中普遍采用的现代管理方法和工具等。该书自1951年出版以来，已经被译成许多国家的文字。由于这本手册的全面性、实用性和权威性，再加上朱兰本人在质量管理领域中的大师级地位，在半个多世纪中，这本手册一直是质量管理领域最具有影响的出版物之一，是一个全球范围内的参考标准，被人们誉为"质量管理领域中的圣经"。朱兰对于两次世界大战后日本的经济复兴和质量革命的贡献受到了高度评价，他所倡导的

---

① 陈颉：《质量管理宗师——约瑟夫·朱兰》，载于《企业管理》2004年第7期。

质量管理理念和方法始终深刻地影响着世界企业界以及质量管理领域的发展。朱兰曾经获得过诸多奖励和荣誉，其中包括日本政府因其对日本质量管理的发展以及促进日美友谊所做出的贡献而授予的对外国人的最高奖项，和美国总统为表彰他在"提升在全球市场上的竞争力"方面所做的毕生努力而颁发给他的国家技术勋章。

四、领导艺术的指挥者：沃伦·本尼斯

沃伦·本尼斯（Warren Bennis）是美国当代杰出的组织理论、领导理论大师。本尼斯 1925 年出生在纽约，第二次世界大战期间担任美军军官，战争结束后，先后在安蒂奥克学院和麻省理工学院学习经济学、心理学和商学，获得麻省理工学院博士学位。后来曾在几所美国大学执教，并从事过几年大学行政管理工作，现供职于南加利福尼亚大学。他先后担任过四任美国总统的顾问团成员，并担任《财富》500 强许多大公司的顾问、董事。本尼斯是一位多产的作家，至少著有 27 本与领导有关的书籍，1500 多篇文章。

本尼斯是倡导组织发展理论的先驱，对组织理论的发展有很大的贡献。首先，他对非常盛行的层级式组织即官僚制进行了深入的分析，对其优缺点进行了总结。他认为环境的变化以及科技等一些动态因素，都使得以往的官僚制体系组织陷入严重的问题之中，官僚制体系目前处于变动状态的环境中，无法逾越其面对的问题，这也预示着官僚制组织的最终崩溃。其次，本尼斯对领导理论的贡献也有目共睹。他对领导的本质、领导行为的特征、领导团体的信任关系、影响领导行为的影响因素等都进行了卓有成效的研究，得出了许多科学的结论。他认为领导在本质上是相同的，领导行为不是天生的，可以后天获得。也就是说，领导不但是一门艺术，还是一门科学。本尼斯认为，杰出的领导人有三个共同特点：雄心、能力、诚实，三点都必不可少，而诚实尤其重要。没有诚实，雄心和能力最终将把领导人本身和组织引入危险之中。本尼斯认为领导人不是天生的，而是后天塑造的，而且在一定程度上说不是外部塑造的，而是他们自己塑造的，没有领导人刻意要爬到他们的职位，他们只是充分地、自由地表现出自己的才能，也就是说，领导人没有兴趣刻意地证明自己，他们只有兴趣尽力发挥自己的才能[①]。这中间的差别在于到底是受某种动机驱使而领导，还是主动积极地领导，这一点至关重要，因为现在受驱使去领导的人太多了，而主动去领导的人太少了。本尼斯相信，领导是可以学习的，学习当领导者的过程其实就是成为一个完整和健全的人的过程。领导是一种能力，领导者可以被那些愿意取得实际工作效果的管理者所用，但领导者和管理者是有本质差别的。

本尼斯在教育、写作、顾问、管理等诸多领域做出了杰出的贡献，并且有多部著作问世，发表研究论文上百篇，其中被誉为 50 大商业好书之一的《领导者》和另一本《成为领导者》更是被译为至少 21 种语言。《极克和怪杰》被"管理学之父"彼得·德鲁克誉为本尼斯著作中"最具影响力，也最引人入胜的一本"。1993 年和 1996 年，沃伦·本尼斯两度被《华尔街日报》誉为管理学十大发言人，其论述管理问题的优秀书籍两度获得

---

① 李乾文、张玉利：《领导艺术的指导者——沃伦·本尼斯的代表作及其贡献》，载于《企业管理》2004 年第 5 期。

麦肯锡奖，《福布斯》杂志称他是"领导学大师们的院长"，英国《金融时报》称其为领导艺术的指导者。

五、竞争战略之父：迈克尔·波特

被誉为"竞争战略之父"的迈克尔·波特（Michael Porter），1947年出生于美国密歇根州，美国哈佛商学院历史上第四位大学教授。迈克尔·波特毕业于普林斯顿大学，随后转向商业，获得哈佛大学 MBA 及经济学博士学位，拥有瑞典、荷兰、法国等国大学的8个名誉博士学位，至今已出版多部书籍及多篇文章。迈克尔·波特曾在1983年被任命为美国总统里根的产业竞争委员会主席，开创了企业竞争战略理论并引发了美国乃至世界的竞争力讨论。1979年，波特获得哈佛商学院终身教授的职位，成为世界上竞争战略和竞争力方面公认的权威。

波特认为，"竞争"是企业成败的核心，它决定了企业的创新、文化凝聚力、执行效率等与整体表现息息相关的各种活动。波特综合前人研究提出"五力分析"，指出行业中存在着五种力量，这五种力量决定着行业的竞争规模和程度，综合起来影响着产业的吸引力。"五力模型"将大量不同的因素汇集在一个简便的模型中，是用来分析企业所在行业竞争特征的一种有效工具。该模型确定的竞争的五种主要力量来源，包括供应商的议价能力、购买者的议价能力、潜在进入者的威胁、替代品的威胁，以及现存竞争者之间的竞争。其后波特又指出，在与五种竞争力量的抗争中，蕴含着三类成功型战略思想：总成本领先战略、差异化战略和专一化战略。波特认为，这些战略的目标是使企业的经营在产业竞争中高人一筹，在一些产业中，这意味着企业可取得较高的收益；而在另外一些产业中，一种战略的成功可能只是企业在绝对意义上能获取些微收益的必要条件。迈克尔·波特认为，只有从具体的公司价值行为的角度而不是从公司整体出发，才能真正理解竞争优势。他把公司的整体经营行为分解为一个个单独的、具体的行为，这些行为处于不同的营销环节，具有不同的性质和作用。因为每个行为都创造价值，所以迈克尔·波特把它们称为价值行为（value activities）。[①]

作为国际商学领域最受推崇的大师之一，迈克尔·波特已经出版了17本书，发表了70多篇文章。他最著名的三部经典著作《竞争战略》《竞争优势》《国家竞争优势》被称为"竞争三部曲"。其中，《竞争战略》一书已经再版了63次，被译为17种文字。其著作被美国《福布斯》杂志列为全美500家最大企业的经理、咨询顾问及证券分析的必读"圣经"。波特获得过无数奖项，他因对工业组织的研究而荣获哈佛大学的"大卫·威尔兹经济学奖"；他在《哈佛商业评论》上发表论文，已经获得五次"麦肯锡奖"；1991年，美国市场协会给波特颁发了"市场战略奖"；1993年，波特被推选为杰出的商业战略教育家。此外，波特还获得了"亚当·斯密奖""查尔斯·库里奇·巴凌奖"等众多奖项。迈克尔·波特不仅在学术界和商业界获奖无数，还获得过公民勋章。波特的影响力遍及全球，他的竞争战略研究开创了企业经营战略的新领域，对全球企业发展和管理理论研

---

① 张旭波：《公司行为与竞争优势——评迈克尔·波特的价值链理论》，载于《国际经贸探索》1997年第6期。

究的进步，都做出了重要的贡献。

六、基业长青：吉姆·科林斯

吉姆·科林斯（Jim Collins），出生在科罗拉多州博尔德市，毕业于斯坦福大学，曾获得斯坦福大学商学院杰出教学奖，先后任职于麦肯锡公司和惠普公司，是当代著名的管理专家，同时又是一位顶尖的畅销书作家。他投入了 10 年多的时间和精力从事管理研究，并合作或独立出版多部著作。1994 年与杰里·波勒斯（Jerry Porras）合作了《基业长青》一书，书中提出了他的主要管理思想。

"造钟，而不是报时。"吉姆·科林斯把"拥有一个伟大的构想，或身为高瞻远瞩的魅力型领袖"比作"报时"，而把"建立一家公司，使公司在任何一位领袖身后很久、经历多次产品生命周期仍然欣欣向荣"比作"造钟"。伟大公司的领导人通常都是"造钟"的人，"他们致力于建立一个组织，一个会滴答走动的时钟"，而不只是"找对时机，用一种高瞻远瞩的产品打入市场"；"他们并非致力于取得高瞻远瞩领袖的人格特质"，而是"致力于构建高瞻远瞩公司的组织特质"。[①] 建立时钟就是建立一种机制，使得公司能靠组织的力量在市场中生存和发展，而不是依靠组织中特定的人、产品或机会等不确定的东西。科林斯认为，所有高瞻远瞩的公司都是"务实的理想主义者"，利润是生存的必要条件，就像是人体所需要的氧气、食物、水、血液一样，虽然这些东西不是生命的目的，但是，没有它们，就没有生命。伟大的公司想要生存，必须拥有一个持久的观念，这种观念必须从属于整个公司，即使有远见的领导人不在，这种观念也会永存。这种观念不是围绕一个人或一种产品，而是围绕着一个决定了公司发展目标的思想体系建立起来的。科林斯认为有远见的公司之所以能取得成功，原因在于不论发生什么变化，它们的核心毫不动摇。科林斯认为想要基业长青，就要保存核心，刺激进步。保存核心要求在相当长的时间内是固定的，而追求进步则是在外界环境还未要求改变之前，就做出改变和完善。两者看似是一对矛盾体，但在高瞻远瞩的公司里，二者可以携手合作，兼容并蓄。科林斯找出了五种方法：设定胆大包天的目标；拥有教派班的文化；择强汰弱的进化；自家成长的经理人；永远不够好。公司之所以强大，不是因为单独执行了哪个策略，而是将核心理念和刺激进步的精神渗透到组织的所有层面。

科林斯的研究提出了许多有价值的观点，对于创业、企业成长等管理理论有着重要的影响。科林斯对传统管理理论中的一些传统观点提出了挑战，丰富了"人"的内涵，在科林斯的著作中充斥着对人的深刻理解，与公司及其理念的要求一致的人才能成为公司的员工。科林斯与杰里·波勒斯合作的《基业长青》在商业类畅销书排行榜上保持了 6 年，重印了 70 余次，被译成 16 种语言在全球发行。2001 年完成的《从优秀到卓越》也名列《商业周刊》《哈佛商业评论》《纽约时报》等畅销书榜前列。在 2002 年 9 月福布斯杂志评选出的 20 年间美国 20 部最伟大的商业著作中，上述两部著作分居第 2 名和第 19 名。

---

① 陈寒松、张玉利：《见证卓越〈基业长青〉、〈从优秀到卓越〉与吉姆·科林斯》，载于《企业管理》2004 年第 4 期。

七、平衡计分卡创始人：罗伯特·卡普兰

罗伯特·卡普兰（Robert Samuel Kaplan），1940 年出生于美国纽约，是平衡计分卡（balance scorecard）的创始人之一，美国平衡计分卡协会主席，备受国际称赞的会计学者。曾执教于卡耐基·梅隆大学管理学研究生院（GSIA）16 年之久，担任哈佛教职已达 18 年，现执教于哈佛商学院领导力开发专业之 Marvin Bower 教席。获得麻省理工学院电子工程学士和硕士学位，以及康奈尔大学运营研究博士学位，1994 年，获得德国斯图加特大学荣誉博士学位。

1992 年，在《哈佛商业评论》上，卡普兰与戴维·诺顿（David Norton）发表了关于平衡计分卡的第一篇文章《平衡计分卡——驱动绩效指标》。这是一套企业业绩评价体系，它打破了传统的只注重财务指标的业绩管理方法，认为传统的财务会计模式只能衡量过去发生的事情。在信息社会里，传统的业绩管理方法并不全面。组织必须通过客户、供应商、员工、组织流程、技术和革新等方面的投资，获得持续发展的动力。基于这种认识，平衡计分卡方法认为，组织应从以下四个角度审视自身业绩：客户、业务流程、学习与成长、财务。每个角度又具体包括战略目标、绩效目标、测量指标以及实现目标所需要的行动方案，大大改进了以往只关注财务指标造成的局限性①。1996 年，卡普兰关于平衡计分卡的第一本专著《平衡计分卡：化战略为行动》出版，标志着这一理论的成熟。卡普兰把绩效考核的地位上升到组织的战略层面，使之成为组织战略的实施工具。平衡计分卡自问世之日起便打动了许多企业管理人员的心弦，就连美国陆军也在多年前用上了平衡计分卡。平衡计分卡是一个全方位的架构，将企业的策略转换成一套前后连贯的绩效衡量，而且重视四个不同的方面对于战略执行的影响。它弥补了传统绩效衡量制度只重视财务的不足，平衡了股东及顾客的需求，也平衡了过去结果及未来可能性的衡量。面对平衡计分卡面世后的好评如潮，卡普兰和诺顿并没有停下探索的脚步，仍然在密切注视着平衡计分卡的执行，并不断完善着他们的理论。2001 年，他又出版了新作《战略中心型组织：实施平衡计分卡的组织如何在新的竞争环境中立于不败》，书中对平衡计分卡理论进行了系统的总结，介绍了如何使用平衡计分卡进行战略管理实践。

卡普兰是一位富于创新意识的研究者和多产的作家，卡普兰撰写或合作撰写了 14 本书，在《哈佛商业评论》上发表了 18 篇文章，其著作被翻译成多种语言并影响着世界上各种性质组织的管理实践，同时他也获得了全球范围内来自学术界和实务界的赞誉和多项奖励，获得多个教学和论著方面的奖项。他的文章曾两次荣获由 AAA 和 AICPA 联合颁发的会计文献重大贡献奖，其著作《相关性的迷失》和《平衡计分卡》相继获得由 AAA 与德勤联合颁发的改进会计实务最佳研究贡献奖。卡普兰的专业服务职务包括担任财务会计准则咨询委员会、AAA 和 IMA 等组织的重要成员。1988 年，AAA 因其杰出的案例教学授予他杰出教育家奖。英国特许管理会计师协会在 1994 年授予他 CIMA 奖，嘉奖他"对会计专业做出的突出贡献"。2005 年，《金融时报》将他列为 25 大商业智囊之一。2006 年，

---

① 林绚晖、朱睿、车宏生：《平衡计分卡理论及其发展进程》，载于《现代管理科学》2007 年第 10 期。

他被提名为会计名人堂人物，并获得了美国会计协会管理会计分会颁发的终身成就奖。

八、管理哲学之父：查尔斯·汉迪

查尔斯·汉迪（Charles Handy），欧洲最伟大的管理思想大师，是当今世界上最称得上管理哲学家的人，也是继彼得·德鲁克之后在世界上拥有读者最多的管理学权威。汉迪1923年出生于爱尔兰，牛津大学毕业后，在东南亚和伦敦的壳牌石油等大公司工作，担任高级管理人员，之后在麻省理工学院学习，开始研究组织原理及其运作原理。1967年汉迪创办了英国首家管理研究生院——伦敦商学院。查尔斯·汉迪获得13所英国大学名誉博士学位或名誉研究员，并于2000年被授予英帝国司令勋章（Commander of the Order of the British Empire，CBE）。

查尔斯·汉迪的管理思想的突出特点在于注重不同管理文化的有机融合，用文化带动管理，依靠管理发展文化，汉迪将其称为"文化合宜论"。查尔斯·汉迪这种以人为本、文化共融的管理思想理论，具有振聋发聩的时代意义。随着《非理性的时代：掌握未来的组织》的出版，汉斯认为，所有的进步都依赖于非理性人，当今时代充满了不确定性，要想成就未来，就必须大胆地设想"不可能的事"。只有打破传统思维模式，进行"非理性"思考，才能适应时代潮流。汉迪认为，我们每个人都与组织结构形成一种心理契约，我们可以把契约看成强制性的，也可以看作合作性的，这种契约对于每个人都有差别，正是由于差异使得组织结构多样化。鉴于对组织机构的这种认识，汉迪研究了组织机构的变革方式。他预言将出现"三叶草组织机构"，一种能使人力和金融资源集中于最需要的地方的三边组织结构①。汉迪用"三叶草"来象征说明组织是由三个有差异的群体组成，第一片叶子代表专业技术人员，他们是组织结构中最重要的组成部分；第二片叶子代表可以外包给其他公司的非重要工作；第三片叶子是指兼职和临时工，他们可以在用工高峰时临时雇佣。以这种形式组建的公司类似于现在的咨询公司、广告商等。汉斯认为，未来可能是任何模样，但它绝不是过去简单的延续，高瞻远瞩的公司已经意识到不能简单地把聪明的员工定位于员工或经理，组织中的所有人员以及组织必须全身心地坚持学习，才能跟上时代潮流不落伍。汉迪认为，在现代社会中，经理人员必须接受多样化和变革，灵活处理各种问题，必须更加人格化。经理人员区别于技术人员，他们是鼓舞士气的人，组织只有获得恰当的精神鼓励，才能充满活力，对未来充满信心。

查尔斯·汉迪从1976年出版《通晓组织》一书开始，已经出版了十几部在大西洋两岸乃至全世界都影响深远的著作。这些著作包括《非理性时代》《空雨衣》《管理之神》《变动的年代》《突破常规》等。特别是《非理性的时代》《空雨衣》等已经打动了许多读者的心。英国《金融时报》称他为欧洲屈指可数的"管理哲学家"，并把他评为仅次于彼得·德鲁克的管理大师。如果说彼得·德鲁克是"现代管理学之父"，那么查尔斯·汉迪就是当之无愧的"管理哲学之父"。吉姆·柯林斯这样评价汉迪："汉迪总是如此的优雅，他是管理领域真正的大家，在世界众多的管理思想家中堪称翘楚。"沃伦·本尼斯

---

① 李乾文：《管理学领域的哲学家——查尔斯·汉迪的代表作及其贡献》，载于《企业管理》2004年第11期。

说："如果说彼得·德鲁克使管理登上大雅之堂，汤姆·彼得斯使其推而广之，那么查尔斯·汉迪则赋予了管理所缺失的哲学的优雅和雄辩。"

九、颠覆大师：克莱顿·克里斯藤森

克莱顿·克里斯藤森（Clayton Christensen），出生于盐湖城，1975 年以优异的成绩毕业于家乡犹他州的杨百翰大学经济系，并获"最佳毕业生"称号，1977 年以罗德学者的身份进入牛津大学继续深造，获得应用经济学硕士，之后返回美国进入哈佛商学院，先后获得商学硕士和博士学位。毕业后在波士顿咨询公司担任顾问和项目经理。1984 年，他与几位麻省理工学院的教授共同创办了一家高科技制造公司——CPS，克里斯藤森担任董事长兼总裁。1992 年，克里斯藤森重返哈佛大学获得工商管理博士学位，之后留校担任教职。

1997 年，克里斯藤森出版了其成名作——《创新者的窘境——新技术导致卓越企业失败》。克里斯藤森通过对 10 多个产业史的研究，提出了突破性技术是卓越企业失败的主要因素，如何识别和管理突破性技术成为卓越公司必须考虑的管理问题之一。克里斯藤森创造性地提出了卓越管理失败的原因，首先是对持久性技术和突破性技术认识的差异，大企业对突破技术的忽视和认识错误直接导致了失败；其次是卓越企业往往"高估"市场需求，其主流产品的品质往往超越市场需求，出现过剩的情况；最后是卓越企业的一味理性投资也会导致失败，卓越公司关注顾客和股东的利益，影响企业的革新能力。克里斯藤森认为，不创新，必然灭亡。克里斯藤森强调指出，真正的创新充满艰辛，而且极具挑战性。创新不同于改良，很多公司口口声声要创新，但是对已经大笔投入的原有的系统结构难以彻底割舍，使得他们极力回避对原有稳定性的任何威胁，这种心态使得很多公司忽视创新可能带来的机会和利润。克里斯藤森出版的第二部作品《创新与一般管理者》，帮助一般管理者理解创新中普遍存在问题的根本原因，更加明确地指出，尽管很多企业开发出一系列创新管理的技术和职能，创新管理仍然是一个难题。① 在管理过程中，优秀的管理人员为了让企业变得更强大，采用了很多最好的管理工具，然而这些管理技术对于创新而言是一种阻碍。克里斯藤森认为解决这个问题应当制定详细引导管理者进行选择的战略，只有这样管理者才能应对创新管理工作，才能将资源、过程和影响创新的价值整合成内在能力，开发出优质的新产品和服务。

克里斯藤森最大的贡献在于提出了"突破性技术"的观点，并因为这一观点成为技术创新领域的管理学大师。克里斯藤森是"颠覆性技术"这一理念的首创者，该理念在 1995 年首次发表于《哈佛商业评论》，他因此获得了"颠覆大师"的美誉。克里斯藤森的代表作主要有 1997 年出版的《创新者的窘境》、1999 年出版的《创新与一般管理者》、2003 年出版的《创新者的解决方案：创造和保持成功的成长》等。其作品曾获得诸多奖励：1991 年获得美国生产与运作管理学会颁发的"威廉·阿伯内西奖"；1993 年获得年度最佳管理史学论文奖"纽约门特别奖"；他的博士论文获得美国管理科学研究院颁发的

---

① 杨晓非：《突破性革新的布道者——克莱顿·克里斯藤森的代表作及其贡献》，载于《企业管理》2004 年第 6 期。

1992 年年度最佳论文奖；1995 年和 2001 年在《哈佛商业评论》上的文章两次获得麦肯锡最佳论文奖。

十、领导变革之父：约翰·科特

约翰·科特（John Kotter），1947 年出生于美国圣地亚哥，先后就读于麻省理工学院和哈佛大学，1972 年开始任教于哈佛商学院。1980 年，年仅 33 岁的科特就被该学院授予终身教授职位，他和"竞争战略之父"迈克尔·波特是哈佛历史上此项殊荣最年轻的得主。约翰·科特是全球公认的最卓越、最权威的领导和变革大师，哈佛商学院三大巨头之一。他曾服务过的客户包括花旗集团、可口可乐、通用电气、强生、飞利浦、壳牌、通用汽车等公司。

约翰·科特为管理者阐释了管理与领导的差异，科特认为领导行为和管理行为各自的功能不同，领导需要带来益于组织的变革，而管理则是为了维持秩序，使得组织能够高效运转。管理与有效领导行为相结合，能创造出更为有序的变革过程。有效的领导和高效管理相结合，将有助于产生必要的变革，同时使混乱的局面得到控制。但领导行为自身永远不可能使一项活动年复一年地按时、按预算保持运作；而管理本身也永不可能创造出重大的有用变革①。科特指出实现有效领导的组织才能迎接 21 世纪残酷的竞争挑战，在这个瞬息万变的世界中，由于变革的需求大增，领导在管理工作中逐渐占有重要的分量，领导已经成为组织成功的关键因素。一个企业如果不能发掘拥有足够领导力的人，那么真的难以在日益多变的世界发展壮大。科特认为仅仅使用管理的方法是不够的，成功的变革需要领导的方法，许多变革之所以失败就是因为仅仅使用了规章制度这些管理方法，而成功的变革需要更多地使用领导方法。企业中需要员工和领导进行双向沟通，要鼓励员工挑战传统，鼓励员工对公司未来的愿景提出质疑。公司的愿景和文化只有被员工真正接受，才能提高管理效率。科特在与丹·科恩（Dan Cohen）合作的《变革之心》中提出，组织变革应当包含八个步骤：增强紧迫感；建立指导团队；确立变革愿景；有效沟通愿景；授权行动；创造短期成效；不要放松；巩固变革成果。在这八个步骤当中，最核心的步骤就是改变人们的行为。组织变革中最关键的问题是如何改变人们工作的内容和方式。从改变人们行为的角度来说，与其给他们一堆分析数据，来改变他们的思维，倒不如让他们看到事情的真相，来影响他们的感受。"目睹—感受—变革"的流程，要远比"分析—思考—变革"的过程更为有力。

科特是世界上"领导与变革"领域的权威，世界顶级企业领导与变革领域最权威的代言人，其代表作有《领导变革》《变革的力量》《权力与影响》《变革之心》等。他曾获得众多荣誉，因改革哈佛商学院研究生课程设计而获得埃克森奖；因撰写最佳《哈佛商业评论》文章而两次获得麦肯锡奖；因提出企业领导的新观点而获得 JSK 奖；著作《松下领导学》获《财经时代》的全球商务书籍奖等。2008 年，哈佛商业评论中文网将科特教授评为对中国当代商业思想和实践有着广泛影响的六位哈佛思想领袖之一。

---

① 李乾文：《变革时代的领导艺术——约翰·科特的代表作及其贡献》，载于《企业管理》2004 年第 10 期。

参 考 文 献

[1]［美］阿尔弗雷德·斯隆：《我在通用汽车的岁月》（孙伟译），机械工业出版社2021年版。

[2]［美］保罗·萨缪尔森、威廉·诺德豪斯：《经济学》（第19版）（萧琛等译），商务印书馆2013年版。

[3]［美］彼得·德鲁克：《管理的实践》（齐若兰译），机械工业出版社2006年版。

[4]［美］丹尼尔·A.雷恩、阿瑟·G.贝德安著：《管理思想史》（第6版）（孙健敏等译），中国人民大学出版社2012年版。

[5]［美］海因茨·韦里克、马春光、哈罗德·孔茨：《管理学精要：国际化视角》（原书第7版），机械工业出版社2009年版。

[6]［美］亨利·明茨伯格、布鲁斯·阿尔斯特兰德、约瑟夫·兰佩尔：《战略历程》（原书第2版）（魏江译），机械工业出版社2020年版。

[7]［美］加里·德斯勒：《人力资源管理》，中国人民大学出版社2012年版。

[8]［美］加斯·塞隆纳、安德里·谢帕德、乔埃尔·波多尼：《战略管理》，机械工业出版社2004年版。

[9]［美］杰克·韦尔奇：《杰克·韦尔奇自传》（曹彦博等译），中信出版社2017年版。

[10]［美］劳伦斯·S.克雷曼：《人力资源管理》（第2版），机械工业出版社2005年版。

[11]［美］鲁迪格·多恩布什、斯坦利·费希尔、理查德·斯塔兹：《宏观经济学》（第13版）（王志伟译校），中国人民大学出版社2021年版。

[12]［美］纳雷希·K.马尔霍特拉：《市场营销研究：应用导向》（涂平译），电子工业出版社2010年版。

[13]［美］切斯特·I.巴纳德：《经理人员的职能》（王永贵译），机械工业出版社2021年版。

[14]［美］斯蒂芬·A.罗斯：《公司理财》（第8版），机械工业出版社2009年版。

[15]［美］斯蒂芬·P.罗宾斯等：《组织行为学精要》（郑晓明译），机械工业出版社2014年版。

[16]［美］沃尔特·艾萨克森：《史蒂夫·乔布斯传》（赵灿译），中信出版社2023年版。

[17]陈国海：《组织行为学》，清华大学出版社2013年版。

[18]陈国辉、迟旭升：《基础会计》，东北财经大学出版社2015年版。

[19] 陈维政、程文文、吴继红：《人力资源管理》，高等教育出版社 2020 年版。

[20] 陈益君：《我国人文社会科学学术期刊分级评价的现状、问题与对策研究》，载于《图书馆研究与工作》2016 年第 5 期。

[21] 段万春：《组织行为学》，北京大学出版社 2012 年版。

[22] 郭国庆：《市场营销学通论》，中国人民大学出版社 2022 年版。

[23] 郭菊娥等：《我国管理科学研究的回顾与发展展望》，载于《管理工程学报》2004 年第 3 期。

[24] 黄延霞、赵静雅、曹其英：《基础会计》，四川大学出版社 2018 年版。

[25] 姜付秀：《公司治理：基本原理及中国特色》，中国人民大学出版社 2022 年版。

[26] 荆新、王化成、刘俊彦：《财务管理学》（第八版），中国人民大学出版社 2018 年版。

[27] 兰徐民：《工商管理学科导论专业入门课程专题设计探讨》，载于《北京邮电大学学报（社会科学版）》2013 年第 6 期。

[28] 李海波、蒋瑛：《新编会计学原理——基础会计》（第 20 版），立信出版社 2019 年版。

[29] 李建安、齐华：《翱翔在大学》，陕西人民出版社 2014 年版。

[30] 李守玉、王崇臣：《以课题组为单元，提高本科教育质量》，载于《中国高等教育》2017 年第 18 卷。

[31] 李维安：《公司治理学》（第 4 版），高等教育出版社 2020 年版。

[32] 李翔、殷贤华、胡聪：《本科生科研训练的困境与对策》，载于《高教论坛》2016 年第 10 期。

[33] 林淑：《战略过程研究述评与展望》，载于《外国经济与管理》2007 年第 7 期。

[34] 林致远：《现代经济学体系的基本脉络》，载于《东南学术》2007 年第 3 期。

[35] 刘广第：《质量管理学》（第二版），清华大学出版社 2003 年版。

[36] 刘燕：《从公司融资、公司财务到公司金融——Corporate Finance 中译背后的知识谱系》，载于《北大法律评论》2014 年第 1 期。

[37] 马连福等：《公司治理》，中国人民大学出版 2022 年版。

[38] 彭正银：《网络治理：理论与模式研究》，经济科学出版社 2003 年版。

[39] 邱卫林、苏亚莉：《会计学原理》，北京理工大学出版社 2016 年版。

[40] 上海财经大学官方网站：https：//www.sufe.edu.cn/。

[41] 孙国强等：《网络组织理论与治理研究》，经济科学出版社 2016 年版。

[42] 孙健敏：《组织行为学》，高等教育出版社 2019 年版。

[43] 孙力科：《华为传》，中国友谊出版公司 2018 年版。

[44] 谭劲松：《关于中国管理学科定位的讨论》，载于《管理世界》2006 年第 2 期。

[45] 谭力文、伊真真、效俊央：《21 世纪以来国内组织行为学研究现状与趋势——基于 CSSCI（2000—2013）文献的科学计量分析》，载于《科技进步与对策》2016 年第 1 期。

[46] 谭力文：《论管理学的普适性及其构建》，载于《管理学报》2009 年第 3 期。

［47］田洪鋆：《批判性思维与写作》，北京大学出版社 2021 年版。

［48］挑战杯全国大学生课外学术科技作品竞赛官方网站，http：//www. tiaozhanbei. net/。

［49］汪涛、万健坚：《西方战略管理理论的发展历程、演进规律及未来趋势》，载于《外国经济与管理》2002 年第 3 期。

［50］王海兵、纪海文、贺妮馨：《研究性学习和案例教学在管理类本科专业教学中的综合应用研究》，载于《会计教学》2017 年第 19 期。

［51］王允平、孙丽虹：《会计学基础》，经济科学出版社 2013 年版。

［52］吴建国：《华为团队工作法》，中信出版社 2019 年版。

［53］吴照云：《中国管理思想史》，经济管理出版社 2019 年版。

［54］西交利物浦大学官方网站：https：//www. xjtlu. edu. cn/zh/。

［55］邢以群：《管理学》，浙江大学出版社 2012 年版。

［56］熊飞、刘红艳、王安、周世力：《科研导向式本科生创新能力培养模式探索》，载于《大学教育》2017 年第 11 期。

［57］徐碧琳、陈颉：《管理学原理》（第 2 版），机械工业出版社 2015 年版。

［58］于立：《工商管理学科的基础理论与研究方法》，载于《经济管理》2013 年第 12 期。

［59］张建国：《工商管理导论》，北京理工大学出版社 2016 年版。

［60］张林格、张建宇、冯振环：《企业运营管理》，首都经济贸易大学出版社 2014 年版。

［61］赵红军、尹伯成：《当代西方经济学发展若干新动向》，载于《河南社会科学》2005 年第 9 期。

［62］赵慧军、肖霞：《组织行为学》，教育科学出版社 2011 年版。

［63］赵敏、张凤：《大学生生涯规划与辅导实务》，电子工业出版社 2010 年版。

［64］赵曙明、张正明、程德俊、彭纪生：《人力资源管理》，机械工业出版社 2011 年版。

［65］中国质量协会：《全面质量管理》（第三版），中国科学技术出版社 2010 年版。

［66］中国注册会计师协会：《财务管理成本》，中国财政经济出版社 2022 年版。

［67］周新刚、肖小虹：《工商管理学科导论》，科学出版社 2015 年版。

［68］邹昭晞：《企业战略管理》，中国人民大学出版社 2012 年版。

［69］Heizer and Render, *Operations Management*（11th Edition），Pearson Education Inc. , 2014.

［70］Pine Ⅱ B J and Gilmore J H, "Welcome to the Experience Economy", *Havard Business Review*, 1998.